북한 현대사 산책
3

● 일러두기

1. 전집, 단행본, 신문, 잡지, 장편소설 등은 『 』, 논문, 신문기사, 시, 단편소설 등은 「 」, 영화, 노래, 그림, 연극 등은 〈 〉로 표기했다.
2. 북한의 용어나 단체 등은 모두 한국 맞춤법에 표기했다. 단 『로동신문』, 인명, 지명은 북한식 표기를 따랐다.
3. 인명, 지명 등은 외래어 표기법에 따랐고, 맨 처음에 나올 때 한자나 원어를 병기했다.

■ 이 책에 쓰인 사진을 제공해준 언론사와 기관은 연합뉴스, 조선일보, 중앙일보, KBS, 민족21, 통일 뉴스, 국가기록원, 민중의소리, 목포자연사박물관, NARA, The Carter Center 등입니다.
■ 이 책의 사진들은 저작권자에게 사용 허락을 받은 것입니다. 저작권자를 찾지 못한 일부 사진에 대해서는 저작권자가 확인되는 대로 게재 허락을 받고 통상의 기준에 따라 저작권료를 지불하도록 하겠습니다.

북한 현대사 산책

3

주체사상과 후계체제

안문석 지음

인물과
사상사

머리말

    현재 북한의 가장 큰 특징이면서 문제가 되는 것은 심각한 전제정치 체제와 세습 체제라고 할 수 있다. 내재적 시각으로 보면 나름의 주체적 사회주의 국가를 건설해 무계급과 평등을 지향하고 있다고 하겠지만, 전제의 심화와 3대 세습은 인정받기 어려운 성격이 있다. 그런데 북한의 이러한 2가지 특성이 형성된 것은 1960~1970년대다. 1960~1970년대 북한이 주요 화두로 삼아 완성한 김일성 유일체제와 김정일 후계체제가 계속되어 심각한 전제정치와 권력 세습의 근원이 되었다.

    1950년대 연안파와 소련파에 대한 숙청을 마무리한 북한은 1960년대 들어 김일성 유일사상 체계와 김일성 유일지도 체계를 세우는 작업에 매진했다. 김일성의 혁명전통이 북한 정권의 기조가 되어야 하고, 김일성만이 최고 정점에서 북한 사회를 지도할 수 있는 존재가 되어야 한다는 것이다. 김일성 유일사상 체계에 반기를 든 갑산파는 김일성 세력과 해방 직후부터 긴밀한 관계를 유지했지만, 1967년의 숙청을 면할 수 없었다. 1968년 민족보위상 김창봉과 대남사업총국장 허봉학 등이 제거된 것도 같은 이유였고, 1970년 정치위원회 상무위원 김광협 등에 대한 숙청도 마찬가지였다.

김일성 유일체제 형성 과정은 김정일 후계체제 구축 과정과 동전의 양면이었다. 유일체제를 만들어가면서 김정일 후계체제를 구축해갔다. 그래서 김정일은 김일성 유일체제 형성에 적극적으로 나섰다. 아버지를 세우는 것은 곧 자신을 세우는 것이었다. 갑산파를 비롯한 유일체제 반대 세력에 대한 숙청을 주도한 것도 젊은 김정일이었다. 김일성 개인숭배 작업을 지휘한 것도 김정일이었다. 김일성동지혁명사상연구실을 만들고 김일성동지혁명사적관을 세운 것이 김정일이었다. 북한에서 헌법이나 당 규약보다 중시한다는 '유일사상 체계 10대 원칙'을 발표한 것도 김정일이었다.

주체사상을 지금의 모순적인 모양으로 만들어낸 것도 김정일이었다. 1960년대 중반 '사상에서의 주체, 정치에서의 자주, 경제에서의 자립, 국방에서의 자위'라는 형태로 정식화될 때까지만 해도 주체사상은 북한 나름의 국가 건설 전략으로 의미를 갖는 것이었다. 하지만 1960년대 말 사회주의 혁명은 수령의 지도에 의해서만 가능하다는 혁명적 수령관이 더해지면서 왜곡되기 시작했다. 인민대중이 역사와 혁명의 주인이라던 종전의 주체사상은 수령의 지도가 있어야 인민대중이 역사와 혁명을 만들어갈 수 있다는 내용으로 바뀐 것이다. 인간이 역사의 주인이면서, 또 주인이 아니라는 모순된 구조를 갖게 된 것이다. 1970년대 중반에는 이러한 주체사상에 인간 개조 이론 등 김일성이 주장하는 여러 혁명 이론과 대중지도 방법 등이 보태져 '김일성주의'가 되었다. 이는 마르크스-레닌주의와는 완전히 다른 북한 나름의 혁명 이론이 되었다.

이러한 사상적 측면뿐만 아니라 실제적 측면에서도 1960~1970년대에는 지금까지 영향을 주고 있는 많은 중요한 결정이 내려지고, 정책화되어 추진되었다. 전인민의 무장화, 전군의 간부화, 전군의 현대화, 전국토의 요새화를 내세운 4대 군사노선(1962), 경제발전과 군사 강국화를 동시에 지향하는 경제·국방 병진 정책(1962), 7·4 남북공동성명(1972), 11년제 의무교육(1972), 사회주의 헌법(1972), 김정일 후계 결정(1974), 유일사상 체계 10대 원칙(1974), 세금 제도 폐지(1974), 사회주의 교육헌장(1977) 등 북한 현대사의 중대 변곡점이 될 만한 주요 결정이나 정책이 만들어진 것이다. 그런 점에서 1940~1950년대를 북한의 진원震源이라고 한다면, 1960~1970년대는 북한의 진앙震央이라고 할 수 있다.

대외 관계에서도 이 시기에 북한은 많은 파란을 겪었다. 1960년대 초 소련의 개인숭배 비판으로 소련과의 관계가 악화되었다. 1960년대 중반에는 중국의 문화대혁명 세력이 김일성을 비판하면서 중국과의 관계도 나빠졌다. 이후 소련·중국과의 관계가 차츰 회복되기는 했다. 하지만 이 과정에서 북한은 자립과 주체를 고민했다. 그래서 주체사상을 만들고 자력갱생을 추구했다. 그러면서 밖으로 나가기보다는 자꾸 안으로 들어가는 모습을 보였다. 그 결과는 1970년대 중반부터 나타나기 시작했다. 체제는 후진화되고 경제는 침체했다.

1960~1970년대를 관찰하면서 새삼 느끼는 소회가 있다. 이 시기에 북한이 더 개방적 · 대외지향적이었더라면 어떠했을까 하는 것이다. 일시적으로 그런 모습이 관찰되긴 한다. 1960년대 중후반 동남아시아와 아프리카의 많은 나라와 수교를 확대하면서 비동맹 외교에 적극성을 보였다. 하지만 깊이와 폭에서 한계가 많았다. 북한의 관심은 북한식의 사회주의 체제를 세우는 데에만 있었다. 그것이 당시 북한의 현실이었다. 그 핵심에는 물론 김일성이 있었다. 김일성 주변에는 가산제家産制 국가 체제하에서 권력과 부를 분여分與받은 항일빨치산 세력들이 있었다. 이들에게는 김일성 유일체제가 바람직했고, 김정일의 권력 승계도 나쁘지 않았다. 오히려 후대들에게도 권력과 부를 잇게 하는 바람직한 길이었다. 그러니 체제의 개방화나 선진화, 대외 관계의 활성화는 기대하기 어려운 구조였다.

남북 관계와 관련해서는 서로의 전략적 필요에 따라 회담을 제안하고, 회담이 이루어지면 얕은 수준의 합의를 하거나 서로의 주장만 하다가 끝내는 양태가 1970년대부터 시작되었음을 새삼 실감하게 된다. 경제 · 국방 병진 정책이 핵 · 경제 병진 정책으로 지금도 재현되고 있음을 보면서 북한의 변화가 쉽지 않을 것이라고 인식하게 된다. 하지만 다른 측면도 분명 있다는 사실을 깨닫게 된다. 북한은 1960년에 연방제를 제시했다. 남북한의 지역정부에 많은 권한을 주는 과도적 연방제였다. 단계적 통일을 지향한 것이다. 1973년에는 태도를 바꿔 고려연방제를 주장했다. 과도기를 생략하고 연방제로 통일국가를 바로 구성하자는 것이었다. 하지만 2000년에는 낮은 단계의 연방제를 제시했다. 우리가 주장하는 연합제와 다를 바가 없었다. 남북한 지역정부에 많은 권한을 주고 서서히 완전통일을 협의해 나가자는 것이다. 좀더 발전된 방향이다.

또 한 가지 분명한 것은 경제적 격차가 남북 관계에도 많은 영향을 준다는 사실이다. 1960년대 북한이 경제적으로 우위에 있을 때에는 여러 제안을 하면서 남북 관계를 주도하는 모습이었다. 하지만 1970년대 중반 이후에는 경제 상황이 역전되면서 주도권이 남한으로 전이되는 모습을 보였다. 그런데 중요한 것은 이렇게 경제 수준이 차이나는 상황에서 제안들이 나왔기 때문에 상대방에게 진정성을 인정받지 못하는 경우가 많았다. 1972년 7·4 남북공동성명이 나올 당시에는 남북한의 경제 상황이 비슷했다. 물론 국제적인 데탕트가 한반도에 대화 분위기를 조성한 것은 분명하지만, 비슷한 수준의 경제 상황도 대화로 가는 길에 긍정적인 역할을 했다고 할 수 있다.

그런 점에서 보면 지금의 남북 관계도 남북한의 지속적인 경제협력을 통해 경제적 격차를 줄여나갈 때 개선 가능성이 높아진다고 보아야 할 것이다. 그것이 기능주의 통합이론의 핵심적인 내용이만, 북한의 역

사와 남북 관계의 역사를 관찰하면 어렵지 않게 알 수 있는 내용이기도
하다. 그것이 역사가 알려주는 중요한 가르침이고, 역사를 공부하는 의
미가 될 것이다.

2016년 12월
전북대학교 작은 연구실에서
안문석

차 례

1960~1961년

제1장

×××

김일성 세력의 승리 선언

농촌 관리의 혁신, '청산리방법'

1958년에는 북한이 역점적으로 추진하던 농업집단화가 완료되어 곡물 수확도 많아졌다. 가뭄이 심했는데도 370만 톤이나 생산했다. 그런데 1959년에는 340만 톤으로 생산량이 뚝 떨어졌다. 북한 당국은 대안 마련에 나섰다. 1959년 12월 당중앙위원회 전원회의에서 결론이 내려졌다. 당이 생산 활동을 적극 지도한다는 것이었다. 이에 따라 김일성은 1960년 2월 8~9일 평안남도 강서군 청산리로 현지 지도를 나갔다. 리 당위원회 총회를 개최하고 농업협동조합 운영과 리 당위원회 운영 방안을 제시했다. 그것이 '청산리방법'이었다.

청산리방법을 북한은 '상부기관이나 윗사람은 하부기관이나 아랫사람을 도와주고, 늘 현지에 내려가 실정을 깊이 파악하고 문제의 해결 방법을 세우며, 모든 사업에서 정치 사업을 앞세우며, 일반적 지도와 개별적 지도를 올바르게 결합시키는 것'으로 설명한다. 구체적으로 보면, 청산리방법의 핵심은 농업생산성을 높일 수 있도록 작업반을 개편하는 것이다. 작업반 수를 줄여 하나의 리에 하나의 작업반이 구성되도록 한 것이다. 그 아래 분조를 조직해 더 작은 단위로 공동노동을 하도록 했다. 그렇게 해서 생산성 향상을 꾀한 것이다.

청산리방법은 또한 농업협동조합의 운영에서 계획성을 높이는 것이다. 작업반 수준에서 계획이 이루어지고, 이를 바탕으로 조합관리위원회 차원에서도 계획을 세워 생산이 조직적으로 이루어지도록 한 것이다. 또 청산리방법은 노동에 따른 분배를 명확히 했다. 노동의 질과 양에 따라 표준 정량표를 면밀하게 작성하고, 여기에 따라 수확된 곡물을 배분한 것이다. 노력일 평가제도도 정리해 작업반별로 2~3명의 노력일 평가그룹을 구성해 매일 당일 노동을 정확히 평가하고 매월 한 번 이상 작업반원들의 노동일을 공시하도록 했다. 성과가 좋은 작업반에 대해서는 상을 주는 '작업반상금제'도 실시했다.

이러한 내용의 청산리방법을 효과적으로 시행하기 위해 리 당위원회의 활동을 강화했다. 일주일에 1회 이상 리 당위원회를 열어 농사와 조합원에 대한 정치 사업 등을 결정·실행하도록 했다. 그러면서도 생산 현장에 대한 직접적 기여가 강조되어 리 당위원장 겸 협동조합관리위원장도 연 50일 생산노동에 참여하도록 했다. 관리위원회의 상근 일꾼들은 70일, 작업반장은 150일 생산노동을 하도록 했다. 관리인도 30~40퍼센트 줄이도록 했다.

1960년에 이러한 청산리방법을 적용해 곡물 생산이 380만 3,000톤으로 증가했다. 역대 최대의 생산량이었으며, 해방 직후인 1946년 생산량의 2배에 이르는 것이었다. 공업생산의 '대안의 사업 체계'와 함께 '청산리방법'은 농업생산의 기본 체계로 북한 경제를 운영하는 대표적인 방안으로 공식화되었다.

모든 리에 진료소를 설치하다

북한에서 사회주의화가 진행되면서 개인 의사와 약사들은 사라져갔다. 6 · 25 전쟁 전에 이미 대부분의 의사들은 국가보건 체제에 편입되어 국가가 운영하는 보건기관에 들어가게 되었다. 전쟁의 와중에 개인 영업을 할 수 있는 여건은 거의 사라져 의사들의 국가기관 편입은 가속화되었고, 농촌 지역에 남아 있던 개인 의사들은 동의사東醫師(한의사), 양의사, 치과의사를 막론하고 모두 1958년 국가기관에 편입되었다. 약사와 약재상도 마찬가지였다. 이렇게 해서 보건 사업은 전적으로 국가가 책임지는 시스템이 되었다.

북한의 보건 사업은 질병의 예방에 초점이 맞추어져 진행되어왔다. 이를 위해 매달 마지막 토요일을 위생일로 정하고 전국적으로 학교와 공장과 거리를 청소하는 사업을 진행했다. 우물과 화장실을 개조하고, 목욕탕을 건설하는 작업도 함께했다. 인민경제발전 5개년(1957~1961) 계획에는 모든 리 단위에 진료소를 갖춘다는 계획도 포함되어 있었다. 리의 진료소가 주민들 가까이에서 위생 관리와 질병 예방 작업을 하면

북한은 매달 마지막 토요일을 위생일로 정하고, 전국적으로 학교와 공장과 거리를 청소하는 사업을 진행했다. 1966년 8월 14일 평안북도 삭주군 금부리 진료소에서 현지 지도를 하고 있는 김일성.

서 필요한 조기 진료를 하도록 한다는 것이었다.

1950년대 후반에는 황해남북도, 강원도, 자강도, 함경남도 지역에 디스토마가 퍼져 이를 없애기 위한 작업이 대대적으로 진행되기도 했다. 디스토마를 옮기는 가재와 게와 골뱅이를 잡는 운동을 벌이는 한편, 물끓여 마시기 운동, 지하수를 대체하는 수도 건설 사업 등도 함께 전개했다. 1958년과 1959년에 특히 디스토마가 심해 북한 전역에 1,000여 개의 디스토마예방소가 설치되었다. 이러한 작업과 함께 디스토마 치료 제도 개발해 1959년에는 디스토마가 거의 박멸되었고, 환자도 대부분 완치되었다.

1960년에는 보건 사업의 여러 측면이 개선되는 모습을 보였다. 이 해에 진료소 1,348개가 증설되어 모든 리에 진료소가 설치되었다. 전체적으로 따져보면 진료소와 병원이 1956년에 비해 2.9배 증가했다. 조산원 양성 사업도 지속해 1960년에는 임산부의 66.4퍼센트가 조산원의 도움을 받을 수 있게 되었고, 1961년에는 100퍼센트가 받을 수 있게 되었다.[1]

의약품 공장도 늘려나갔는데, 1960년에는 북한에서 처음으로 페니실린공장이 건설되었다. 1960년의 합성의약품 생산량은 1956년에 비해 16배로 그 규모가 증가했다. 한약초 생산량은 26.5배로 늘었다.[2] 이러한 보건 사업이 진행됨에 따라 1960년 어린이 사망률이 해방 전에 비해 4분의 1로 떨어졌다. 분만 중 여성의 사망률은 13분의 1로 감소했다. 1960년의 평균수명은 1956년에 비해 15년이 늘었고, 인구증가율도 2.7배 증가했으며, 일반 사망률은 절반으로 떨어졌다.[3]

연방제 통일 방안 제의

북한은 1960년 남한에서 4·19 혁명이 발발하자, 남한과의 대화를 제의했다. 이승만은 북한 체제를 철저히 부인하면서 북진통일을 주장하고 있었다. 4·19 혁명에 의한 이승만 정권의 전복은 북진통일론의 퇴장이기도 했다. 북한은 이러한 남한의 환경을 인식하고 1960년 4월 21일 '제정당·사회단체 연석회의'를 제안했다. 남북한의 정당과 사회단체들이 만나 남북한의 선거와 외국군 철수 방안을 논의하자는 것이었다. 5월 15일에는 당중앙위원회 이름으로 호소문을 내고 자주적 평화통일을 이룰 것을 주장했다.

그러던 북한이 8월에는 처음으로 연방제 통일 방안을 제의했다. 8월 14일 '8·15 해방 15주년 경축대회 연설'에서 김일성이 '남북연방제'를 제안한 것이다. 구체적인 내용은 5가지였다. ① 외국의 간섭 없는 남북한 자유총선거를 실시하자, ② 이것을 수용하지 않으려면 과도적 단계로 '남북연방제'를 수용하라, ③ 이것도 수용하지 않겠다면 순수 경제위원회를 만들자, ④ 모든 분야에서 교류를 시행하자, ⑤ 미군은 철수하고 남북한 당국과 정당·사회단체 대표 간 대화를 추진하자.

김일성이 말한 연방제는 한꺼번에 연방정부를 세우자는 것이 아니었다. 남북한의 현 정부와 정치제도를 그대로 두고 양측 정부의 독립적 활동을 보장하면서 양측 대표로 구성되는 '최고민족위원회'를 구성하자는 것이다. 이 위원회가 남북한의 경제와 문화의 발전을 통일적으로 조절하자는 내용이었다. 이는 남북연합제와 크게 다를 바가 없었다. 1989년 남한이 성안한 '한민족공동체통일방안'은 '남북교류-남북연합-완전통일'의 3단계 통일을 주요 내용으로 한 것이었다. 남북연합은 '남북각료회의'를 두고 남북한의 모든 문제를 협의해나간다는 것을 핵심 내용으로 한다. 김일성이 말한 '최고민족위원회'는 '남북각료회의'

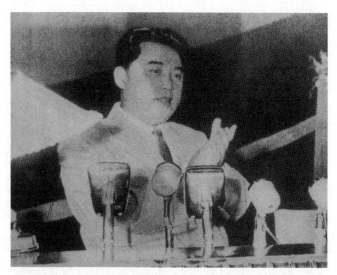

김일성은 1960년 8월 14일 '8·15 해방 15주년 경축대회 연설'에서 '남북연방제'를 처음으로 제안했다. 8·15 해방 15주년 경축대회에서 보고하고 있는 김일성.

와 유사한 것이었다.

김일성은 '대한민국 정부'의 독자적인 활동을 보장하는 것이라면서 '대한민국'이라는 국호를 사용했다. 이는 4·19 혁명으로 이승만 정부가 물러나고 1960년 7월 총선에 의해 출범한 장면 정부에 대한 북한의 인식을 나타낸 것이라고 할 수 있다. 이승만 정부와는 다른 민주정부로 인식하고 대화의 가능성이 있는 것으로 보면서 적극적인 태도를 취한 것이다.

북한은 경제적으로 6·25 전쟁의 피해를 어느 정도 벗어난 상태가 되었고, 정치적으로 반김일성 세력을 대부분 제거한 상황이었기 때문에 상당한 자신감 속에서 남한의 신新정부에 대해 새로운 시각의 통일 방안을 제시했다. 남한이 수용하면 주도권을 쥔 상태로 논의를 전개할 수 있고, 수용하지 않더라도 평화통일에 대한 북한의 관심을 대내외에 표방할 수 있다고 보고 그런 제안을 한 것이다.

북한은 1961년에도 남북교류와 통일을 주장하며 몇 차례 남북 대화를 제의했다. 5·16 군사쿠데타 이후에는 다시 심각한 냉각기에 들어갔다. 박정희 세력은 반공을 국시로 할 만큼 철저한 반공 세력이었고, 나름의 국력을 기른 다음 통일을 추진하겠다는 인식을 갖고 있었다. 북한은 1961년 7월 소련·중국과 우호협력과 상호원조 조약을 체결했다. 특히 소련과는 관계가 악화되었지만, 우호협력과 상호원조 조약을 맺은 것이다. 남한의 반공정부를 경계할 필요가 있었기 때문이다. 그러고는 1962년에는 전인민의 무장화, 전국토의 요새화, 전군의 간부화, 전군의 현대화를 내용으로 하는 4대 군사노선과 경제와 국방을 동시에 발전시키겠다는 '경제·국방 병진 정책'을 채택했다. 이후 1970년대 초까지는 남북 관계가 심한 경색 일로였다.

통일 정책의 변천

1960년에 연방제를 제안한 북한은 1973년 6월 23일에는 '고려연방제'를 제시하면서 '고려연방공화국'이라는 단일국호에 의한 연방제 통일을 주장했다. 같은 날 오전 남한이 남북한 유엔 동시 가입에 반대하지 않는다는 내용의 '6·23 선언'을 발표하자, 북한은 그날 오후 '조국통일 5대 강령'을 발표했다. ① 군사적 대치 해소, ② 정치·군사·외교 등 다방면의 합작과 교류, ③ 대민족회의 소집, ④ 단일국호 아래 남북 연방제 실시, ⑤ 단일국호에 의한 유엔 가입 등이었다.

제4항 '단일국호 아래 남북연방제 실시'의 내용을 구체적으로 보면, 남북이 '고려연방공화국'이라는 국호 아래 연방국가로 통일을 하자는 것이다. 남과 북이 현재의 제도는 당분간 그대로 두고 하나의 국가를 만들어내자는 것인데, 남북한의 노동자, 농민, 인텔리, 군인, 청년학생, 민족자본가, 소자산계급 등 각계각층을 대표하는 사람들이 '대민족회의'를 구성해 여기서 연방국가를 구성해내자는 안이다. 1960년의 연방제에 담긴 '최고민족위원회'가 경제와 문화 분야의 협력을 추진하는 기구였다면, '대민족회의'는 '대외 관계에서의 공동보조'까지 논의하는 기구였다.

제2항은 정치, 군사, 외교 등 다방면의 합작과 교류를 제안하는 것이었다. 결국 고려연방제는 1960년의 연방제에 비해 연방국가에 권한을 많이 주고 활동 범위를 확대해 남북한의 통일을 서두르자는 방안이었다. 1민족, 1국가, 2정부, 2체제 형태를 조속히 마련하자는 것인데, 1960년의 연방제가 1민족, 2국가, 2정부, 2체제에 가까운 주장을 한 것과는 비교된다.

북한은 1980년 10월에는 제6차 당대회를 통해 '고려민주연방공화국 창립 방안'을 제시했다. '민주'라는 수식어가 붙고 내용을 훨씬 구체화했다. 외교와 국방을 맡는 연방정부를 세우고 내정은 남북 양측이 독립적으로 하자는 내용은 고려연방제와 같다. 그런데 연방기구의 구성 문제를 구체화해 상위에 '최고민족연방회의'를 두고 그 아래 '연방상설위원회'를 조직해 남북의 지역정부를 지도하고 연방국가의 전반적인 사업을 하도록 했다. 이 기구들은 정치 문제와 방위 문제, 대외 관계 문제 등 국가와 민족의 전반적인 문제를 토의·결정하도록 해서 '고려연방제'의 '대민족회의'보다도 많은 권한을 가질 수 있게 했다. 역시 통일에 필요한 남북한의 오랜 교류와 협력, 동질성 회복의 시간을 주지 않는다는 문제점을 지니고 있다.

또한 고려민주연방제에는 남한의 군사파쇼통치 청산과 민주화 실현, 긴장 상태 완화와 전쟁 위험 제거, 자주·평화·민족대단결의 원칙에 기초한 통일 등 전제 조건이 들어 있었다. '긴장 상태 완화와 전쟁 위험 제거'라는 전제 조건은 주한미군 철수를 의미하는 것이어서 실현 가능성이 매우 떨어지는 통일 방안이었다.

1960년의 연방제는 완전한 통일국가를 말한 것이 아니라 과도적 형태를 이야기한 것이다. 반면 1973년의 고려연방제와 1980년의 고려민주연방제는 연방국가를 통일이 완성된 형태로 상정했다. 하나의 체제로 통합하기 어려우니 연방국가로 완성된 통일로 하자는 것이었다.

북한은 1991년에 다시 과도적 연방제론을 제기한다. 김일성은 1991년 신년사에서 "고려민주연방공화국의 창립 방안에 대한 민주적 합의를 보다 쉽게 이루기 위하여 잠정적으로 연방공화국의 지역적 자치정부에 더 많은 권한을 부여하며 장차로는 중앙정부의 기능을 더욱더 높여나가는 방향에서 연방제 통일을 점차적으로 완성하는 문제도 합의할 용의가 있다"고 밝혔다. '느슨한 연방제'를 제안한 것이다. 권한이 적은 과도적 형태의 연방정부를 세우고 점차 논의를 진전시켜 연방정부의 권한을 강화하는 방식으로 통일을 하자는 것이다.

북한은 2000년 6월 남북정상회담 당시에는 '느슨한 연방제'와 외형상 유사한 '낮은 단계의 연방제'라는 용어를 처음으로 사용했다. 이 용어는 6 · 15 남북공동선언에 직접 사용되어 "남과 북은 나라의 통일을 위한 남측의 연합제 안과 북측의 낮은 단계의 연방제 안이 서로 공통성이 있다고 인정하고 앞으로 이 방향에서 통일을 지향시켜 나가기로 하였다"(제2항)로 정리되었다.

하지만 '느슨한 연방제'와 '낮은 단계의 연방제'는 내용상 다르다. '낮은 단계의 연방제'에 대해서는 2000년 10월 6일 고려민주연방공화국 창립 방안 제시 20주년 기념 보고대회에서 조국평화통일위원회 서기국장 안경호가 설명했는데, "하나의 민족, 하나의 국가, 두 개 제도, 두 개 정부 원칙에 기초해 북과 남에 존재하는 두 개 정부가 정치, 군사, 외교권 등 현재의 기능과 권한을 그대로 갖게 하고 그 위에 민족통일기구를 내오는 방법으로 북남 관계를 민족공동의 이익에 맞게 통일적으로 조정해나가는 것"이다.

안경호가 설명하는 '낮은 단계의 연방제'에는 '느슨한 연방제'에서 보이는 중앙정부가 없다. 대신 '민족통일기구'가 있다. '느슨한 연방제'에서 '지역적 자치정부'라고 했던 것이 '낮은 단계의 연방제'에서는 '북과 남에 존재하는 두 개 정부'라고 바뀌어 있다. 양측의 정부가 정치, 군사, 외교권을 그대로 갖고 있으면서 '민족통일기구'를 구성하게 되면, 이 기구는 경제와 문화 등의 교류를 조정 · 관할한다. 결국 연방중앙정부도 아니고 하나의 통일기구로 경제와 문화 같은 기능적인 부분만을 조정하는 조직을 만들어내는 방안은 연방제보다는 국가연합제에 가깝다. '느슨한 연방제'는 연방제이지만, '낮은 단계의 연방제'는 용어와는 달리 연방제보다는 남한의 3단계 통일 방안의 두 번째 단계인 국가연합과 유사한 형태인 것이다.

요컨대 북한은 '연방제-고려연방제-고려민주연방제-느슨한 연방제-낮은 단계의 연방제' 순서로 통일 방안을 제시해왔는데, 1960년대에는 과도기를 중시하고 과도정부 형태의 연방제를 주장하다가 1970~1980년대에는 과도기를 생략하고 완전한 연방정부를 만들자는 방안을 주장하고, 다시 1990년대 들어서는 과도정부를 인정하는 연방제, 2000년대에는 용어만 연방제이지 국가연합에 가까운 통일 방안을 제시하는 형태로 변화되어왔다.

붉은기중대운동

1959년 1월 대규모 예비군 노농적위대를 창설한 북한은 1960년에는 정규군에 대한 대대적인 혁신운동을 전개했다. 군 전반에 대한 혁신 캠페인을 통해 정규군을 질적으로 강화하기 위한 것이었다. 1960년 8월 25일 김일성은 조선인민군 제109부대를 찾았다. 여기서 그는 '붉은기중대운동'을 제의했다. 당시 모범중대운동이란 것을 전개하고 있었는데, 다른 중대에 비해 훈련과 운영이 앞서는 중대에 대해 칭찬하고 이를 따라 배우도록 한 것이다. 이를 한층 강화해 정신개혁에 중점을 두고 전개한 것이 '붉은기중대운동'이다. 김일성이 9월 당 인민군위원회 확대전원회의에서 '붉은기중대운동'의 전개를 다시 한 번 강조하면서 운동은 조선인민군 전체에서 본격 시작되었다.

이 운동은 사상무장, 전투 훈련, 장비의 유지·관리, 막사 관리 등 모든 면에서 우수한 평가를 받는 중대에 '붉은기중대'라는 칭호를 주는 방식으로 전개되었다. 목표는 조선인민군의 모든 중대가 이 칭호를 받도록 하는 것이었다.

캠페인의 핵심 구호는 '하나는 전체를 위하여, 전체는 하나를 위하여'였다. 구체적으로는 뒤떨어진 군인에 대한 집중 교육을 통해 각 중대가 전반적으로 질이 높아지도록 했다. 그래서 집단의식이 부족하거나 군사 규율에 대한 인식이 약한 군인들에 대한 교양 개조 사업이 우선적으로 펼쳐졌다. 이들에 대해 공산주의 사상, 동지애, 집단주의 정신, 상하일치·군민일치의 정신 등에 대한 교육을 집중적으로 실시했다. 그래서 '붉은기중대운동'은 정신개조운동이라고 할 수 있었다.

이 같은 정신개조운동으로 "모든 군인은 일상적으로 무기를 깨끗이 정비하고 전투 준비시간을 훨씬 줄였으며 사격에서도 모두 '우'의 성적을 쟁취하였다"는 것이 북한의 평가다.[4] 정신교육을 통해 실제 군의 질을 높일 수 있었다는 것이다. 이러한 효과를 바탕으로 북한은 캠페인을 더 확대해 '붉은기대대운동', '붉은기연대운동'도 전개했다. '붉은기중대운동'은 1980년대에 '오중흡 7연대 칭호 쟁취운동' 등 또다른 군의 집단혁신운동으로 이어졌다.

군대 내의 집단혁신운동을 통해 북한이 얻고자 한 것은 분명했다. 군대를 집단주의와 대중적 영웅주의로 무장한 집단으로 만들려는 것이었다. 물론 이것은 조선인민군 전체를 김일성에게 충직한 공산주의 군대로 만들기 위한 운동이기도 했다. 당시는 김일성 세력이 1961년까지 전개한 소련파와 연안파에 대한 숙청 작업이 막바지에 이를 때였다. 이러한 상황에서 김일성 세력은 군에 대한 장악력을 한층 강화하기 위해 집단혁신운동이면서 정신개조운동인 '붉은기중대운동'을 펼친 것이다.

제4차 당대회는 '승리자 대회'

1961년 9월 11~18일 제4차 당대회가 열렸다. 각 지역에서 선출된 1,157명의 대표가 참석했다. 세계 32개국에서 파견한 대표단도 참석했다. 중국에서는 덩샤오핑鄧小平 중국공산당 정치국 상무위원을 단장으로 하는 대표단이 참석하고, 소련에서도 공산당 정치국 위원 프롤 코즐로프Frol Kozlov를 단장으로 하는 대표단을 파견했다. 미야모토 겐지宮本顯治 일본공산당 서기장도 참석했다.

북한에서 이 대회는 '승리자 대회'로 불린다. 9월 11일자 『로동신문』은 이 대회를 "조선의 공산주의자들이 평화와 사회주의 진영의 동방 초소에 얼마나 위력한 진지를 꾸려놓았으며 얼마나 자신만만하게 나아가고 있는지를 과시한 승리자의 대회"라고 규정했다. 북한 지역에 견실한 사회주의 진지를 구축했음을 선언한 것이다. 김일성은 보고를 통해 1957년부터 1960년까지 공업생산량이 3.5배 성장했고, 연평균 성장률이 36.6퍼센트에 달했으며, 1960년의 공업생산량이 1944년의 7.6배가 되었다고 밝혔다. 그는 노동자와 사무원이 전체 인구의 52퍼센트를 차지하게 되고, 착취와 피착취 계급은 없어졌다면서 사회주의적 성과를 자랑하기도 했다.

사회주의 경제발전을 촉진하기 위한 '인민경제발전 7개년 계획'도 당대회에서 발표되었다. 계획 기간은 1961년부터 1967년까지였다. 1954~1956년은 전후 복구 기간, 1957~1961년은 사회주의 공업화의 기초를 다지는 기간으로 설정되었다. 그런데 1957~1961년으로 설정된 인민경제발전 5개년 계획이 2년이나 앞당겨져 1959년에 달성되었다. 그래서 1960년은 급속한 발전으로 인한 부문 간 불균형을 시정하는 완충기로 정하고, 부문 간 균형과 함께 진행 중인 사업을 정리하는 기간으로 활용했다. 이후 1961~1967년을 인민경제발전 7개년 계획 기간으로 설정해 발표한 것이다.

이 기간의 기본적인 목표는 사회주의 공업화를 실현해 북한을 사회주의 공업국가로 변화시키는 것이었다. 이전 5개년 계획 기간이 사회주의라는 나무의 뿌리를 깊게 내리게 하고 줄기를 튼튼하게 자라게 한 기간이라면, 7개년 계획 기간은 이 나무를 더 자라게 하면서 꽃을 피워 열매를 맺게 하는 시기라는 것이다. 기본적인 원칙은 '중공업 우선, 경공업·농업 동시 발전 전략'이었다. 그러면서도 사회주의 공업화와 전면적 기술개선을 이룩하겠다는 내용이다. 이를 위해 전반 3년은 경공

1961년 제4차 당대회는 '승리자 대회'로 불렸는데, 김일성 세력이 다른 종파에 대해 완전한 승리를 선언하는 대회였기 때문이다. 1961년 당대회에 참석한 김일성.

업과 농업을 발전시키고, 후반 4년은 중공업 기지 확장과 기술적 장비를 개선하는 데 집중하겠다는 구체적인 프로그램도 마련했다. 7개년 계획 기간 내에 공업생산량의 연평균 증가율을 18퍼센트로 유지하겠다는 내용도 포함되었다. 곡물 생산량을 600만 톤으로 올려놓겠다는 방침도 들어 있었다.

'승리자 대회'라는 별칭은 김일성 세력, 즉 만주파의 다른 종파에 대한 완전한 승리를 선언하는 대회라는 의미이기도 했다. 9월 11일자 『로동신문』은 "우리나라 노동운동에서 처음으로 종파의 뿌리를 뽑아버리고 혁명 대렬(대열)의 완전한 통일을 이룩한 기초 위에서 진행되는 대회"라며 1956년 '8월 종파사건' 이후 계속된 종파투쟁에서 만주파가

제1장 <u>김일성 세력의 승리 선언</u>

최종적으로 승리했음을 분명하게 선언했다.

만주파의 승리는 이 대회에서 개정된 당 규약 전문에서도 분명히 표현되었다. "조선노동당은 조선 공산주의자들이 항일무장투쟁에서 이룩한 영예로운 혁명전통의 직접적 계승자"라고 명시했다. 여러 독립운동과 민족해방투쟁 세력 가운데에서도 중국 관내에서 항일운동을 한 연안파와 국내 공산주의 세력 등은 조선노동당의 뿌리가 될 수 없고, 오직 항일빨치산 세력만을 조선노동당의 근원으로 인정한다는 의미였다. 만주파만을 조선노동당의 중심 세력으로 인정한 것이다.

주요 당직도 만주파가 독식했다. 당중앙위원회 위원장에는 김일성이 다시 선출되고, 부위원장에는 최용건, 김일, 박금철, 김창만, 리효순이 선출되었다. 김일성, 최용건, 김일은 모두 만주파이고, 박금철과 리효순은 갑산파, 김창만은 연안파였다. 갑산파는 초기부터 만주파와 가까웠고, 김창만도 해방 직후 잠시 무정을 지원했을 뿐 김일성 지지로 돌아섰다. 중앙위원회 최상층부는 이제 만주파의 전유물이 되었다.

제4차 당대회에서 당 조직위원회는 없어지고, 당 상무위원회는 정치위원회로 바뀌어 당의 주요 사항을 결정하게 되었다. 11명의 정치위원에는 김일성, 최용건, 김일, 박금철, 김창만, 리효순, 박정애, 김광협, 정일룡, 남일, 리종옥이 선출되었다. 김익선, 리주영, 하앙천, 한상두는 후보위원이 되었다. 정치위원 11명을 계파별로 본다면, 만주파가 4명(김일성, 최용건, 김일, 김광협), 갑산파가 2명(박금철, 리효순), 국내파가 1명(박정애), 연안파가 1명(김창만), 소련파가 1명(남일), 전문경제관료가 2명(정일룡, 리종옥)이었다. 만주파가 가장 많을뿐더러 갑산파는 만주파와 초기부터 가까운 세력이고, 나머지도 파벌 색채를 거의 잃고 김일성의 세력화가 된 인물들이었다. 당의 최고 권력기구인 정치위원회도 만주파가 장악하게 된 것이다.

중앙위원 85명 가운데에서도 30명은 만주파였고, 나머지는 갑산파 6명, 국내파 13명 등으로 구성되었다. 역시 만주파 위주였고, 만주파가 아니더라도 계파 색채는 거의 잃어버린 상태가 되었다. 만주파 중앙위원 30명 가운데 14명은 군인, 2명은 군 출신이었다는 사실은 만주파가 군의 고위직도 완전히 장악했음을 여실히 보여준다. 이렇게 북한 사회의 주요 부문을 만주파가 지배하게 되어 제4차 당대회는 김일성 세력의 '승리자 대회'가 된 것이다.

유격대 국가로

'유격대 국가'는 일본 도쿄대학 명예교수 와다 하루키和田春樹가 사용한 용어다. 그는 북한을 가리켜 유격대처럼 늘 전쟁 상황을 상정해 주민과 자원을 동원하고 체제 내부의 결속을 이루어나가는 국가라는 의미로 '유격대 국가'라고 했다. 유격대 국가는 가족국가관과 사회정치적 생명관이라는 논리를 바탕으로 한다고 설명했다.[5] 가족국가관은 수령이 가장이 되어 가족구성원인 인민을 돌보고 인민은 수령을 어버이처럼 받드는 형태의 국가관을 말한다. 사회정치적 생명관은 수령을 중심으로 결속해 하나의 생명체를 형성할 때 인민대중은 자주적인 주체가 될 수 있다는 주장이다.

이러한 유격대 국가로 북한이 전환된 시기는 1960년대 초다. 북한은 이 시기에 김일성의 항일유격대 투쟁을 삶의 전범으로 제시하면서 이에 대한 '따라 배우기 운동'을 대대적으로 전개했다. 그러면서 나온 것이 『항일빨치산 참가자들의 회상기』다. 김일성과 함께 만주에서 항일빨치산 활동을 했던 인물들이 어려운 환경에서 목숨 걸고 일제와 싸우면서 겪은 고난과 김일성의 영웅적 행동 등을 기록한 것이다.

1959년 처음 나오기 시작한 이 회상기는 1960년대 초 『항일빨치산 참가자들의 회상기』 1·2·3·4권 식으로 계속 발간되었는데, 1970년까지 모두 12권이 나왔다. 각 권 안에는 혁명 투쟁가들의 경험이 '그는 끝까지 굴하지 않았다' 식으로 소제목이 붙은 채 기록되어 있었다. 박금철, 리효순, 허봉학 등이 쓴 회상기가 특히 인기가 높았다. 회상기는 북한 사회 모든 부문에서 김일성 혁명사상을 교육시키는 데 가장 효과적인 교재로 활용되었다. 학교는 물론이고 직장과 군대 등 사회 곳곳에서 이에 대한 교육이 실시되었다. 이를 위한 학습조, 연구회, 감상회 등이 각급 기관별로 구성되었다. 1961년 9월 제4차 당대회 전후로는 이에 대한 교육이 훨씬 강화되었다.

회상기는 많은 혁명투사에 의해 다양한 내용으로 쓰여 교육에 활용하기도 좋았다. 동지애를 강조할 때에는 회상기 가운데 「동화의 수림 속에서」, 「단합된 힘」 등을 읽혔고, 불굴의 정신을 역설할 필요가 있을 때에는 「혁명의 승리를 확신할 때」, 「난관을 뚫고」, 「어느 때 어디서나 투쟁을 멈출 수 없다」 등의 회상기를 교재로 사용했다.

북한은 이와 같은 회상기 학습을 통해 북한의 주민들이 빨치산투쟁 요원과 같은 사상무장으로 혁명적 삶을 살기를 요구했다. 북한의 완전한 사회주의 건설을 위해 주민들은 노동 현장에서 많은 희생을 감수하면서 일하고, 당과 정부의 다양한 형태의 동원을 감수하도록 했다. 북한은 회상기 교육을 강화하면서 이를 생산성 향상에 활용했다. 1962년 12월 2일자 『로동신문』에 실린 「회상기는 나의 생활의 거울」이라는 기사는 당시의 이런 상황을 잘 보여준다.

> 하루는 이런 일이 있었다. 이날도 나는 당적 위임을 받고 목조형 탑식 기중기를 만들고 있었다. 그런데 공구가 충분하지 못한데다가 활차를 비롯해 필요한 자재마저 걸려 속이 타도록 돌아치다 보니 하루해가 어느덧 거의 저물어갔다. 그대로 퇴근하기에는 당적 양심이 허용하지 않았다. 아침에 『로동신문』에 실린 '용당나루'를 읽은 것이 삼삼히 떠올랐다. '과연 항일빨치산들은 혁명 과업을 맡고 없다고 주저앉거나 물러선 적이 있었던가?' 이렇게 나는 자기를 꾸짖고 반성하였다. 나는 되돌아서 일손을 잡았다.……작업을 마치고 나니 밤은 자정이 넘었다. 그러나 이 하루도 혁명투사들의 고귀한 정신으로 살았다는 긍지로 하여 기쁨과 새 힘이 솟구쳤다.[6]

이렇게 회상기는 북한 주민들의 노력을 동원하는 데 이용되었다. 북한은 유격대원들의 회상기를 주민들 삶의 주요 부분으로 공유하도록 하고 그에 따라 생활하고, 노동하고, 사유하도록 하는 '유격대 국가'가

된 것이다.

제4차 당대회 즈음 김일성의 저작에 대한 학습도 강화되었다. 이미 1953년에 발간된 『김일성 선집』(전4권)이 주로 학습 대상이었다. 실무적인 부분뿐만 아니라 사상이론적 측면의 지도서로 학습된 것이다. 당시 마르크스-레닌의 저작들도 사회주의의 기본서로 많이 학습되었지만, 북한 사회에서 실무나 이론 면에서 최종적인 판단 기준은 김일성의 저작이었다. 이렇게 김일성이 지도자 역할을 한 항일빨치산투쟁에 대한 학습과 김일성 저작에 대한 교육은 북한 사회에서 1960년대 말과 1970년대 초 김일성 유일체제가 성립되는 데 중요한 토양이 되었다.

중소 분쟁과 중국 지지

1956년 니키타 흐루쇼프Nikita Khrushchyov의 스탈린 비판과 평화공존 노선 제기부터 시작된 중소 분쟁은 1960년대 들어 본격화되었다. 자본주의에서 사회주의로 이행이 평화적으로 가능하다는 소련의 주장을 중국은 수정주의라고 비판했다. 소련은 서구와의 평화공존과 평화적 사회주의 이행을 비판하는 중국을 교조주의라고 비난했다. 중국과 인도의 국경 분쟁을 놓고 소련은 인도를 지지했다. 이렇게 중소 분쟁이 심화되자, 북한은 초기에 신중한 모습이었다. 개인숭배를 비판하는 소련에 대해 비판적이었지만, 이를 적나라하게 드러내지는 않았다. 1960년 8월에는 흐루쇼프를 평양으로 초청하기도 했다. 성사는 되지 않았지만, 이때까지만 해도 관계 악화를 경계했음을 알 수 있다.

　1961년이 되면서 중국을 지지하기 시작했다. 1961년 2월 북한은 소련과 갈등 상태에 있던 알바니아에 대표단을 보내 알바니아노동당 제4차 당대회에 참석하게 했다. 4월에는 알바니아 대표단을 평양으로 초청했다. 소련을 분명하게 반대한다는 표현이었다. 1962년에는 사회주의 국가들의 경제협력을 위해 만들어진 경제상호원조회의COMECON를 전체 사회주의 국가들의 협의체로 확대하려는 소련의 움직임에 거부 의사를 분명히 했다. 역시 중국과 베트남을 지지한 것이다. 북한은 분쟁 중인 중소 사이에서 소련을 비판하고 중국을 지지한 것이다.

　1962년 쿠바 미사일 사태는 북소 관계를 더욱 악화시켰다. 1962년 10월 소련이 쿠바에 핵무기 장착이 가능한 중거리 미사일을 배치했다. 미국은 강력 대응에 나서 쿠바를 군함으로 봉쇄했다. 미국과 소련은 긴급히 협상에 나섰다. 미국이 쿠바를 침략하지 않기로 하고 소련이 쿠바에서 미사일을 철수한다는 것이었다. 터키에 있는 미국의 미사일도 철수하기로 했다. 북한은 중국과 함께 소련의 외교를 '투항주의'라고 비난했다.

　쿠바 미사일 사태 즈음에 중국과 인도 사이의 국경 분쟁이 심해져 군사적 충돌이 발생했다. 북한은 중국 지지를 선언했다. 반면에 소련은 인도 편이었다. 이렇게 북한의 입장이 분명해짐에 따라 1960년대 초반 소련과의 관계는 악화 일로였고, 반면에 중국과의 관계는 탄탄대로였다. 1962년 10월 중국 총리 저우언라이周恩來가 북중 국경 문제를 협의하기 위해 북한을 방문했다. 1963년 5월에는 김일성이 중소 분쟁에 대

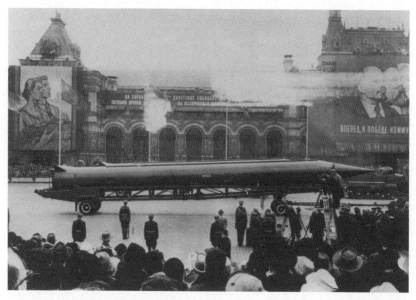

1962년 10월 소련이 쿠바에 중거리 미사일을 배치하자, 미국은 강력하게 항의하며 쿠바를 군함으로 봉쇄했다. 쿠바로 이동 중인 소련의 미사일.

한 대응책을 논의하기 위해 중국을 방문했다.

1963년과 1964년에도 소련에 대한 북한의 비난은 계속되었다. '수정주의', '분열주의', '고압적 자세', '내정간섭', '대국주의적 태도' 등 다양한 용어를 동원해 소련을 비판했다.[7] 이는 1964년 10월 흐루쇼프가 실각할 때까지 계속되었다. 흐루쇼프가 등장하면서 스탈린의 개인숭배를 비판하고, 이를 경계하면서 북한의 소련 경계·비판이 시작되었던 만큼, 흐루쇼프의 퇴장과 함께 소련에 대한 비판은 중단되었다. 북한의 개인숭배에 대한 소련의 비판은 내정간섭이고, 북한의 소련 비판은 내정간섭에 대한 거부 표시이기도 했다. 흐루쇼프의 실각은 이런 상황 변화에 대한 기대를 높였고, 북한의 소련 비판 중단은 그런 기대를 표현한 것이었다.

북소 관계는 회복되기 시작해 흐루쇼프 실각 한 달 만인 1964년 11월 북한은 소련의 10월혁명 기념행사에 내각 제1부상 김일을 단장으로 하는 대표단을 보냈고, 대표단은 흐루쇼프 후임으로 소련공산당 서기장이 된 레오니트 브레즈네프Leonid Brezhnev를 면담하기도 했다. 1965년 2월에는 소련 수상 알렉세이 코시긴Aleksei Kosygin이 북한을 방문해 경제·군사 분야의 협력 방안을 논의했다. 1956년부터 악화되었던 북소 관계가 거의 10년 만에 회복된 것이다.

비날론 생산

북한에만 있는 특이한 화학섬유가 비날론이다. 비날론은 카바이드를 원료로 만든다. 카바이드는 석회석과 무연탄을 전기로 속에서 가열해 만든다. 석회석과 무연탄이 많이 나는 북한 환경에 맞는 섬유다. 이 비날론 섬유를 만드는 '2·8비날론공장'이 1961년 함흥에 세워졌다. 김일성이 한 해 전부터 '모든 것을 비날론 공장 건설에로'라는 구호를 제시하면서 공장 건설을 진두지휘한 끝에 완성했다. 공장을 건설하는 데 1년 남짓 걸렸다. 여기서 생긴 용어가 '비날론속도'다. 전후 평양 복구 과정에서 생겨난 '평양속도'와 함께 북한의 대표적인 속도전 용어다.

2·8비날론공장에서 비날론을 쏟아내면서 북한의 의생활은 크게 바

일본 교토대학 화학공업과를 졸업하고 일본 다카쓰키화학섬유연구소에서 연구원으로 일했던 과학자 리승기는 북한이 비날론 공업화에 대한 전폭적인 지원을 약속하자 제자들과 함께 월북했다.

꿔었다. 무명, 삼베, 아마 등 천연섬유는 생산량이 적어 주민들의 수요를 충족시켜주지 못했지만, 대량생산되는 비날론으로 북한 주민들은 여유 있게 옷을 해서 입을 수 있게 되었다. 특히 비날론은 생산비가 적게 들 뿐만 아니라 가볍고 질기며 천연섬유에 가까워 북한 주민의 의생활을 크게 개선할 수 있게 해주었다.

비날론을 개발한 사람은 과학자 리승기였다. 일제강점기 일본에 유학해 교토대학 화학공업과를 졸업하고 일본 다카쓰키高槻화학섬유연구소에서 연구원으로 일했다. 거기서 1939년 화학섬유 비날론을 발명했다. 나일론에 이은 세계 두 번째 화학섬유였다. 해방 후 서울대학교 교수가 된 리승기는 비날론 공장을 세우기 위해 애를 썼다. 하지만 주변 여건이 받쳐주지 않아 실망하고 낙향했다. 그러던 중 6 · 25 전쟁이 일어나고 북한이 비날론 공업화에 대한 전폭적인 지원을 약속하자 제자들과 함께 월북했다. 이후 실제로 북한 당국의 지원을 받아 제품화에 성공한 것이다.

비날론 제품화 성공 이후 북한은 이를 '주체과학'의 성공이라면서 대대적으로 선전했다. 주체과학은 북한 자체의 기술과 원료로 인민들에게 필요한 물품을 직접 개발하고 생산하는 것이다. 이러한 흐름에 따라 무연탄으로 가스를 생산하는 기술이 개발되기도 했고, 한의학과 양의학을 접목해 새로운 치료법을 개발하는 작업도 계속했다. 1960년대에는 이러한 시도가 상당한 성과로 이어졌다.

하지만 문제는 주체과학의 폐쇄성이었다. 세계적인 연구 추이를 관찰하고 선진과학기술을 받아들이려는 노력이 미흡했다. 연구개발에 대한 투자도 부족했다. 비날론은 장점을 많이 갖고 있지만, 염색이 힘들고 생산 과정에서 유독가스와 폐수가 많이 나온다는 것이 단점이었다. 다른 나라에서 이 기술을 받아들이지 않는 이유가 이것이다. 북한은 이 단점을 보완하는 데 큰 성과를 보여주지 못했다. 초기의 성공이 고급기술과 고품질의 제품으로 이어지지 못한 것이다. 이는 비날론뿐만 아니라 주체과학 전반의 문제였다.

북한이 비날론을 제품화할 때쯤 남한은 미국에서 나일론 제품을 들여왔다. 나일론 실을 생산할 수 있는 기술이 없어 제품화한 것을 수입했다. 그것으로 옷, 양말, 스타킹 등을 만들어냈다. 그러다가 1966년 '동양나이론'이 나일론 원료를 만드는 데 성공하면서 화학섬유를 직접 생산할 수 있게 되었다. 1968년에는 울산에 대규모 공장이 건설되어

나일론 제품을 수출까지 하게 되었다. 이후 남한에서는 선진기술을 습득하고 자체 기술개발에 많은 자원을 투자하면서 고품질의 화학섬유를 생산할 수 있게 되었다.

'자력갱생'의 등장

북한을 상징적으로 표현하는 용어가 몇 가지 있는데, '민족적 자립경제', '자력갱생', '주체사상', '선군정치' 등이 대표적이다. 그 가운데 '자력갱생'이란 '남의 힘에 의지하지 않고 자기의 힘으로 어려움을 타파하여 더 나은 환경을 만드는 것'을 말한다. 외세에 의존하지 않고 스스로 경제사회 발전을 이루어 나가려는 북한의 전략을 상징적으로 표현하는 용어이다. 이 '자력갱생'이란 용어가 처음 나오는 것이 1961년 12월이다. 제4차 당대회를 전후해서 김일성은 소련과 중국을 분주하게 방문했다. 6월 29일부터 7월 10일까지 모스크바를, 7월 10~15일에는 베이징을 방문했다. 10월 15일부터 11월 3일까지 다시 소련을 방문했다. 주요 목적은 '인민경제발전 7개년 계획' 추진에 필요한 원조를 얻기 위해서였다.

특히 김일성은 소련의 지원을 기대하고 당대회 전후에 한 차례씩 모스크바를 방문했지만, 원조를 얻어내지 못했다. 그는 12월 초 방소 보고를 위해 열린 당중앙위원회 제4기 제2차 확대전원회의에서 '자력갱생'이란 용어를 처음 사용했다. 중국공산당의 지도방침 가운데 하나였던 것을 김일성이 북한의 상황에 적용하며 사용하기 시작한 것이다.

> 자력갱생이란 자기의 힘으로 일떠서자는 말인데 이 정신이 무엇보다
> 도 우리들에게 필요합니다. 누구에게나 다른 나라에 의존하려는 사상
> 이 없어야 합니다.……공산주의자들은 언제나 자기 나라 인민의 힘을
> 동원하여 혁명을 승리에로 이끌어야 되며 어떠한 난관도 자체의 힘으
> 로 뚫고 새로운 사회를 건설할 줄 알아야 합니다. 자기 나라에 있는 것
> 을 가지고 공업과 농업을 비롯한 모든 경제 부문들을 발전시키려는
> 사상을 견지하는 것이 중요합니다. 자력갱생을 하고 자립적 경제체제
> 를 확립하여야만 국제 분업에 더 효과적으로 참가할 수 있습니다.[8]

김일성은 1962년 3월 당중앙위원회 제4기 제3차 확대전원회의에서
도 "원조는 주지 않으면서 자력갱생하자는 것을 민족주의라고 시비를
하는 사람들의 심보를 어떻게 이해하여야 할 것입니까?'라며 자력갱생
을 민족주의라고 비난하면서도 원조는 하지 않는 소련을 비판했다. 그
러면서 "자력갱생은 어떻게 하나? 자체의 힘으로 사회주의를 건설하며
혁명을 완성하자는 것입니다"라면서 인민들의 자발적인 경제 건설 노
력을 독려했다.[9]

북한은 이후 '자력갱생'을 대중적 동원을 최대화하기 위한 구호로 활
용했다. 이는 주체사상이 표면화되면서 그 중요성이 높아졌다. 주체사
상의 내용 가운데 '경제에서의 자립'을 상징적으로 표현하는 용어가 되
었다. '자력갱생'은 이후에도 북한 경제를 자족적인 체제로 발전시키는

데 지속적으로 역할을 해왔다.

남에게 의존하지 않고 스스로 문제를 해결한다는 자력갱생의 구호는 북한이 인민들의 노동력을 동원하는 데에는 효과적으로 활용되었지만, 결과적으로 외부에 대해 문을 닫고 폐쇄적인 경제체제를 유지하도록 하는 주요 원인이 되었다. 문을 닫음으로써 외부의 선진기술과 자본을 들여오지 못하게 하고, 외부의 경쟁력 있는 상품들과 경쟁하지 못하도록 했다. 그런 연유로 북한 경제는 앞으로 나아가지 못하고 낙후 상태를 벗어나지 못했다.

집단적 공장관리시스템, '대안의 사업 체계'

북한의 종래 공장 관리 체제는 지배인의 유일관리제였다. 지배인이 모든 걸 관할하고 책임지는 체제였다. 이것이 1961년 12월 '대안의 사업 체계'로 바뀐다. 12월 6~16일 김일성은 평안남도 남포시에 있는 변압기·전동기 생산공장인 대안전기공장에 대해 현지 지도를 했다. 여기서 김일성이 제시한 것이 '대안의 사업 체계'였다. 지배인 대신 공장 당위원회가 중심이 되어 공장을 운영하고 운영 결과에 대해서도 책임을 지는 시스템이다. 여기서 시작된 대안의 사업 체계는 이후 북한 전역으로 확산되어 독자적인 공장관리시스템이 되었다.

대안의 사업 체계가 본격 시행되면서 공장 당위원회의 조직과 기능이 확대되었다. 조직부, 선전부, 교육부가 추가로 설치되었다. 부위원장이 1명에서 3명으로 늘었다. 조직담당 부위원장은 조직부장을 겸임하면서 교육부까지 지도하도록 했다. 선전담당 부위원장은 선전부장을 겸임하면서 조선직업총동맹이 하던 문화 사업 지도도 하도록 했다. 나머지 1명의 부위원장이 지배인을 겸임하면서 직접 공장 운영을 맡도록 했다. 이렇게 해서 공장 당위원회가 중심이 되어 공장 운영, 조직 관리, 선전 사업까지 모두 담당하도록 한 것이다.

대안의 사업 체계는 생산지도 체제도 통일적으로 하자는 것이었다. 종래에는 계획부, 생산지도부, 기술부가 독립적으로 움직였다. 하지만 대안의 사업 체계가 시작되면서 기사장의 역할을 강화해 그 아래 계획부, 생산지도부, 기술부를 배속시켜 일괄적인 지도가 가능하도록 했다. 부기사장 2명을 새롭게 두어 1명은 계획부와 생산지도부를, 1명은 기술부장을 겸임하게 했다. 생산 현장의 단위인 '직장'도 종래의 독립적 단위가 아니라 군의 소대처럼 생산지도부에 직속되어 직접 지휘를 받도록 했다.

직장의 관리 인원도 축소했다. 종래에는 직장장, 직공장, 계획원, 경제원, 계산원, 통계원, 기술지도원, 공정원, 노동정량원 등이 있었는데, 이를 줄여서 직장장, 부직장장, 생산지도원, 자재공급원, 부기원, 통계원 정도만 두도록 했다. 계획원이나 노동정량원 등이 하던 일은 계획부나 생산지도부에서 하도록 했다. 생산지도원은 직장장이 아니라 생산지도부의 지휘를 받도록 했다. 기사장—생산지도부 라인을 통한 공장의 생산관리 체계의 직접 관리를 강화한 것이다.

공장 당위원장은 공장 내 당 조직이나 근로단체 등으로 노동자들의 정치생활을 지도하고, 지배인은 공장의 행정조직을 관할하면서 생산활동을 전반적으로 관리하며, 기사장은 생산 현장을 직접 지도·관리하는 역할을 하는 것이 '대안의 사업 체계'의 운영 시스템이다. 그러면서도 공장 당위원장, 지배인, 기사장은 협의 관계를 유지하면서 집체적 관리 체계를 유지하는 것이다.

대안의 사업 체계는 자재 공급 체계 개편도 포함하고 있었다. 종래 자재 공급은 공장이 스스로 알아서 하도록 했다. 하지만 대안의 사업 체계는 내각의 성이나 관리국이 자재를 책임지고 운반해주도록 했다. 성이나 관리국 안에 '자재상사'를 설치해 관할 공장에 자재를 공급하도록 한 것이다.

공장을 중심으로 한 노동자들의 생활 편의를 도모하기 위한 후방 공급 체계도 새롭게 정립되었다. 이것도 대안의 사업 체계에 포함된 것이다. 지배인 아래 후방 부지배인을 두어 경기계획부, 식량부, 부식물공급부, 노동보호물자공급부, 주택관리부, 편의시설부를 관할하게 했다.

대안의 사업 체계는 중공업 생산시설뿐만 아니라 경공업 분야에도 적용되었다. 평양방직공장 같은 섬유공장에도 적용되어 기업 관리 운영 체계가 개편되고, 간부들의 지도 수준과 사업 방법 등이 개선되었다. 또한 이 체계는 탄광과 같은 채취공업 부문에도 확대되었는데, 예를 들어 평안남도 안주군의 안주탄광은 탄광관리부에서 갱에 이르는 생산지도 체계를 효율적으로 개편했다. 자재 공급 체계도 정리해 탄광관리부에서 갱까지, 갱에서 막장까지 자재가 이동하는 경로를 분명하게 체계화하는 작업을 진행했다.

요컨대 대안의 사업 체계는 당의 지도 아래 생산과 공장 관리, 자재 공급, 노동자의 생활 등이 일원적으로 관리되는 체계다. 이 제도는 지속적으로 확산되어 1972년 12월 개정 헌법 이후 북한 헌법에도 북한의 경제 관리 형태로 명기하게 되었다. 2012년 4월에 개정된 북한 헌법 제 33조에도 "국가는 생산자 대중의 집체적 힘에 의거하여 경제를 과학적으로, 합리적으로 관리 운영하는 사회주의 경제 관리 형태인 대안의 사업 체계와 농촌 경리를 기업적 방법으로 지도하는 농업 지도 체계에 의하여 경제를 지도 관리한다"고 규정되어 있다.

김정일 처형
성혜랑의
1960년

1960년대 활약한 북한의 영화배우 성혜림은 김정일과의 사이에 김정남을 낳을 만큼 한때 김정일의 사랑을 받았다. 하지만 김정일과 사이가 멀어져 우울증을 앓다가 2002년에 사망했다. 성혜림의 언니가 성혜랑이다. 성혜랑은 김정남이 5세 때인 1976년부터 1996년 탈북할 때까지 김정남의 가정교사 역할을 했다. 탈북 이후 지금은 유럽에 숨어 살고 있다. 6·25 전쟁 당시 공산주의자인 어머니 김원주를 따라 월북한 이후 탈북할 때까지의 그녀의 삶을 『등나무집』이라는 책으로 엮어냈다.

거기에 1960년대 초 북한의 모습이 잘 묘사되어 있다.[10] 1960년 당시 성혜랑은 25세로 북한의 과학원 산하 출판사에서 일하고 있었다. 김일성종합대학 물리수학부를 졸업하고 잠시 대학에서 강의를 하다가 과학원에 들어갔다. 처음에는 연구실에 있다가 1959년부터 과학원 출판사로 옮겨 수학사전 만드는 일을 했다. 과학원 역학연구실에서 연구원으로 일하고 있는 리태순과 1959년에 결혼했다.

1960년 북한은 1959년에 시작된 천리마작업반운동이 한창이었다. 사회 각 분야의 현장에서 사상적·문화적·기술적 혁신을 일으키자는 운동, 즉 의식개혁운동이었다. 모든 인민이 다른 생각 없이 일에만 몰두하게 만든 것이다. 남자들은 대부분 직장에서 숙식을 하며 일했고, 여자들도 아침 7시부터 12시가 넘도록 일하는 경우가 많았다. 휴일이나 휴가도 거의 없이 '40일 전투', '100일 전투' 등으로 이어지는 노력 동원에 시달렸다.

직장에서는 회의의 연속이었다. 직장의 당위원회 간부가 "모입시다" 하면 회의였다. '중앙당 집중지도', '사상투쟁' 등 여러 가지 이름으로 회의가 소집되었지만, 대부분 어느 한 사람을 비판하기 위한 것이었다. 당위원회에서 어떤 사람의 사건을 인지하게 되면 회의를 소집했다. 투철한 '계급의식'을 갖고 있으면서 비판에 앞장서는 '돌격대'가 있었다. 먼저 돌격대가 비판을 하고 나면 이후 회의에 불성실하다는 비판을 피하기 위해 너나없이 비판에 가담했다. 객관적인 비판보다는 인신공격, 교우 관계 비판, 가정 문제 비판, 사생활에 대한 간섭 등이 많았다. 그러니 회의는 길어지기 십상이었다. 그럴 때마나 밀린 일을 하기 위해 밤 12시까지 야근을 해야 했다.

비판이 끝나면 당위원회가 평가하고 그에 따라 직급이 강등되거나 지방으로 쫓겨가는 경우가 많았다. 그래서 당위원회는 직장에서 경계의 대상이었다. '당위원회' 팻말이 붙어 있는 방은 멀리 돌아갈 정도였다.

성혜랑에게 천리마작업반운동은 인간 자체를 바꾸는 '인간개조운동'으로 느껴졌다. 일뿐만 아니라 생활 구석구석까지 당국이 간섭하는 것은 참기 어려운 일이었다. 인민반에서 청소 검열을 해서 불합격하면 직장에 통보했다. 직장에서 사상교육을 하는 시간에는 자신뿐만 아니라 주변 사람에 대한 비판도 철저히 했는데, 남한 출신인 성혜랑은 집중포화를 맞기 일쑤였다. 과학원 연구원이될 꿈을 갖고 있는 것, 빨간 재킷을 입는다는 것, 심지어 우유를 마신다는 것도 비판의 대상이었다. "우리는 똥소개(설사의 함북 사투리)를 해서 거저 줘도 못먹는 우유를 성 동무는 똥소개도 안 하는지……" 하면서 놀리기도 했다. 비조직적인 발언을 한다고, 자유주의가 심하다고 비판받기도 했다.

성혜랑은 더는 참을 수 없어 당중앙위원회 학교교육부 사회과학과장을 찾아갔다. 과학원 출판사를 관할하는 곳이었다. 당시 중앙당이 직접 나서서 천리마작업반운동을 지도하고 있었기 때문에 관련 여론을 듣기 위해 과장이 성혜랑을 만나주었다. 그 자리에서 성혜랑은 억울함을 호소했다.

"무엇이 수정주의입니까? 저의 차림은 이것이 다예요. 저의 하루는 공부하고 싶어서 애쓰는 것 외에 다른 것을 추구해본 적이 없습니다."

울음을 터뜨리면서 그간의 이런저런 이야기를 털어놓고 나왔다. 이후 중앙당 집중지도 총화(결산) 회의에서 사상투쟁의 잘못된 사례로 우유나 빨간 재킷을 비판하는 것 등이 지적되었다. 이는 좌경적 오류라는 것이었다. 그 후 성혜랑이 수정주의로 비판받는 일은 없었다.

성혜랑은 결혼을 했지만 결혼사진 한 장 없었다. 당시 분위기는 결혼도 특별한 것이 아니었다. 결혼하는 날도 여느 날과 같이 지내는 것이 사회주의적이라고 여겨졌다. 집에 거울도 없었다. 부엌 유리창문 앞에서 머리를 빗었다. 북한의 1960년대는 경제적으로 빠른 성장의 시기였다. 북한 당국은 여러 가지 성공적 지표를 내세웠다. 목표보다 큰 성과를 조기에 달성했다고 자랑도 많이 했다. 하지만 인민들은 육체적으로나 정신적으로 여전히 힘든 삶을 살아가고 있었다.

1962~1963년

×××

주체사상의 출현

만주파가 내각을 장악하다

1962년 10월 8일 제3기 최고인민회의 대의원 선거가 실시되었다. 전체 유권자의 100퍼센트가 선거에 참여해 100퍼센트가 찬성한 선거였다. 모두 383명의 대의원이 선출되었다. 제2기는 215명이었는데, 168명이나 대의원수를 늘렸다. 1957년 8월 제2기 최고인민회의 대의원 선거에서 선출된 대의원 가운데 제3기에 다시 선출된 사람은 71명에 불과했다. 144명이 숙청의 바람 속에서 물갈이된 것이다. 1957년 이후 숙청의 회오리가 얼마나 거셌는지 여실히 보여준다.

새로 선출된 대의원 가운데는 만주파가 많았다. 제2기 당시에는 6명에 불과했는데, 41명으로 대폭 증가했다. 갑산파도 4명에서 6명으로 늘었다. 나머지 파벌은 모두 줄었다. 연안파는 15명에서 3명으로, 소련파는 12명에서 1명으로, 남조선노동당 세력은 12명에서 3명으로, 남조

선노동당 외 남한 출신들은 22명에서 8명으로, 북한 국내파는 21명에서 3명으로 대폭 감소했다.[1]

10월 22일 제3기 제1차 회의가 열려 최고인민회의 지도부와 내각을 구성했다. 최고인민회의 상임위원장에는 최용건이 다시 선출되었고, 제1부위원장에는 박정애와 박금철, 부위원장에는 홍명희, 강량욱, 백남운이 선임되었다. 서기장은 림춘추가 맡았다. 상임위원에는 최현, 리영호, 김옥순, 리효순, 김왈룡 등 23명이 선출되었다. 최용건, 림춘추, 최현, 리영호, 김옥순 등 만주파와 리효순, 김왈룡 등 갑산파가 역시 중심을 이루고 있었다. 상임위원 23명은 대부분 당의 고위직을 겸임하고 있었다. 당 정치위원이 4명, 정치위원회 후보위원이 2명, 중앙위원이 12명, 중앙위원회 후보위원이 1명이었다. 최고인민회의는 북한 사회의 다양한 세력이 모여 의견을 내는 통일전선기구의 성격을 갖고 있었지만, 제3기부터는 그런 성격이 현저히 약화되고 당의 지배하에 놓이게 되었다.

내각도 구성되었는데, 김일성이 수상으로 다시 선출되었다. 김일은 제1부수상에 임명되었고, 부수상 8명과 각료 35명도 임명되었다. 당의 요직을 맡은 인물들이 정부의 주요 직책도 맡았다. 김일성은 당 중앙위원장이고, 김일은 정치위원이었다. 부수상을 맡은 김창만, 김광협, 정일룡, 남일, 리종옥 등도 모두 정치위원이고, 역시 부수상이 된 리주연은 정치위원회 후보위원이었다. 당정치위원회가 내각을 접수한 모습이었다. 부수상을 포함한 각료 40명(3명은 부수상·각료 겸임) 중 당 정치위원이나 정치위원회 후보위원, 중앙위원, 중앙위원회 후보위원, 검사위원 등 주요직을 맡지 않은 사람은 5명에 불과했다. 당-최고인민회의 상임위원회-내각이 당을 중심으로 구성되고 운영되는 체계를 갖추게 된 것이다.

만주파는 내각도 장악했다. 김일성이 수상을 맡은 것을 비롯해 김일은 제1부수상, 김광협은 군사담당 부수상, 김창봉은 민족보위상, 석산은 사회안전상, 박성철은 외무상을 차지했다. 민족보위상, 사회안전상, 외상은 각료 서열 1, 2, 3위를 이루는 주요 직책이었다. 소련파인 최용진과 박영순이 각각 수산상과 체신상에 임명되었고, 나머지 관료들은 대부분 테크노크라트였다.

백두산 국경 획정

북한과 중국 사이의 국경, 특히 백두산의 국경이 어떻게 되어 있는지는 오랫동안 비밀에 쌓여 있었다. 그래서 6·25 전쟁 당시 파병해준 대가로 북한이 대폭 양보했을 것이라는 추측이 무성했다. 하지만 1990년대 국경 획정 당시를 설명해주는 중국 문헌들이 발간되거나 새롭게 발굴되면서 진상이 드러났다. 전체적인 내용은 국경 협상이 북한에 유리하게 마무리되었다는 것이다.

중국은 1959년 8월과 10월 인도와 국경 문제로 군사적 충돌을 겪게 되었다. 이때부터 중국은 주변국과의 국경 문제에 많은 관심을 쏟기 시작했다.[2] 1960년대에는 아프가니스탄, 몽골, 북한과의 국경 문제를 직

중국은 1959년 8월 인도와 국경 문제를 놓고 군사적 충돌을 하게 되었다. 중국과 인도 국경 지역을 수비하고 있는 인도군.

접 해결하려는 움직임을 보이기 시작했다. 당시 중소 분쟁의 와중에서 북한은 소련과는 소원했지만, 중국과는 친밀한 관계를 유지하고 있었다. 이러한 분위기에서 국경 협상을 하는 것이 유리할 것이라는 판단을 북한도 했을 것으로 보인다.

국경 전반에 대한 조약은 없었지만, 북한과 중국 사이 국경과 관련한 부분적인 합의는 이루어져왔다. 주로 양국 사이의 하천을 평화적으로 공동 이용하기 위한 것이었다. 1956년에는 '압록강과 두만강에서 목재 운송에 관한 의정서'가 맺어졌고, 1958년에는 '두만강 치수공사 설계서에 관한 합의서', 1960년에는 '수상운수 협조에 관한 협정'이 체결되었다.

이런 기반 위에서 1962년 초부터 북중 국경 문제가 본격적으로 논의되기 시작했다. 당시 중국 총리 저우언라이가 3월 30일 관련자들을 모아놓고 북한, 몽골 등과의 국경선 획정 문제를 협의했다. 6월 28일에는 박금철을 단장으로 하는 북한 최고인민회의 대표단과 만나 국경 문제를 논의했다. 10월 초에는 중국 외교부 부부장 지펑페이姬鵬飛가 평양을 방문해 북한 외무성 부상 류장식과 함께 국경 문제에 관한 회담과 관련한 내용을 협의했다. 본회담은 저우언라이가 직접 평양을 방문해 10월 12일에 열렸고, 북중국경조약이 체결되었다. 그 핵심 내용은 백두산의 경계를 정하는 것이었다. 천지 서북부는 중국에, 동남부는 북한에 귀속시키는 것으로 정리되었다.

1963년 3월부터 6개월 동안 현지 조사를 거쳐 1964년 3월에 '중조변계의정서中朝邊界議定書'를 체결해 국경선을 최종 획정했다. 이때 획정된 백두산 천지 국경선을 자세히 보면, 천지를 둘러싼 산등성이 서남쪽 2,520미터 고지와 2,664미터 고지 사이에서 시작해 동북쪽으로 천지를 직선으로 가로질러 2,628미터 고지와 2,680미터 고지 사이에 이르는 선을 국경선으로 했다. 천지의 54.5퍼센트는 북한이, 45.5퍼센트는 중국이 차지하게 되었다. 천지 이외의 백두산 일대의 경계는 천지를 나누는 경계선의 서남쪽 기점에서 압록강 상류 사이를 잇는 선, 동북쪽 기점에서 두만강 상류 사이를 연결하는 선으로 국경선을 삼았다. 백두산정계비는 천지에서 한창 북한 쪽으로 들어와 있기 때문에 이를 경계선으로 했더라면 북한에 매우 불리했을 텐데 중국은 그렇게 하지 않았다.

또한 압록강의 섬과 사주沙洲 205개에 대해서는 북한이 127개, 중국이 78개를 갖는 것으로 합의했다. 두만강의 섬과 사주 246개에 대해서는 북한이 137개, 중국이 109개를 소유하는 것으로 결론지었다.

　그런데 중국이 북한에 유리하게 국경을 획정한 이유는 무엇일까? 당시 1950년대 후반에 시작된 중소 갈등이 고조되어 있었다. 그 상황에서 북한은 소련의 수정주의에 반대하면서 중국을 지지했다. 물론 이는 북한의 내부 사정에 의한 것이었다. 소련이 개인숭배를 반대했기 때문에 김일성을 숭배의 대상으로 삼은 북한은 이를 찬성할 수 없었다. 그래서 소련과 관계가 멀어졌고, 그에 대한 반사적인 결과로 중국을 지지했다. 어찌되었든 북한이 중국을 지지한 것은 중국으로서는 환영할 만한 일이었다. 북한의 지지를 확보하고 싶었을 테니 말이다. 중국이 북한에 유리한 국경 조약을 맺은 것도 그러한 인식의 연장선상에서 나온 것으로 볼 수 있다.

경제 · 국방 병진 정책

　북한은 6 · 25 전쟁의 폐허에서 벗어나 어느 정도 경제적 안정을 찾게 되자, 장기적인 국방 프로그램을 세워나갔다. 1962년 12월 10~14일 열린 당중앙위원회 제4기 제5차 전원회의에서 '경제 · 국방 병진 정책'을 발표한 것이다. 현재의 김정은 정권이 핵 · 경제 병진 정책을 대외에 표방하고 있는데, 이 정책의 기원이 되는 경제 · 국방 병진 정책이 이때 나온 것이다. 제5차 전원회의에서 "경제발전에서 일부 제약을 받더라도 우선 국방력을 강화해야 한다"는 방침이 결정되면서 경제 · 국방 병진 정책이 공식화되었다.

그 내용은 경제 건설과 국방 건설을 어느 하나도 약화시키지 않고 거의 비슷한 비중으로 발전시켜나간다는 것이다. 다시 말해 경제 건설을 위해 국방 건설을 소홀히 하거나 국방 건설을 위해 경제 건설을 약화시키지 않는다는 것이다.

북한은 "해방 후 첫날부터" 경제 건설과 국방 건설을 함께 추진했다면서 국가 건설 초기부터 경제와 국방을 모두 중시해왔음을 강조했다.[3] 초기부터 경제와 국방을 모두 중시했는데, 다만 제5차 전원회의에서 이를 공식화했을 뿐이라는 것이다. 하지만 실제로 경제 · 국방 병진 정책의 공식화는 북한 발전 전략의 커다란 변화였다. 6 · 25 전쟁 이후 추진해오던 경제 복구 · 발전 전략에서 경제뿐만 아니라 군사력을 함께 발전시키는 전략으로 수정한 것이니 결코 작은 변화일 수 없었다. 북한은 이러한 변화의 원인을 '미 제국주의의 침략과 전쟁 도발 책동'으로 설명한다.

> 지구상에 제국주의가 남아 있는 한 침략과 전쟁의 위험은 사라질 수 없으며 사회주의에 대한 제국주의자들의 무력 침공 기도도 결코 없어질 수 없다. 이러한 조건에서 만일 제국주의의 침략적 본성을 보려고 하지 않고 경제 건설에만 치우치면서 국방력을 강화하지 않는다면 전쟁의 위험을 증대시키게 되며 사회주의 · 공산주의 건설은 고사하고 제국주의 침략으로부터 혁명의 전취물戰取物도 지켜낼 수 없으며 조국과 인민을 보위할 수 없게 된다.[4]

미국의 침략에 대비해 경제와 군사력을 모두 발전시켜야 하며, 그래야 그동안 이루어놓은 사회주의 성과들을 지켜낼 수 있다는 주장이다. 북한은 이렇게 미국의 침략주의 때문에 경제·국방 병진 정책을 추진했다고 주장하지만, 실제로는 1960년대 초 북한-소련 관계의 악화에 그 원인이 있었다. 중소 분쟁이 심화되는 와중에 북한은 중국을 지지했다. 그에 따라 소련에서 오는 군사·경제 원조는 삭감되었다. 북한은 자신의 힘으로 경제와 국방을 동시에 강화하지 않으면 안 되게 된 것이다.

북한의 정책 전환에는 내부적으로 크게 성장한 군부의 영향력도 작용한 것으로 보인다. 6·25 전쟁 이후 경제가 회복되면서 군이 다시 성장했고, 특히 군의 핵심 포스트에 있던 만주파들의 입지가 강화되면서 지속적 성장을 위한 정책을 추진한 것으로 여겨진다. 더욱이 군부의 핵심을 장악하고 있던 만주파 인사들이 당의 요직도 동시에 맡고 있어 북한의 정책 노선을 경제에서 경제·국방 병행 발전으로 비교적 쉽게 바꿀 수 있었던 것으로 보인다.

4대 군사노선 제시

제4기 제5차 전원회의에서 나온 또 하나의 주요 정책 노선이 4대 군사노선이다. 전군의 간부화, 전군의 현대화, 전인민의 무장화, 전국토의 요새화를 내용으로 한 정책이다. 구체적으로 보면, 전군의 간부화는 북한군을 군사적·사상적으로 더 훈련시켜 유사시 모두 간부가 될 수 있도록 한다는 것이다. 전군의 현대화는 북한군을 현대적 무기와 전투기술, 군사기술로 더욱 강력하게 무장시킨다는 것이다. 전인민의 무장화는 전방의 군인뿐만 아니라 후방의 민간인들도 군사훈련과 기술로 무장시킨다는 것이다. 전국토의 요새화는 북한 전체에 방위시설을 건설해 군사 요새로 만들고 주요 시설들도 지하화한다는 것이다.

북한은 1960년에 시작한 군대 내의 정신개조운동인 '붉은기중대운동'을 지속하면서 '일당백'의 구호 아래 4대 군사노선의 달성을 위해 노력했다. 전군의 간부화를 위해서는 군인들에 대한 정치군사 훈련을 한층 강화해 유사시 병사에서 장교까지 모두가 한 계급 이상의 높은 직무를 수행할 수 있도록 준비시키는 작업을 진행해나갔다. 전군의 현대화를 위해서는 현대적 무기와 전투기술을 개발해 군인들에게 교육시킴으로써 모든 군인이 현대적 무기를 능숙하게 다루면서 현대적인 기술과 과학적인 지식을 갖출 수 있도록 추진해나갔다.

전인민의 무장화를 위해서는 1959년 1월에 창설한 노농적위대에 대한 정치군사 훈련을 강화했다. 전인민이 한 손에는 총, 한 손에는 낫이나 망치를 들고 노동과 군사훈련을 함께 해나가도록 했다. 전국토의 요새화를 위해서는 모든 지역에 튼튼한 방위시설을 구축하는 작업을 진행해나갔다.

김일성은 1963년 2월 8일에 인민군 정치 부연대장 이상 간부들과 현지 당 · 정권 기관 간부들을 모아놓고 연설하면서 군의 성격에 대해 '진정한 혁명의 군대', '당의 군대', '노동계급의 군대'임을 강조하고 군에 대한 사상교육을 새삼 역설했다. 또 "제국주의, 특히 미 제국주의와 일본 제국주의를 미워하는 사상으로 군인들을 교양해야 한다"고 강조하기도 했다.[5] 4대 군사노선을 실현하기 위해서는 사상적 무장이 가장 중요하고, 사상적 무장이란 쉽게 말하면 미국과 일본의 제국주의적 성격을 이해하고 그에 대한 경계심을 갖는 것이다.

군수산업을 발전시키는 데에도 관심을 기울여 1963년 3월 19일에 내각결정 '군수공업의 자립적 토대를 더욱 강화하며 무기와 전투기술 기재의 생산과 수리 사업을 확대발전시킬 데 대하여'를 채택해 무기 생산과 수리시설에 대한 투자를 늘리기로 했다. 동시에 '군수공업의 원료 기지를 더욱 강화할 데 대하여'라는 내각결정도 통과시켜 군수산업의 토대가 되는 원료 공급 기지도 확대하기로 했다.

북한은 꾸준히 4대 군사노선의 실현을 추구해 1970년 조선노동당 제5차 당대회에서는 4대 군사노선의 완성을 선언했다. 김일성은 보고에서 4대 군사노선을 적극 추진한 결과 전체 인민이 총을 쏠 수 있게 되었고, 모든 지역에 철통같은 방위시설을 구축해놓았으며, 중요한 생산시설까지 요새화했고, 자립적 국방 공업 기지가 창설되어 필요한 현대적 무기와 전술기재를 자체적으로 생산하고 있다고 말하면서 4대 군사노선의 목표를 달성했다고 공표했다. 북한은 1962~1970년에 국방 부문에 대한 관심과 투자를 집중했고, 그 기간에 병영국가 모습을 갖춰 지금까지도 유지하고 있다.

항일빨치산 소설 인기

『항일빨치산 참가자들의 회상기』를 통해 빨치산들이 진정한 공산주의자였고, 그들을 이끈 이는 김일성이라는 교육을 실시하던 북한은 빨치산 참가자들의 소설도 펴내 혁명의식 교육에 이용했다. 소설을 통해 북한 주민들이 더 쉽게 빨치산투쟁을 접할 수 있게 하고, 이를 통해 혁명적 사상과 생활 태도를 갖도록 한 것이다. 대표적인 것이 오백룡이 1959년에 쓴 『보천보』와 박달이 출간한 『서광』, 1962년에 박영순이 내놓은 『연길폭탄』, 역시 1962년에 림춘추가 써낸 『청년전위』, 1963년에 최현이 써낸 『혁명의 길에서』 등이었다. 전반적인 내용은 험난한 빨치산투쟁의 과정에서 김일성이 탁월한 지도력을 보였다는 것이다.

오백룡의 『보천보』는 김일성의 대표적 업적인 보천보전투의 상황을 소설 형식으로 상세히 서술한 것이다. 오백룡은 김일성 부대의 간부로 보천보전투에 참가했고, 해방 후에는 군에서 활동하면서 38선경비여단장, 조선인민군 제8사단장을 거쳐 내무성 부상에 올라 있었던 인물이다.

박달의 『서광』은 일제강점기 함경북도 갑산 지역에서 했던 자신의 항일빨치산 활동을 소설화한 것이다. 박달은 갑산공작위원회를 조직해 활동하고, 1937년 김일성의 보천보전투 당시 일본군 기밀탐지, 통신선 절단, 보급물자 운반 등의 역할을 맡았던 인물이다. 1938년 일제 경찰에 체포되어 오랫동안 감옥생활을 하다가 해방과 함께 석방되었다. 『서광』은 박달 자신을 주인공 김성호로 설정한 자전적 소설이다. 김성호는 등짐장사로 위장해 활동하는 유능한 공산주의 공작요원이다. 항일투쟁 활동을 하면서 일제에 붙잡혀 모진 고문을 당하기도 한다. 김성호는 갑산에서 활동하면서 김일성 부대에 들어가기 위해 노력한다. 그러다가 장백 지구에서 나온 김일성을 만나 그의 휘하에 들어가게 된다. 이후에도 견결하게 항일투쟁을 계속하는데, 많은 요원이 체포되고 사형당하는 시련 속에서도 꿋꿋하게 투쟁을 지속한다. 김일성을 믿고 따르는 것이 가장 훌륭한 혁명의 길임을 역설하는 소설이다.

박영순의 『연길폭탄』은 빨치산들이 스스로 만든 '연길폭탄'에 얽힌 이야기를 비롯한 지난한 투쟁의 과정을 극적으로 묘사한 소설이다. 박영순은 1934년부터 김일성 부대에서 항일투쟁에 참가하고, 소련군 첩보부대에서 활동하기도 했다. 해방 후에는 당중앙위원회 통신과장과 통신부장을 거쳐 1962년에는 내각의 체신상이 되었다.

림춘추의 『청년전위』 역시 자신의 경험을 바탕으로 한 소설이다. 림춘추는 중국 지린성吉林省 옌지延吉의 빈농 가정에서 태어났고, 김일성 밑에서 항일빨치산 활동을 했다. 해방 이후에는 당 연락부 부부장과 불가리아 대사 등을 지낸 뒤 1962년에는 최고인민회의 상임위원회 서기장이 되었다. 『청년전위』의 주인공 삼손은 옌지에서 머슴살이를 하다가 빨치산 활동을 시작한다. '연길폭탄'이라는 수제폭탄을 스스로 만들어 일본군과 전쟁을 하고, 친일단체 민생단에 대한 투쟁에도 참여한다. 빨치산의 간부가 된 삼손은 선진 군사지식을 학습하기 위해 소련에 파견되기도 한다. 김일성은 중요한 대목에서 가르침을 주는 탁월한 지도자로 묘사된다. 김일성의 부인 김정숙도 등장하는데, 주위의 존경을 받는 아동단 지도자 역할을 한다. 삼손이 해방 이후 원산으로 상륙·개선하면서 소설은 끝난다.

『청년전위』는 소설 형식이지만 많은 부분 사실史實에 근거하고 있어 그동안 단편적으로 설명되었던 만주 항일무장투쟁사에 대한 전체적인 모습을 보여주고 있다. 북한은 1970년대 항일빨치산투쟁사와 해방 이후 북한사를 시리즈 소설 '불멸의 역사' 총서로 펴내는 작업을 하는데, 『청년전위』는 이 '불멸의 역사'의 토대가 되었다.

최현의 『혁명의 길에서』는 김일성의 지도를 받고 투쟁의 길에 나서 그의 가르침과 보살핌 속에서 투쟁을 지속할 수 있었다는 내용을 담고 있다. 최현은 1920년대 민족주의 단체에서 활동하다가 1932년부터 항일빨치산투쟁을 하고, 해방 후에는 조선인민군 제2사단장, 제2군단장, 체신상을 거쳐 1963년에는 중책을 맡지 않고 있었다. 하지만 여전히 만주파의 주요 인물이었다.

이와 같은 항일빨치산 소설은 이야기 형식이어서 인민들에게 쉽게 다가가 많이 읽힐 수 있었다. 그 속에서 빨치산 정신과 김일성에 대한 개인숭배 등을 자연스럽게 교육할 수 있었다. 단편적인 일화들을 기록해놓은 『항일빨치산 참가자들의 회상기』와 짝을 이뤄 김일성과 항일빨치산 중심의 항일역사 교육을 위한 '효율적인 교재'가 된 것이다.

농지의 국유화 지향

북한은 1946년 시작한 생산관계에 대한 사회주의적 개조를 1958년에 완료했다. 1946년 3월 토지개혁과 8월 주요 산업의 국유화를 실시해 사회주의적 개조의 물꼬를 텄고, 1947년 이후에는 국영 농장·목장 설치를 확대하면서 산업시설 국유화도 확대해나갔다. 6·25 전쟁 이후에는 농업의 협동화와 개인 상공업의 사회주의화를 본격 시행해 1958년에 마무리지었다. 그 결과 현재 북한의 상공업은 '전인민적 소유', 즉 국유화되었고, 전체 농장의 10퍼센트 정도는 전인민적 소유가 되었으며, 나머지는 '협동적 소유', 즉 협동조합원의 공유 형태로 남아 있게 되었다. 농지의 90퍼센트가 협동적 소유이지만, 북한은 이를 완성된 형태로 여기지 않는다. 국유가 더 완전한 사회주의 소유 형태라고 보고 이를 지향하는 것이다.

전인민적 소유와 협동적 소유 모두 사적 소유의 폐지에 기초한 사회주의적 소유의 형태인 점은 같다. 하지만 북한은 전인민적 소유를 완전한 사회주의적 소유 형태로 간주한다. 협동적 소유는 사적 소유에서 전인민적 소유로 발전하는 과정에서 나타나는 불완전한 소유 형태로 사회주의가 발달함에 따라 전인민적 소유로 이행하게 된다는 것이다. 북한의 설명에 따르면 전인민적 소유는 사상 무장과 기술 수준이 고도화되었을 때 가능하다. 협동적 소유가 남아 있는 것은 그 단계에 이르지 못했음을 의미한다. 농민이 사상적·문화적으로 낮은 수준에 머물고 있고, 공업에 비해 농업이 기술적으로도 뒤떨어져 있다는 것이다. 북한으로서는 공업과 농업 기술 수준의 차이와 노동자와 농민의 계급적 차이를 극복해 협동적 소유를 전인민적 소유로 전환시켜야 하는 과제를 아직도 안고 있는 것이다.

그런데 그러한 농업의 완전한 사회주의화가 정식으로 제시된 것이 1963년이다. 1963년 12월 당중앙위원회 부장회의에서 김일성이 '우리나라 사회주의 농촌 문제에 관한 테제'를 발표했다. 이 테제는 1964년 2월 당중앙위원회 제4기 제8차 전원회의에서 당의 사회주의 농촌 건설 강령으로 채택되었다. 그 내용은 크게 3가지였다. ① 농촌에서 기술혁명·문화혁명·사상혁명을 철저히 수행해야 한다, ② 농민에 대한 노동계급의 지도, 농업에 대한 공업의 방조(도움), 농촌에 대한 도시의 지원을 강화해야 한다, ③ 농촌 경리에 대한 지도와 관리를 공업의 선진적인 기업 관리 수준으로 끌어올리면서 전인민적 소유와 협동적 소유의 연계를 강화하고 협동적 소유를 전인민적 소유로 부단히 접근시켜야 한다.[6]

북한은 1963년에도 농업이 공업보다 기술적 토대가 미흡하고 농민의 사상의식 수준이 도시민보다 낮다고 판단했다. 따라서 농촌의 기술과 문화, 사상 측면의 수준 향상을 위한 교양 사업을 계속해야 한다고 생각했다. 이를 위해 수리화, 기계화, 전기화, 화학화라는 '농촌4화'를 통해 농촌의 기술혁명을 이루어내려고 했다.

또한 마르크스-레닌주의의 주요 내용이 그런 것처럼 북한도 사회주의 혁명에서 노동자의 역할이 핵심이라고 간주했다. 농민은 자신의 힘으로 사회주의로 나아갈 수 없다고 보고 노동계급의 도움이 반드시 있

김일성은 1963년 12월 당중앙위원회 부장회의에서 '우리나라 사회주의 농촌 문제에 관한 테제' 를 발표했고, 이 테제는 1964년 2월 당중앙위원회에서 사회주의 농촌 건설 강령으로 채택되었다. 1964년 2월 25일 '사회주의 농촌 문제'를 발표하고 있는 김일성.

어야 한다고 여겼다. '우리나라 사회주의 농촌 문제에 관한 테제' 두 번째 항목은 그래서 나온 것이며, 노동계급이 사상적·기술적으로 농민을 돕도록 독려해나갔다.

'우리나라 사회주의 농촌 문제에 관한 테제'의 세 번째 항목은 농촌의 생산관계도 전인민적 소유, 즉 국유로 만들어 도시와 농촌의 차이를 없애고 농민을 완전한 노동계급으로 바꾸겠다는 것이다. 이를 위해 농촌 경영을 국가가 직접 담당하는 형태, 즉 국영 농장·목장을 확대하는 작업을 계속했다. 또, 농촌 발전을 위해 농촌 관리에 대한 군郡 협동농장경영위원회의 지도를 강화했다.

1963년 이후로도 북한은 농지를 전인민적 소유로 전환하기 위해 지속적으로 관심을 보여왔다. 1994년 2월에는 사회주의 농촌 건설 테제 발표 30주년을 맞아 김일성이 전국농업대회에 서한을 보내 협동농장을 전인민적 소유 형태인 '농업연합기업소' 또는 '국영농장경영위원회'로 점차 전환시켜 농업의 공업화를 실현하겠다고 밝히기도 했다. 물론 이는 중국과 베트남 등 현실 사회주의 국가들이 농업개혁을 추진해 온 것과는 대조적인 모습이다.

주체사상의 등장

'주체'라는 용어가 등장한 시기는 1955년이다. 당시 소련의 내정간섭에서 벗어나려는 생각에서 김일성이 주체의 문제를 제기했다. 그러다가 1962년 말에 이르러 '주체사상'이라는 용어가 처음 등장한다. 12월 19일자 『로동신문』에 실린 「1952년 당중앙위원회 제5차 전원회의의 역사적 의의」라는 논설에서 '주체사상'이란 말을 쓴 것이다. 논설은 "주체에 대한 사상은 우리 당이 자기 행동에서 확고하게 견지하고 있는 근본 원칙"이라면서 "자립적 민족경제 노선은 사회주의 건설에서 우리 당의 주체사상을 반영한 가장 현명한 방침"이라고 설명했다. 또, "조선

혁명 수행에서 주체를 확립한다는 것은 조선혁명의 주인은 조선노동당과 조선 인민이라는 주견主見을 가지는 것이며 마르크스-레닌주의의 일반적 원칙을 우리나라의 구체적 현실에 창조적으로 적용하며 모든 것을 조선혁명의 성과적 수행에 복무하게 한다는 것을 의미한다"고 강조했다. 주체사상을 실생활에서 철저히 실행하기 위해서는 마르크스-레닌주의의 원칙과 이를 북한 현실에 적용한 당 정책으로 튼튼히 무장해야 한다는 것도 역설했다.

1962년에 등장한 주체사상은 마르크스-레닌주의를 북한에 창조적으로 적용한 것으로 대외적으로 자주성을 내세우고 내부적으로는 자립적인 삶을 영위하자는 것이었다. 이는 주로 개인숭배를 비판하는 소련을 향한 메시지였다. 개인숭배 반대운동을 다른 나라에 적용하려 하고 다른 나라의 내정에 간섭하려고 하는 소련의 행위에 대한 대항의식에서 나온 것이다. 따라서 이때의 주체사상은 이론적인 정치성精緻性을 확보한 것이 아니었다. 단지 당의 방침 정도였다.

1965년에는 주체사상이 일정한 체계를 갖추게 된다. 1965년 4월 인도네시아에서 반둥회의 10주년 기념행사가 열렸다. 김일성도 참석해 현지 연설을 통해 주체사상을 '사상에서의 주체, 정치에서의 자주, 경제에서의 자립, 국방에서의 자위'라고 설명했다. 주체사상이 가진 이념적 · 정치적 · 경제적 · 안보적 차원의 핵심 내용을 말한 것이다.

1966년 8월 12일자 『로동신문』에는 「자주성을 옹호하자」라는 논설을 실었는데, 여기서 "제반 사실은 우리에게 주체를 철저히 확립할 것을 요구하고 있다. 우리 당은 지난 시기와 같이 앞으로도 대내외 활동

북한의 주체사상은 1965년 4월 '사상에서의 주체, 정치에서의 자주, 경제에서의 자립, 국방에서의 자위'라는 일정한 체계를 갖추게 되었다. 1982년 김일성의 70회 생일을 맞아 건립된 주체사상탑.

에서 독자성을 견지할 것이며 자주노선을 관철해나갈 것이다"라고 밝혔다. 1965년 10월에 열린 제2차 당대표자회에서는 소련과 중국의 잘못된 노선을 반대한다고 분명히 선포했다. 특히 중국과의 갈등 속에서 마오쩌둥 사상에 대한 대항이론으로 주체사상을 강조했다. 중국은

1966년 문화대혁명을 시작하면서 마오쩌둥 사상을 부각했다. 이는 북한도 따라야 한다는 압박이기도 했다. 홍위병이 김일성의 개인숭배를 비판하면서 양국 간의 갈등도 고조되었다. 이런 상황에서 북한은 적극적으로 주체사상을 내세웠다.

1967년 북한은 주체사상을 국가의 지도사상으로 공식화했다. 12월 최고인민회의 제4기 제1차 회의에서 김일성이 10대 정강을 공표하면서 국가 활동의 당면 과업을 구체적으로 밝혔는데, 주체사상을 모든 부문에서 훌륭하게 구현한다는 것이 제1항이었다.

1955년에 '주체'라는 용어의 등장에 이어 1962년부터 등장하기 시작한 '주체사상'은 북한이 소련과 중국 등 주변 세력에서 정치적 · 경제적 · 안보적으로 독립적인 입장을 견지하고, 이념적으로도 독자적인 태도를 취하겠다는 의미를 담고 있었다. 하지만 1968년까지는 어디까지나 마르크스-레닌주의를 보완하는 성격이었다. 마르크스-레닌주의를 북한 사회에 제대로 실현하기 위해 이를 창조적으로 응용해서 만들어낸 국가의 지도사상이었다. 그렇지만 이후 주체사상은 마르크스-레닌주의를 대체하는 완전한 독자성을 갖춘 사상 체계를 지향하게 되었다.

주체사상이란 무엇인가?

1955년에 '주체' 개념으로 등장하기 시작한 주체사상은 시대의 흐름에 따라 내용의 변화와 발전을 보여왔다.[7] 1950년대, 1960년대 초중반, 1960년대 후반에서 1970년대 초, 1970년대 중반 이후 각각 다른 내용을 보여온 것이다. 1950년대에는 소련과의 관계 속에서 독자성을 확보하기 위한 개념으로 주체성을 강조했다. 그것도 소련과 맞서 독자성을 주장하기 위한 개념이 아니라 북한 내부의 외세 의존 세력과의 투쟁에서 사대주의와 대립되는 개념으로 주체를 강조했다. 1960년대 초중반에는 마르크스-레닌주의를 창조적으로 적용한 혁명사상으로 주체사상을 내세웠다. 이는 김일성 정권의 자주성을 강조하기 위한 개념으로 활용되었다.

1960년대 후반에서 1970년대 초반에는 김일성 유일지도 체계 형성과 맞물려 주체사상이 유일체제의 이론적 기반으로 기능하게 되었다. 이 시기의 주체사상은 정치 노선을 뛰어넘어 철학적 체계를 갖추려는 모습을 보였다. 종전의 '마르크스-레닌주의의 창조적 적용'을 넘어 '김일성 동지의 혁명사상'이 되었다. 마르크스-레닌주의를 대체하는 단계는 아니지만, 다른 어떤 이론보다 마르크스-레닌주의를 정확하게 실현하고 있는 사상으로 주장되었다.

1970년대 중반 이후 주체사상은 한 발 더 나아가 마르크스-레닌주의를 대체하는 새로운 사상으로 변화했다. 이는 '김일성주의'로 불린다. 김일성주의는 사상과 이론과 방법의 완결 체제를 갖춘 사상으로 주장되었다. 특히 북한은 김일성주의를 '제국주의가 멸망하여 사회주의와 공산주의가 승리하는 시대의 마르크스-레닌주의'라고 설명해 기존의 마르크스-레닌주의와는 다른 독창적인 이론 체계를 갖춘 것임을 강조했다.

이렇게 시대에 따라 변화하긴 하지만, 주체사상의 핵심 내용이 무엇인지는 알아볼 필요가 있겠다. 주체사상은 한마디로 말한다면, '혁명과 건설의 주인은 인민대중이며 혁명과 건설을 추동하는 힘도 인민대중에게 있다는 사상'이다. 세부적인 내용은 그 변화가 컸던 만큼 1960년대 후반 이전의 것, 그 이후 1970년 중반 김일성주의가 성립되기 이전까지의 것, 김일성주의가 성립된 이후의 것으로 나누어보아야 하겠다. 김일성주의가 형성되기 이전의 주체사상을 '본래의 주체사상'이라 할 수 있는데, 크게 철학적 원리와 사회역사 원리와 지도적 원칙으로 구성되어 있다.

철학적 원리는 '사람이 모든 것의 주인'이라는 것과 '사람은 자주성과 창조성과 의식성을 가진 사회적 존재'라는 것이다. 사람이 모든 것의 주인이기 때문에 모든 것은 사람이 결정한다. 세계와 자기 운명의 주인도 사람이다. 자주성은 자기 운명의 주인으로 살려는 의식을 말하고, 창조성은 세계를 개조하고 자기 운명을 개척해나가려는 속성을 말한다. 의식성은 세계와 자기자신을 파악하고 모든 활동을 규제하는 속성을 의미한다.

사회역사 원리는 철학적 원리에 기초한 사회역사적 운동 법칙을 말한다. 사회가 역사적으로 어떤 원인에 의해 변화하고 발전하는지에 대한 설명이다. 사회역사적 운동의 주체, 본질, 성격, 추동력 측면에서 설명되고 있다. 운동의 주체는 인민대중이다. 운동의 본질은 '인류 역사가 인민대중의 자주성을 위한 투쟁의 역사라는 것'이다. 운동의 성격은

주체사상은 1970년 중반 '김일성주의'로 불리며, 김일성 유일체제를 뒷받침하는 수단으로 성격을 분명히 하게 되었다. 1964년 12월 베트남 하노이에서 호찌민과 김일성.

'인민대중의 창조적 운동이라는 것'이다. 운동의 추동력은 '인민대중의 자주적인 사상의식'이다.

　지도적 원칙은 주체사상의 철학적 원리와 사회역사 원리를 실제 생활에서 실행하기 위한 원칙들을 말한다. 첫 번째는 자주적인 입장을 견지해야 한다. 이를 위해서는 사상에서의 주체, 정치에서의 자주, 경제에서의 자립, 국방에서의 자위의 원칙을 실천해야 한다. 두 번째는 창조적 방법의 구현이다. 이를 위해서는 인민대중에 의거해야 하고, 실정에 맞는 방법을 택해야 한다. 세 번째는 혁명과 건설에서 사상을 기본으로 틀어쥐어야 한다. 어떤 사업을 진행할 때는 먼저 사상 개조와 정치 사업을 해야 한다는 것이다.

1960년대 후반 이전까지는 이렇게 철학적 원리와 사회역사 원리와 지도적 원칙 등을 중심 기둥으로 나름의 체계를 갖고 있었다. 하지만 여기에 수령만이 혁명을 지도할 수 있다는 '혁명적 수령관'이 더해지면서 주체사상은 왜곡되고 모순적인 구조를 갖게 되었다. 북한이 1960년대 후반 김일성 유일사상 체계 형성에 매몰되면서 이러한 현상이 발생했다. 사람이 주인이며 인민대중을 역사의 주체라는 핵심 주장을 갖고 있으면서, 인민대중은 수령의 지도를 받아야 진정한 주체가 될 수 있다고 주장하고 있으니 모순이 되는 것이다. 지도를 받아야 주체가 될 수 있는 존재는 주체가 아닌 것이다. 인간 중심을 내세우면서 실제로는 수령 중심의 사상 체계를 세우려다 보니 이러한 결정적인 문제점을 안게 되었다.

1970년대 중반 이후 형성되는 주체사상, 즉 김일성주의는 주체사상에 혁명 이론과 영도 방법이 더해진 김일성의 혁명사상이다. 지금 우리가 주체사상이라고 말할 때는 통상 이 '김일성주의'를 가리킨다. 혁명 이론은 반제반봉건민주주의 혁명 이론, 사회주의 혁명 이론, 사회주의·공산주의 건설 이론, 인간 개조 이론, 사회주의 경제 건설 이론, 사회주의 문화 건설 이론 등을 말한다. 영도 방법은 영도 체계와 영도 예술을 말한다.

반제반봉건민주주의 혁명은 식민지와 반식민지 나라 인민들이 제국주의 세력을 반대하고 독립과 민주주의 발전을 실현하기 위한 혁명을 말한다. 사회주의 혁명은 착취를 없애고 근로 인민대중의 사회정치적 자주성을 실현할 수 있도록 하는 혁명이다. 사회주의·공산주의 건설은 구속과 예속에서 벗어나 사회의 주인으로 자주적이며 창조적인 삶을 누리는 사회를 세우는 것이다. 인간 개조는 자주적인 생활을 누릴 수 있는 사상문화적 조건을 마련하기 위해 사람들을 발전되고 힘있는 존재로 만드는 사업을 일컫는다. 사회주의 경제 건설은 사회주의적 생산관계를 발전시키며 사회주의의 물질기술적 토대를 튼튼히 축성하는 것이다. 사회주의 문화 건설은 착취사회에서 물려받은 낡은 문화를 없애고 근로 인민대중의 자주적인 지향과 요구에 맞는 새로운 문화를 발전시키는 것을 말한다.

영도 방법 가운데 영도 체계는 인민대중에 대한 당과 수령의 지도와 가르침이 이루어지는 기제機制를 말한다. 영도를 실현하는 데 필요한 조직과 기구를 통틀어 영도 체계라고 하고, 그 체계는 수령을 정점으로 유일적 형태로 되어 있다. 영도 예술은 대중을 혁명과 건설에 동원하는 방법을 말한다. 여기에는 전투적 구호, 혁명적 대중운동, 혁명적 사업방법 등이 포함된다.

결국 김일성주의는 본래의 주체사상에 김일성이 북한 사회주의 건설을 위해 중시한 여러 혁명 이론, 영도자로서 수령에 대한 강조, 수령의 영도를 위한 구체적인 시스템, 영도를 실현하기 위한 다양한 방법까지 더해지면서 김일성 유일체제를 탄탄하게 받쳐주는 이론적 기반으로 작용했다. 특히 사회역사 원리와 혁명적 수령관이 결합되어 인민대중은 '옳은 지도'를 받을 때 역사 발전의 진정한 주체로 역할을 다할 수 있고, '옳은 지도'는 수령만이 할 수 있다는 내용이 핵심 주장이 되면서 주체사상은 김일성 유일체제를 뒷받침하는 수단으로서 그 성격을 분명히 하게 되었다.

제2장 **주체사상의 출현**

최경하는 1962년 초 자강도 장강군 장평농업협동조합의 농장원으로 일하고 있었다.[8] 장평농업협동조합은 장강군에서도 농막골이라고 불리는 깊은 산골마을에 있었다. 여느 마을처럼 이 마을에서도 봄부터 가을까지는 농사를 짓고 겨울에는 농사를 준비하는 작업을 했다. 그런데 이 마을의 농사 준비는 다른 곳에 비해 많이 달랐다. 겨울에는 '흙구이'를 하는 것이었다. 이 마을의 밭들은 산정山頂에 있는 화전이었는데, 이를 비옥하게 만들기 위해 구워낸 흙을 깔고 그 위에 퇴비를 해야 했다. 그렇게 하면 평지의 밭과 비슷한 산출을 볼 수 있었다.

이러한 아이디어를 낸 사람이 최경하였다. 구덩이를 파서 가마를 만들어 실험을 해보면서 가장 흙을 잘 구워내는 방법을 고안해냈다. 그 방법을 다른 농장원들에게 가르쳐주었다. 그래서 그의 별명이 '흙구이 명수'였다. 그는 청년돌격대도 조직해 흙을 구워내는 작업을 직접 했다. 흙구이 가마는 땅을 너비 1미터, 깊이 1미터, 길이 4미터로 파내고 그 위에 긴 돌을 건너질러서 만들었다. 긴 돌 위에 잡관목을 올려놓고 그 위에 다시 솔잎을 깐 뒤 그 위에 흙을 편 다음 가마에 불을 지펴 흙을 구워냈다. 1962년 초부터 청년돌격대원들이 나서서 52개의 흙구이 가마에서 하루 몇 톤씩을 구워냈다.

북한은 1962년 곡물 생산 목표량을 500만 톤으로 계획했다. 그 목표량에 도달하기 위해 연초부터 협동농장들을 독려했다. 농장원들은 흙을 구워내는 일

외에도 퇴비를 만드는 일을 해야 했다. 인분을 모으고 여기에 풀과 흙을 섞어 퇴비를 만들어냈다.

이렇게 산골 화전마을에서는 흙구이가 한창이었지만, 인근의 평지에서는 농지에 새로운 흙을 깔아주는 객토 작업에 주력했다. 산성화된 흙의 지력을 보완하기 위해 당시 북한에서 사용하던 것이 염기성 가루인 소석회와 거름이었다. 소석회는 석회공장에서 공급받고 거름은 통상 자체적으로 만들어 밭에 뿌렸다. 어떤 농장은 소석회와 석탄재를 섞어서 뿌리기도 했다.

행정기관에서는 기술인력을 동원해 땅의 산성화 정도를 평가해주고, 그에 따라 시비(施肥)(거름주기)의 정도를 지도해주었다. 큰 농장에는 기술인력이 배치되기도 했다. 윤애순이라는 여성은 황해북도 봉산군의 미곡농업협동조합에 배치된 농업기술자였다. 그녀가 하는 일은 농장에 딸린 논과 밭의 토지 성분을 분석해 토지개량 방안을 제시하는 것이었다. 1961년 농사를 마치고 토지 성분을 분석한 결과 농장의 논에서 유화수소 가스가 발생해 벼의 뿌리를 상하게 한다는 사실을 알아냈다. 그래서 제시한 방안이 철분이 많은 흙으로 객토를 해주어야 한다는 것이었다. 다행히 이 농장에는 갯바닥에 깔려 있는 흙이 많았다. 철분이 많은 흙이었다. 그래서 1962년 초부터 이 갯바닥흙을 농장 논에 까는 객토 작업을 대대적으로 전개했다.

이렇게 소석회나 거름, 소석회·석탄재 혼합물, 갯바닥흙 등을 1정보의 땅에 통상 0.5~1톤 정도를 뿌려주면서 토지를 개량했다. 이렇게 하면 1정보당 소출이 0.5톤 정도 늘어나는 것으로 북한은 기대하고 있었다. 이러한 효과를 기대하고 1962년 초 한겨울에도 북한의 농촌 여기저기에서 농민들은 객토 작업을 했다.

1964~1965년

3대 혁명역량 강화론

6 · 25 전쟁 이후에도 북한은 한반도 전체에 대한 사회주의화 전략을 견지하고 있었다. 자신들은 자주적 · 주체적 국가를 세운 반면 남한은 미국의 식민지에서 벗어나지 못하고 있기 때문에 남한에도 사회주의 혁명을 일으켜 통일을 이루겠다고 주장했다. 이러한 기본적인 인식에 따라 나온 방침이 '3대 혁명역량 강화론'이다. 1964년 2월에 열린 당중 앙위원회 제4기 제8차 전원회의에서 이 방침이 채택되었다.

그 구체적인 내용을 보면, 첫째는 북한의 혁명역량 강화다. 남한에 사회주의 혁명을 일으키고 통일을 달성하기 위해서는 우선 북한 지역 에서 자체의 힘을 충분히 길러야 한다는 것이다. 둘째는 남한의 혁명역 량 강화다. 남한 내에 사회주의 동조 세력을 확대해 혁명을 이루어낼 수 있는 동력을 갖추어야 한다는 것이다. 셋째는 국제적 혁명역량 강화다. 남한에 사회주의 혁명을 일으키고 한반도 전체를 하나의 체제로 통일하기 위해서는 국제사회가 이에 동조할 수 있도록 여건을 만들어내야 한다는 것이다.

이러한 방침에 따라 북한은 1960년대 내부적으로 사회주의 체제 강화와 인민들의 결속, 경제력 강화 등에 주력했다. 남한의 노동자와 농민 등에 대한 혁명역량 강화를 위해 지하공작도 적극 실행했다. 대표적인 것이 통일혁명당이다. 당 대남사업총국장 허봉학의 지휘하에 남파된 거물 간첩 김종태가 남한에서 청년과 학생과 진보지식인 등을 중심으로 통일혁명당이라는 대규모 지하조직을 건설하려고 한 사건이다. 1968년 7월 김종태를 비롯한 관련자 158명이 검거되는 바람에 공작은 실패로 돌아갔다.

북한은 이와 같은 대남공작뿐만 아니라 비동맹국가들을 비롯해 많은 나라와 정치적·경제적 관계를 확대하면서 남한과의 체제 경쟁에서 우위를 확보하기 위한 노력을 계속했다. 해외에서 친북단체를 조직해 반한反韓 활동을 전개하는 데에도 힘을 쏟기도 했다.

그런데 3대 혁명역량 강화론은 북한의 한반도 혁명 전략의 상당한 수정을 의미하는 것이었다. 종전에는 민주기지론을 견지하면서 북한의 역량을 강화해 기회가 오면 남한의 사회주의화도 이룬다는 전략을 갖고 있었다. 하지만 3대 혁명역량 강화론은 남한의 역량을 강화시켜 남한 내에서 혁명을 일으킬 수도 있다는 것이다. 이는 지역 자체에서 역량을 강화시켜 사회주의 혁명을 일으켜야 한다는 '지역혁명론', 구체적으로 표현하자면 '남한혁명론'이다. 3대 혁명역량 강화론에는 북한의 혁명역량 강화도 들어 있기 때문에 민주기지론이 지역혁명론으로 완전히 대체되었다고 보기는 어렵다. 민주기지론을 중심축으로 하면서 지역혁명론을 보완 전략으로 끌어들인 모양새라고 할 수 있다.

이렇게 북한이 혁명 전략에 수정을 가한 것은 남한의 내부 사정 변화에 기인했다. 1960년 4·19 혁명은 남한의 청년학생과 민중의 혁명역량이 매우 강해졌음을 보여주었다. 북한은 이를 남한 내에서 사회주의 혁명도 가능하다는 것을 보여주는 신호로 인식했다. 반면 반공을 국시로 내세운 쿠데타 세력의 등장과 박정희 정권의 수립은 남한의 대북 경계 태세의 강화와 남북 대치의 심화를 가져왔다. 이는 북한이 남한을 상대로 어떤 전략을 구사하기 어려운 상황을 불러왔다. 이런 상황에서 북한은 북한대로, 남한에서는 그 나름 혁명역량을 강화하는 전략을 구사하는 것이 현실적이었다. 3대 혁명역량 강화론은 이런 맥락에서 나온 것이다.

김정일 당 사업 시작

김정일은 1942년 2월 16일 태어났다.[1] 출생지에 대해 북한은 백두산 밀영密營(비밀 아지트)에서 태어났다고 주장한다. 실제로는 소련에서 태어난 것으로 보인다. 그의 어머니는 함경북도 회령 출신으로 김일성과 함께 항일빨치산 활동을 한 김정숙이다. 김일성과 김정숙은 1940년 여름에서 가을 사이 만주에서 결혼한 뒤 10월 23일 소련으로 넘어가

1942년 김정일을 낳았다. 김정숙의 젖이 부족해 김정일은 항일빨치산 여전사들의 젖을 먹고 자랐다고 한다.

해방 후 김정일은 김일성보다 늦게 1945년 11월 25일 김정숙을 따라 북한에 들어왔다. 한 달 정도 청진에 있다가 12월 말 평양에 도착했다. 1944년생인 남동생, 1946년생인 여동생 김경희와 함께였다. 김정일은 1948년 남산인민학교에 입학했다. 남동생은 이해秋에 수상 관저 연못에 빠져 사망했다고 한다. 1949년에는 어머니 김정숙이 사망했다. 아이를 낳다가 사망한 것으로 알려져 있다.

6·25 전쟁 당시에는 만주로 피난했다. 1952년에 만주에 와 있던 만경대혁명자유자녀학원 인민반 4학년에 편입했다. 1953년 8월 평양으로 돌아와 삼석인민학교에 편입했다가 평양 제4인민학교 5학년에 편입했다. 1954년 9월 인민학교를 졸업하고 평양 제1초급중학교에 입학했다. 1957년 9월에는 초급중학교를 졸업하고 남산고급중학교에 입학했다. 초급중과 고급중 시절 그의 성적은 중간 정도였다고 한다. 하지만 추진력과 지도력은 남달랐다고 한다. 고급중학교 시절에는 민주청년동맹 부위원장을 맡았다. 위원장은 교사가 맡고 있었다.

1960년 8월 고급중학교를 졸업하고, 9월 김일성종합대학 경제학부 정치경제학과로 진학했다. 당시 북한 고위급의 자제들은 소련 유학을 많이 떠났는데, 김정일은 그 길을 가지 않았다. 소련에서는 흐루쇼프 정권하에서 개인숭배에 대한 비판이 계속되고 있었는데, 이 때문에 김정일과 김일성 모두 소련 유학에 부정적이었던 것으로 보인다. 김일성종합대학 재학 중이던 1961년 조선노동당에 입당했다.

김정일은 1945년 11월 25일 어머니 김정숙과 함께 북한에 들어와 12월 말 여동생 김경희와 함께 평양에 도착했다. 1948년 8월 강원도 화진포 휴양소에서 소련군 제25군 군사위원 니콜라이 레베데프 소장의 아들(오른쪽 첫 번째), 김정일(오른 두 번째), 여동생 김경희(앞줄)와 함께 찍은 사진.

1960년대는 김일성의 유일체제를 세우는 시기였지만, 김일성의 아들 김정일이 북한의 정치 무대에 등장해 자신의 입지를 세워가는 시기이기도 했다. 1959년에 고등학생 신분으로 김일성의 방소대표단에 합류해 수행원들을 지휘하는 모습을 보이기도 했지만, 이는 일회성에 불과했다. 그가 실제 정치 활동을 시작하는 것은 대학을 졸업한 1964년이다. 3월에 졸업하고 4월 1일 당중앙위원회에 배속되어, 6월 19일 일을 시작했다. 당시 23세였다. 조직지도부 중앙지도과 지도원 보직을 받아 김일성 호위를 담당하는 일로 당 업무를 시작했다. 조직지도부 호위과 지도원 보직도 함께 갖고 있었던 것으로 알려져 있다. 당의 직제가 '지도원 · 책임지도원 · 과장 · 부부장 · 부장 · 비서'의 직제로 되어 있는데, 지도원 자리로 일을 시작한 것이니 높은 위치부터 시작한 것은 아니라고 보아야 할 것이다.

조직지도부는 북한 사회를 전반적으로 통제하는 가장 강력한 통제기구다. 그 가운데 중앙지도과는 내각과 내각 산하 부처, 국가보위부(정보기관), 인민보안부(경찰) 등을 관할하고 있었다. 김정일은 내각 당위원회를 담당한 것으로 전해진다. 호위과 지도원으로 그가 주로 한 일은 김일성의 현지 지도에 관련된 사항을 점검하고 출장에 동행하는 일이었다. 1964년부터 1966년까지 그는 김일성의 현지 지도에 31회나 수행했다. 중앙지도과에서 당과 정부를 종합적으로 볼 수 있는 안목을 기르면서 김일성을 수행해 북한의 여러 방면에 대한 경험과 식견을 갖추려고 했던 것으로 보인다.

1965년에 김정일은 내각 수상실의 참사실로 옮겨갔다. 정부의 내부를 깊이 알기 위한 이동이었을 것이다. 참사실에 있으면서 1965년 4월에는 김일성의 인도네시아 외유에도 동행했다. 국정에 대한 이해와 아울러 국제적인 시야를 넓히려는 생각이었을 것이다.

1966년에는 책임지도원으로 승진해 당 조직지도부 중앙지도과로 복귀했다. 조직지도부장 김영주 아래에서 당 업무에 대한 넓은 시야를 갖추려는 행보였을 것이다. 여기서 김정일은 김영주를 도와 1967년 갑산파를 숙청하는 데 중요한 역할을 했다. 그는 1967년에 선전선동부 문화예술과장으로 승진하고, 1969년에는 선전선동부 부부장, 1973년에는 선전선동부장 겸 조직지도부장이 되었다. 이렇게 김정일은 당을 기반으로 자신의 능력을 보이고 권력 기반을 강화하면서 김일성의 후계자 자리를 굳혀갔다.

김정일은 어디서 출생했는가?

최고 지도자가 어디서 태어났는지는 북한에서 중요한 의미를 갖는다. 최고 지도자에 대한 숭배를 통치의 주요 메커니즘으로 하는 북한에서 그가 어디에서 태어났고, 출생지에 어떤 상징적인 의미가 있는지는 숭배의 견고성에 크게 영향을 미치기 때문이다. 그래서 김정일이 어디서 태어났는지는 중요하고, 논란거리가 되어왔다. 북한은 김정일 전기 『인민의 지도자』(1982)에서 '피 어린 항일의 결전의 장'에서 태어났다고 했다가, 김정일의 40회 생일을 맞아 1982년 2월 15일 발표한 당중앙인민위원회 정령에서는 '백두 밀영'에서 태어났다고 밝혔다.[2] 1984년 친북 재일 동포인 탁진 등이 쓴 전기 『김정일 지도자』에도 '백두산의 항일유격대 밀영'에서 태어났다고 밝혔고, 지금까지 '백두산 밀영 출생'을 주장한다.

이 밀영은 백두산 소백수골에 있다는 곳인데, 지금의 행정구역으로는 량강도 삼지연군이다. 천지에서 약 30킬로미터 떨어진 원시림 지역이다. 김정숙이 1941년 6월부터 1943년 3월까지 그곳에 머물면서 장백지구와 국내의 항일조직을 지도하고, 김정일도 그 시기에 낳았다는 것이다. 북한은 1987년 김정일의 출생지에 귀틀집을 짓고 혁명사적으로 공식 지정했다.

하지만 연구자들은 북한의 주장이 조작된 것으로 주장해왔다. 북한에서 조선노동당 국제담당 비서까지 지낸 황장엽까지 조작이라고 말했다. 황장엽은 그의 자서전에서 김일성이 항일빨치산 참가자들을 불러 김정일이 태어난 백두산 밀영을 찾아내라고 했는데, 그곳을 찾지 못하자 직접 경치 좋은 곳을 골라 출생지로 조작했다고 밝혔다.

그런데 핵심은 김정일 출생 당시 김정숙이 어디에 있었느냐 하는 것이다. 북한의 문헌들은 김정숙이 소련에 있다가 1941년 5월 11일 만주 왕칭汪淸으로 소부대를 이끌고 와서 만주에 파견되어 있던 김일성과 합류했다가 백두산 지역으로 파견되었다고 밝혔다. 6월 중순에는 김일성도 백두산 밀영에 도착해 함께 지냈고, 1942년 여기서 김정일을 낳았다는 것이다. 북한의 문헌들이 증인으로 거론하는 인물들은 모두 김일성과 함께 항일빨치산 활동을 했던 측근들이다. 조선인민군 총참모장 최광의 부인 김옥순, 조선혁명박물관장 황순희, 김일성의 전령 출신인 당 중앙위원회 부장 김익현 등이 '김정일 백두산 출생'을 증언했다는 것이다. 김일성의 항일투쟁사를 과장하고 있는 북한의 문헌들을 믿기 힘든 것처럼 이 또한 믿을 만한 자료로 보기 어렵다.

김정일은 어디에서 태어났을까? 백두산 밀영 출생 주장은 북한이 주체의 이미지 강화, 김정일의 권위 강화, 권력 승계 작업의 원활화 등을 겨냥한 것이었다. 학창시절의 김정일.

당시의 상황을 비교적 정확히 기록하고 있는 것이 중국의 문헌들인데, 김정숙이 소련에서 만주로 나왔다거나 백두산으로 파견되었다는 이야기는 중국의 문헌 어디에서도 찾아볼 수 없다. 김일성에 대해서는 1차로 1941년 4월 10일부터 11월 12일까지, 2차로 1942년 5월 29일에서 11월 5일까지 만주에 파견되었다고 기록하고 있다.

김정숙은 1940년 10월 소련으로 들어간 뒤 1945년 11월 입북할 때까지 소련에 있었고, 김일성은 중국의 문헌이 말하는 1~2차 파견 기간 외에는 소련에 있었을 가능성이 높다. 그래서 김정일은 소련에서 태어났다고 여겨지는 것이다. 1942년 2월에는 김일성이 블라디보스토크 근처 보로실로프Voroshilov에 머물고 있었기 때문에 김정일도 여기서 태어났을 가능성이 높다. 객관성 있는 문헌이 다른 가능성을 보여주지 않는 한 그렇게 보는 것이 옳을 것이다.

그렇다면 북한은 왜 김정일의 출생지를 백두산 밀영으로 주장했을까? 이는 북한 체제의 성격과 관련이 있다. 북한은 1950년대 후반 이후 주체성을 점점 강화시켰다. 1980년대 김정일을 후계자로 공식화했을 때에는 주체사상이 북한의 이념적 토대가 되어 있었다. 새로운 지도자 김정일을 소개하면서도 항일빨치산 정신과 민족 영산靈山의 기운을 타고난 남다른 인물로 소개할 필요를 느꼈을 것이다. 소련에서 출생한 김정일을 주체의 나라 북한의 리더로 세운다는 것은 매우 어색한 일이었다. 김정일의 출생지가 '태생적 권위'를 확보할 수 있다면, 김정일의 권력 승계 작업도 원활하게 진행될 수 있었다. 따라서 백두산 밀영 출생 주장은 북한이 주체의 이미지 강화, 김정일의 권위 강화, 권력 승계 작업의 원활화 등을 겨냥한 것이었다고 할 수 있다.

사회단체 전면 정비

북한은 사회주의 국가의 특성인 당–국가 시스템을 갖고 있다. 당이 포괄적 권한을 갖고 국가를 지도하는 형태다. 북한이 '근로단체'로 일컫는 사회단체도 당의 철저한 통제와 지도를 받으면서 당의 활동을 지원하는 형태로 운영된다. 사회단체는 믿음직한 '후비대後備隊(보충대)'로 규정되면서 당과 대중을 잇는 '인전대引傳帶(연결고리)'로 임무와 역할이 주어진다.[3] 분산되어 있는 무산계급과 비무산계급 등을 구성 요소로 하는 근로대중과 전위대인 공산당 사이의 연결 고리로 대중단체를 중시한 블라디미르 레닌Vladimir Lenin의 인식을 북한도 그대로 받아들인 것이다.

북한의 사회단체들이 그러한 당의 믿음직한 후비대와 김일성 지도부의 철저한 지원 세력으로 전면 정비된 때가 1964~1965년이다. 먼저 정비된 것은 청년단체다. 1946년 1월 창립된 북조선민주청년동맹이 1951년 조선민주청년동맹으로 개칭되어 활동했는데, 1964년 5월 제5차 당대회를 계기로 사회주의노동청년동맹으로 개편되었다. 개편의 의미는 단순한 명칭의 변경이 아니었다. 당의 후비대로 사회주의와 공산주의 건설을 위해 적극적인 투쟁을 전개하는 조직으로 과제가 주어진 것이다. 즉, 혁명사상과 당 정책을 청년들에게 철저하게 전파하고 청년들의 조직적 정치생활을 철저하게 지도하는 역할이 사회주의노동청년동맹에 맡겨진 것이다.

조선직업총동맹도 새롭게 정비했다. 1964년 6월 당중앙위원회 제4기 제9차 전원회의에서 김일성이 '근로단체 사업을 개선 강화할 데 대하여'라는 연설을 했는데, 그 핵심은 조선직업총동맹의 성격을 바꾸는 것이었다. 자본주의 성격이 남아 있는 단계에서는 조선직업총동맹이 근로자 편에서 단체협약을 맺고 노동법령의 집행을 감독하는 역할을 하는 것이 필요하지만, 북한은 농업이나 상공업의 생산관계가 사회주의 제도로 바뀌었기 때문에 이런 기능이 필요 없다는 것이다. 그래서 단체협약을 완전히 폐지했다. 이제 조선직업총동맹의 성격은 근로자들을 당의 지침과 김일성 세력의 의도에 봉사하도록 교육하고 지도하는 것이 되었다.

김일성은 "노동계급이 정권을 틀어쥔 사회주의 사회에서 조선직업총동맹의 기본 임무는 모든 노동자, 기술자, 사무원들이 사회주의 건설과 사회주의 경리 운영에 주인답게 참가하도록 당의 사상으로, 공산주의 사상으로 튼튼히 무장시키는 것입니다"라고 강조했다.[4] 이러한 상황에서 조선직업총동맹 중앙위원회는 1964년 10월 제11차 전원회의를 열어 조직 개편을 단행했다. 단체협약과 기업 관리에 대한 감독 기능을 하던 부서들을 없애고 근로자들에 대한 사상교육을 강화하는 체제로 바꾸었다. 조선직업총동맹의 주요 사업은 정치 사업, 문화교양 사업, 기술교양 사업, 천리마작업반운동 독려 사업 등이었다.

당중앙위원회 제4기 제9차 전원회의에서 김일성의 연설에 따라 북조선농민동맹도 개편되었다. 해방 후 빈농과 고용농이 중심이 되어 지주들에 대한 투쟁을 전개할 당시 조직된 북조선농민동맹은 사회주의 사회에 맞지 않는다는 이유에서였다. 사회주의 제도하에서는 농촌의 근로자를 한데 모아 사회주의 사상교육을 집중 실시하는 것이 옳다는 것이다. 그래서 생긴 것이 조선농업근로자동맹이다. 협동농장의 농민뿐만 아니라 농촌 사업에 종사하는 국가기관이나 기업소의 근로자와 사무원도 여기에 가입하도록 했다. 그리고 사회주의와 공산주의 건설자로 교양을 강화하는 데 주력하기 시작했다.

여성들의 조직인 조선민주여성동맹의 조직도 강화했다. 1965년 9월 조선민주여성동맹 제3차 대회를 소집해 조직을 정비한 것이다. 종전에는 상부조직만 갖추어져 있고 하부조직은 제대로 갖추어지지 못했다.

그러던 것을 중앙위원회부터 하부조직까지 정연한 체제를 갖춘 조직으로 전면 개편한 것이다. 여성들에 대한 사회주의 교양을 강화해 사회주의와 공산주의 건설에 적극적으로 참여시키기 위한 것이었다.

이렇게 1964~1965년은 사회주의노동청년동맹, 조선직업총동맹, 조선농업근로자동맹, 조선민주여성동맹 등에 대한 조직을 대대적으로 정비한 시기였다. 이를 통해 북한은 사회단체들을 당의 주변에 더욱 분명하게 세워 당의 정책과 김일성 지도부의 입장을 인민들에게 효과적으로 전파하고, 북한 사회를 사회주의 기치 아래 견결하게 결속시키려고 했다.

주체사상 정식화

주체사상은 북한 나름의 국가 발전 전략이었다. 1950년대 후반부터 북한은 소련과 중국의 갈등 국면에서 두 강대국의 입장을 고려해 대내외 정책을 마련해야 하는 처지였다. 북한은 그런 상황을 타개하는 방안으로 자주와 자립을 강조하는 길을 택했다. 그래서 대외적으로 공식 선언된 것이 김일성의 1965년 4월 반둥회의 10주년 연설이다. 이렇게 북한은 1965년에 주체사상을 처음으로 정식화했다. 당시 주체사상의 성격은 지금처럼 독특한 체계를 가진 것이 아니었다. 북한을 사회주의 국가화하는 데 기본적인 노선은 마르크스-레닌주의를 따르면서 자주적이고 자립적인 성격을 부가한다는 것이다. 주체사상에 대한 개념 정의를 분명히 하면서 대외적으로 자주를 선언한 북한은 실제 외교에서도 이전과 달라진 모습을 보였다. 1965년부터 사회주의권에 제한되어 있는 외교를 제3세계로 확장한 것이다.

아시아와 아프리카의 신생국들은 1960년대에 크게 늘었다. 1960년 한 해 동안 아프리카에 17개국이 새로 독립해 생겨났고, 1960년대 초 아시아와 아프리카, 남미에서 새롭게 독립한 국가는 50여 개국에 달했다. 이들을 포함한 제3세계는 강대국 중심의 세계정치에 대한 거부감을 공유하고 있었다. 그러면서 영토 주권, 주권 평등, 상호 인정·존중, 국제 분쟁의 평화적인 해결, 군사동맹 불참 등을 주장하고 있었다. 1955년 반둥회의에서 시작을 알린 제3세계운동은 1960년대 반反영국 입장인 인도 총리 자와할랄 네루Jawaharlal Nehru, 강력한 민족주의자 이집트 대통령 가말 나세르Gamal Nasser, 반소련 입장의 유고슬라비아 대통령 요시프 티토Josip Tito 등이 지도력을 발휘하면서 세력이 크게 확장되었다.

북한은 이러한 국제 상황을 활용해 제3세계 국가들과 외교를 강화했다. 이는 2가지 의도를 가진 것이었다. 하나는 소련과 중국에 의존하는 상황에서 벗어나려는 것이다. 주체사상을 대외에 공표한 것과 같은 취지로, 소련과 중국의 영향에서 벗어나 북한 나름의 국제 관계를 형성하려고 한 것이다. 또 하나는 이 기회에 북한의 외교적 지평을 확대하려는 것이다. 실제로 북한은 1963년에는 우간다·북예맨·이집트와 외교 관계를 맺었고, 1964년에 인도네시아·모리타니아·캄보디아·콩고·가나, 1965년에는 탄자니아, 1966년에는 시리아, 1967년에는 부룬디·소말리아 등과 수교하는 등 1960년대 중반 외교의 폭을 크게 넓

했다. 1960년까지는 수교국이 사회주의권 16개국에 그쳤지만, 1971년에는 35개국으로 증가했다.

비사회주의권과의 무역 관계도 외교의 지평 확대에 따라 증가했다. 1963년에는 우루과이와 무역 관계를 형성했고, 1964년에는 핀란드, 1967년에는 프랑스·싱가포르·레바논·쿠웨이트 등과 무역 관계를 설정했다. 전체 무역량에서 비사회주의권이 차지하는 비중도 1961년에는 9퍼센트에 불과했지만, 1965년에는 14.4퍼센트, 1970년에는 17.3퍼센트로 늘었다.[5] 1960년대 중반 북한은 주체사상에 대한 정의를 분명히 하고 이를 대외적으로 공식화하면서, 사회주의권 이외의 국가들과의 외교 관계를 대폭 확대하며 동시에 무역 관계도 늘려갔다.

협동농장 분조관리제 실패

북한은 농업협동화를 실현한 이후 협동농장 관리의 효율화와 생산성 향상을 지속적으로 고민했는데, 이를 위해 1965년에 도입한 것이 협동농장 분조관리제다. 김일성이 1965년 5월 강원도 회양군의 포천협동농장을 방문하면서 시작되었다. 그 핵심 내용은 작업반의 인원을 줄여 작업과 관리의 효율을 높이려는 것이었다.

하나의 협동농장에는 몇 개의 작업반으로 구성되어 있는데, 이를 중심으로 작업이 이루어졌다. 한 작업반은 통상 140여 명으로 구성되었다. 이렇게 작업반 규모가 크다 보니 작업이 효율적으로 이루어지지 않았다. 작업반장이 많은 인원을 대상으로 생산조직·농기구 관리 등의 일을 처리하는 데 한계가 많았던 것이다. 그래서 작업반을 15~20명씩으로 나눈 분조를 단위로 작업을 진행하도록 했는데, 이것이 분조관리제다. 협동농장 구성원이 적은 산간지대에서는 8~12명으로 하나의 분조를 형성하기도 했다.

분조는 협동조합이 생길 때부터 있었다. 하지만 이전에는 작업반 내 단순한 유동적인 작업 조직에 불과했다. 필요할 때만 분조 단위로 일을 시킨 것이다. 그러다가 1965년 5월부터는 작업의 기본 단위가 되어 이를 중심으로 생산과 노동, 농기구 관리 등이 이 분조를 중심으로 이루어지게 된 것이다. 1966년에는 분조관리제가 북한 전체 협동농장에 도입되었다.

분조관리제의 구체적 운영 방식을 보면, 각 분조에 일정한 땅을 할당해주고 농기구와 부림소(짐을 운반하거나 밭을 갈기 위해 기르는 소) 등을 제공한 뒤 한 해 농사를 맡겼다. 국가생산계획에 따라 각 분조는 수확량이 정해져 있었다. 수확이 끝나면 계획의 이행 정도에 따라 일한 날의 가치를 다르게 평가해 분배를 실시했다. 한마디로 토지와 필요한 도구를 주고 목표량을 설정한 뒤 성과에 따라 분배하는 제도였다.

분조관리제가 의도한 효율성 제고의 핵심은 2가지였다. 하나는 분조의 성과에 따라 일한 날의 가치를 다르게 계산해 노동 의욕을 자극하려는 것이었다. 북한 당국도 "분조관리제는 또한 노동의 결과에 대한 물질적 자극을 강화할 수 있게 함으로써 농민들의 생산 의욕을 높이는 데서도 커다란 역할을 한다"라고 평가했다.[6] 또 하나는 가족농에 의한 생산성의 증가였다. 분조를 15~20명으로 축소해 가족이 하나의 작업 단위로 농사를 짓도록 한 것인데, 이는 가족 단위로 협의하면서 실제 작업을 하게 함으로써 생산 의욕을 고취시키려고 한 것이다. 또한 분조에 토지를 고정시켜 지속적으로 토지개량과 토지 정리도 할 수 있도록 하려는 것이었다.

농업생산 증대를 위해 작업 단위를 소형화하고 인센티브까지 제공한 분조관리제는 초기에 생산 증대 효과를 발휘했지만, 1970년대부터는 효력을 잃어갔다. 생산 목표를 지나치게 높게 설정해 분조들이 달성하지 못하게 되었고, 분조들 또한 생산 실적을 과대평가해 성과를 인정받으려고 했기 때문이다. 그래서 생산과 노동과 분배 전 부문에서 효율성 높은 협동농장을 지향했던 분조관리제는 성공적인 정책으로 평가받지 못했다.

김일성 유일체제에 대한 내부의 반발

북한은 1960년대 초부터 김일성 유일지도 체계를 세워나갔다. 주요 정적이던 소련파와 연안파는 이제 정치 세력으로서 의미가 없어질 만큼 제거되었다. 이것이 1960년대 북한 사회의 전반적인 흐름이었다. 그런데 1964~1965년에는 이에 반기를 드는 움직임이 나타났다.[7]

1960년대 들어 북한과 소련의 대립은 심화되었고, 북한은 1962년 중국과 소련의 '정확한 마르크스주의 논쟁'에서도 중국을 지지했다. 그

럴수록 북한과 소련의 관계는 악화되었다. 북한이 이런 상황에 대한 대응책으로 마련해낸 것이 '사회주의 애국주의'였다. 마르크스주의에 충실한 태도를 유지하면서도 민족적 특성을 내세우는 것이었다. 구체적으로는 우리 민족의 역사와 문화를 강조하는 것이었다. 김일성은 각종 출판물에서 조선의 역사와 문화를 부각할 것을 주문했다.

문제는 이러한 민족의 역사·문화 강조가 김일성의 빨치산투쟁사 중심으로 혁명전통을 세우려고 한 북한의 정책 노선과 모순된다는 것이었다. 항일혁명운동과 관련해서도 중국 관내 연안파의 항일투쟁 등 김일성의 항일빨치산투쟁 이외의 것들도 강조하게 되었다. 실제로 1965년부터는 당의 사상문화를 담당하는 간부들이 민족의 전全역사와 다양한 세력의 항일운동에서 혁명전통을 세우려는 움직임을 보였다. 김일성의 유일체제 형성 작업과는 배치되는 것이었다.

이것을 주도한 사람은 당중앙위원회 부위원장 박금철, 소련·동유럽 유학파인 당 선전선동부장 김도만, 당 과학·학교교육부장 고혁,『로동신문』주필 겸 기자동맹위원장 허석선 등이었다. 이들은 김일성에 대한 개인숭배의 부정적인 인식을 공유하면서 주체사상도 김일성의 사상이 아니라 조선 공산주의자들의 사상으로 여기고 있었다.

이들은 다양한 역사적 인물들에 대한 연구와 이들에 대한 부각을 통해 국가발전에 대한 교훈을 얻으려고 했다. 그러면서『항일빨치산 참가자들의 회상기』에 대한 학습은 줄어들었다.『로동신문』에 소개되는 항일혁명전통과 관련된 기사도 눈에 띄게 줄었다. 1966년 8월의『로동신문』기사들 가운데 항일혁명전통 관련 기사는 1건에 불과했다. 다른

다양한 세력의 항일운동 정신을 반영해 혁명전통을 세우려는 움직임은 박금철, 김도만, 고혁, 허석선 등이 주도했다. 이들은 김일성 개인숭배에 대한 부정적인 인식을 공유하고 있었다. 1937년 10월 일본 경찰에 체포된 박금철.

민족역사문화와 관련된 기사가 13건이던 것과는 크게 대조된다. 이보다 2년 전인 1964년 4~6월에는 항일혁명전통 기사가 8건, 일반 민족역사문화 관련 기사는 3건이었다.

　항일운동 가운데서도 김일성의 것만을 강조하는 경향에서 벗어나 박금철과 리효순 등이 중심이 된 갑산파들의 활동을 부각하려는 움직임이 현실화되었다. 1965년 조선로동당출판사가 『리제순 동지의 생애와 활동』이라는 책자를 펴냈는데, 리제순은 리효순의 동생으로, 조국광복회 장백현위원회 위원장으로 활동할 당시 보천보전투에 기여했고, 항일투쟁을 계속하다가 체포되어 1945년 3월에 처형되었다. 『리제순 동지의 생애와 활동』은 리제순의 투쟁 활동과 리효순의 지도, 박금철과 박달 등의 활약 등을 부각하는 책자였다. 당이 이런 책자를 발간한 것은 당의 사상문화 담당 간부들이 항일빨치산투쟁의 지도자가 김일성만 있는 것은 아니라는 인식을 갖고 있었음을 분명하게 보여주었다.

당의 사상문화 간부들이 항일무장투쟁 전통의 다양화를 시도한 것은 소련과의 관계에서 민족적인 것에 대한 강조에서 나온 것이지만, 김일성 유일체제 형성의 줄기와 충돌하게 되었다. 1967년 갑산파에 대한 숙청과 김일성 유일사상체제의 확립은 1965년 이후 나타난 혁명전통의 다양화에 대한 강력한 반동의 성격을 갖고 있었다.

1965년 조일렬은 평안남도 문덕군 룡반협동농장의 민주선전실장이었다.[8] 리
인민위원장을 겸하고 있는 협동농장관리위원장 아래에서 농장원들의 사상교육
과 지식교양의 증진, 문화 수준의 향상 등을 책임지고 있는 자리였다. 그가 근
무하는 민주선전실은 주민들의 사랑방과 같았다. 벽에는 신문이 걸려 있고, 주
민들에게 주요 사항을 전해주는 게시판과 주민들이 알아야 할 사안을 문답식
으로 풀어놓은 질의문답판 등이 걸려 있었다. 주민들이 읽도록 비치해놓은 책
도 3,900여 권 있었고, 가야금을 비롯한 여러 가지 악기도 있었다.

조일렬은 민주선전실을 효율적으로 운영하기 위해 여러 명의 분야별 책임자
를 임명해놓았다. 당의 사업을 설명해주는 사상교육 담당, 아이 기르는 방법 등
일반 교양교육 담당, 재담이나 촌극 등을 만들어 공연하는 문화예술 담당 등을
따로 둔 것이다. 물론 사상교육이 제일 중요한 사업이었다. 이는 민주선전실장
자신이 직접 하는 경우도 많았다. 민주선전실의 일정을 10일 단위로 짜서 게시
했다. 이 일정은 농장일과 조화될 수 있도록 농장의 일정을 참고해서 짰다.

1965년 초에는 김일성이 발표한 '우리나라 사회주의 농촌 문제에 관한 테
제'를 제대로 실천하도록 하는 것이 주요 사업이었다. 즉, 농촌에서 기술·문
화·사상 혁명을 철저히 수행하고, 특히 기술혁명을 위해 수리화·기계화·전
기화·화학화 등의 작업을 어떻게 하면 효과적으로 진행할 수 있을지 등에 대

한 토론과 교육을 실시했다. 이러한 사업을 위해 해설집을 만들어 보급하는 것도 그의 일이었다.

1965년에는 인민경제발전 7개년 계획(1961~1967)의 완성이 북한의 중대 과제였기 때문에 이를 달성하기 위해 농장에서 할 수 있는 일을 제대로 하도록 하는 것도 민주선전실의 주요 업무였다. 미국을 비판하고, 북한의 시각으로 남한의 처지를 농장원들에게 선전하는 것도 민주선전실장의 책임이었다.

문화예술 담당이 중심이 되어 '공동재산을 사랑하는 사람들'이라는 제목의 연극을 만들어 공연했는데, 농장원들의 큰 인기를 끌기도 했다. 농장재산을 소중히 다루고 알뜰하게 거두는 농장원들의 모범적인 생활을 형상화한 연극이다. 이렇게 연극이나 촌극 등을 만들어 농장원들을 효과적으로 교육하면서 노동으로 인한 피로를 풀도록 해주는 것도 민주선전실장이 해야 할 일이었다.

한 번은 농장원 가운데 조창렬이라는 사람이 자신의 아픈 기억을 되새기는 의미에서 보관하고 있던 짚신에 대한 이야기를 농장원들 앞에서 하도록 해서 좋은 반응을 얻기도 했다. 조창렬은 자신이 보관하고 있던 짚신을 들고 나와 보여주면서 과거 경험담을 솔직하게 말했다. 짚신조차 신기 어려워 맨발로 갈대밭에서 일하다 발이 피투성이가 된 이야기, 짚신 삼을 볏짚을 구하기 위해 지주 집에서 하루 종일 일을 해주어야 했던 이야기 등을 실감나게 해주었다. 청년들은 그의 이야기를 집중해서 들었다. '다시는 이 땅에 지주들이 발을 붙이지 못하게 해야 한다'는 반응을 보이기도 했다.

이렇게 민주선전실장은 북한의 큰 정책적인 틀뿐만 아니라 그때그때 당에서 이슈화하는 정책들을 주민들에게 효과적으로 전달해야 했다. 또, 상식을 넓혀 주민들이 풍요로운 삶을 살게 하고, 문화와 체육 활동 등도 원활하게 할 수 있도록 해주는 것도 민주선전실장의 일이었다. 한마디로 민주선전실장은 당의 최일선에 서 있는 선봉대라 할 수 있었다.

1966~1967년

제4장

×××

유일사상 체계 확립

농업현물세 폐지

  북한의 농민들은 1946년 토지개혁 이후 25퍼센트의 농업현물세를 냈다. 생산량의 25퍼센트를 세금으로 낸 것이다. 세금은 점점 줄어들었다. 1956년부터는 20.1퍼센트로 낮아졌고, 1959년에는 8.4퍼센트로 줄었다. 이후 일부 산간 오지의 협동농장들에 대해서는 농업현물세를 면제해주기 시작했다. 1963년 말에는 3,700여 개 협동농장 가운데 1,331개 농장이 세금을 면제받았다. 1964년에는 자강도와 량강도의 모든 협동농장을 포함한 800개의 협동농장이 면제 대상이 되었다. 1965년에는 추가로 972개의 협동농장이 면세 혜택을 받았고, 1966년 4월에는 '농업현물세제 폐지에 관한 법령'이 공포되어 농업현물세가 없어졌다.

  북한의 농업현물세는 곡물을 세금으로 받아 노동자와 사무원들의 식량을 지원하고, 공업 발전에 필요한 자금을 충당하기 위해 도입되었다. 소련에서도 토지개혁 이후 농업현물세 제도를 실시했지만, 농민들의 반발이 심해 집단농장화 과정에서 폐지되었다. 그럼에도 북한이 이 제도를 실시한 것은 국가에 현물자산이 필요하기도 했지만, '무상몰수 무상분배'에 대한 지주들의 저항과 불만을 줄이기 위한 것이기도 했다. 농민들이 무상으로 토지를 받는다지만, 25퍼센트라는 높은 농업현물세를 내는 것은 유상이나 크게 다를 바가 없기 때문에 지주들의 불만을 줄이는 데 도움이 될 수 있었다.

그렇게 도입된 농업현물세가 점차 줄다가 1966년에 완전히 없어진 것은 무엇보다 북한의 경제 사정이 나아졌기 때문이다. 1960년대 농업 생산이 증대되어 농업현물세를 받지 않아도 정부가 수매 등의 방법으로 노동자와 사무원의 식량을 충당할 수 있었다. 공업 생산의 확대에 따라 자체 조달되는 자금으로 공업에 대한 투자도 충당할 수 있게 되었다. 그 때문에 농업현물세는 더는 받지 않아도 되는 상황이 되었다. 소련과 동유럽 사회주의 국가들도 '무상몰수 무상분배'의 토지개혁 실시 이후 농업현물세를 받다가 사회주의 정권이 안정화되고 농업집단화가 시행되어 농업현물세는 폐지되었는데, 북한도 그 길을 따라간 것이다.

농업현물세가 폐지된 데에는 남한과의 관계도 작용했다. 북한은 농촌 세금 폐지를 통해 남한 농민을 자극하려는 의도도 있었던 것이다. 북한 당국도 이를 숨기지 않았다.

공화국 북반부에서 농업현물세제의 완전한 폐지는 미제와 그 앞잡이들의 가혹한 약탈 정책과 과중한 세금 부담으로 말미암아 극도의 생활난에 허덕이는 남조선 농민들로 하여금 공화국 북반부의 사회주의 농촌에서 자기들의 광명한 미래를 바라보면서 생존의 권리와 민주주의적 자유를 쟁취하며 조국의 자주적 평화통일을 위한 투쟁에 더욱 힘차게 떨쳐나서도록 고무하였다.[1]

북한의 희망과 의도를 이런 방식으로 표현한 것이다. 그런데 세금이 없어졌다고 해서 농민들의 부담이 사라진 것은 아니었다. 생산량의 일부는 사회문화기금 등의 명목으로 국가에 납부하도록 했다. 현재 협동농장이 운영되는 현황을 보면 사회문화기금이 생산액의 10퍼센트, 원호기금援護基金이 3퍼센트다. 13퍼센트는 국가에 내는 것이다. 또 30퍼센트 정도는 생산비로 뗀다. 영농 자재비, 비료 대금, 농약 대금, 농기계 운영비 등으로 쓰이는 비용이다. 또 10퍼센트는 공동축적기금으로 공제한다. 탁아소, 유치원 등의 운영기금 등으로 쓰이는 것이다. 이렇게 따지면 총생산액에서 공제되는 비율은 53퍼센트 정도 된다.[2]

이렇게 공제하고 나머지 47퍼센트로 농민들에게 분배한다. 지력 감퇴와 비료 부족으로 북한의 농업생산량은 매우 낮기 때문에 분배되는 곡물은 농민들의 생활을 위해 충분한 양이 되지 못한다. 그래서 대부분의 농민들은 집 주변이나 산간 지역에 개간한 '뙈기밭'을 따로 가꿔 부족분을 벌충한다.

문화대혁명과 북중 관계 악화

중국공산당은 1966년 5월 16일 정치국 확대회의에서 중앙문화혁명 소조를 정치국 상무위원회 산하에 설치한다는 내용의 '5·16 통지'를 채택함으로써 문화대혁명을 시작했다. 부르주아적인 낡은 사상과 문화를 타파하려는 운동이었다. 그런데 실제로는 1950년대 말 대약진운동의 실패로 위기에 몰린 마오쩌둥이 반대파를 숙청하고 정치적 입지를 회복하기 위한 권력투쟁의 성격을 갖고 있었다.

문화대혁명의 행동대원들인 홍위병들은 교육과 훈련이 제대로 되지 않은 상태에서 온건파들에 대한 무분별한 공격을 감행했다. 북한과 소련도 수정주의라고 비판했다. 그러자 북한이 소련과 가까워졌다. 1966년 10월 소련공산당 중앙위원회 전원회의는 북한과 관계를 개선하기로 하고 북한에 대해 군사적·경제적 원조를 하기로 결정했다.[3] 이후 김일성은 12월에 모스크바를 방문해 레오니트 브레즈네프 소련공산당 서기장과 회담을 했다. 그 자리에서 두 정상은 양국 간의 긴밀한 협력을 약속했다. 특히 김일성은 회담 도중 중국의 문화대혁명에 대해 평가하면서 '어리석기 그지없는 행동이자 이해할 수 없는 정책'이라고 말하기도 했다. 당시 중국에 대한 불만을 적나라하게 표현한 것이다.

1967년 1월부터는 홍위병들이 대자보와 신문을 통해 본격적으로 북한을 비난하기 시작했다. 홍위병의 신문 『둥팡훙東方紅』은 북한과 김일성에 대한 소문들을 기사로 내보냈다. '김일성의 빨치산 동지 김광협이 쿠데타를 일으켰다', '다른 북한군 장성이 김일성을 체포했다' 등의 근거 없는 소문을 기사화한 것이다. 북한이 전쟁 중인 북베트남을 돕지 않는다고 비난하기도 했다. 광저우廣州에서 발행된 또 다른 홍위병 신문 『원거통신文革通訊』은 김일성의 호화로운 사생활을 비난했다. 홍위병들은 베이징의 북한 대사관에 공격을 가하기도 했다. 북한은 이러한 비판과 공격에 대해 1월 26일 중앙통신사 명의의 반박 성명을 발표했다.

> 최근 베이징을 비롯한 중국 각지의 홍위병 신문, 벽보, 삐라들에서는 마치도 우리나라에서 그 어떤 '정변'이 일어났으며 이로 말미암아 정치적 불안 상태가 조성되고 있는 듯한 허위선전이 진행되고 있다. 이러한 허위선전 자료들은 지금 일부 자본주의 국가 통신, 방송, 출판물들에서 이용되고 있다.……오늘 우리 당은 조직사상적으로 철석같이 통일되어 있다. 당과 정부 지도자들, 전체 인민들과 인민 군대는 하나의 사상으로 굳게 단결되어 있다.[4]

이런 내용의 성명을 낸 뒤 북한은 군에 대한 단속에 나섰다. 그리고 당과 수령에 대한 충성을 강조했다. 내부와 외부의 적에 적극 대처하기 위한 국방력 강화도 강조했다. 마오쩌둥 사상에 대한 대응 개념으로 주체사상을 더욱 강조하기도 했다.

1967년 3월에 김일성은 북한을 떠나는 평양 주재 쿠바 대사의 환송연에 참석했다. 평양 주재 외교관이 많이 참석하는 자리였다. 이 자리에 김일성은 김광협을 대동했다. 국제사회에 '김광협이 쿠데타를 일으켰다고? 헛소문이야'라고 시위한 것이다. 그러면서 그 자리에서 김일성

炮打司令部

김일성이 문화대혁명을 '어리석기 그지없는 행동이자 이해할 수 없는 정
책'이라고 비판하자, 홍위병들은 대자보와 신문을 통해 북한을 비난했다.
문화대혁명 당시 마오쩌둥이 대자보를 작성하는 장면을 형상화한 포스터.

은 마오쩌둥을 비난했다. 당시 중국은 북한에 거주하는 화교들을 상대
로 반북 선전도 하고 있었는데, 북한은 이에 대해 화교학교를 폐쇄하는
강경 조치로 맞섰다. 1966년 모든 화교학교의 교장을 북한인이 맡도록
한 조치에 이은 것이었다. 이후 화교에 대해서는 배급도 줄어 많은 화
교가 농민시장과 암시장에 의존하는 지경이 되었다. 이런 생활을 견디

지 못해 중국으로 넘어간 화교가 1966~1968년에 6,285명에 이르렀다.

1967년 4월에는 베이징에 주재하는 헝가리 대사와 북한 대사대리 김재석이 면담을 했는데, 그 자리에서 김재석은 문화대혁명을 대중大衆 의존적 전략이며 공산주의를 파괴하는 방식이라고 비판했다. 그러면서 그 배후에는 마오쩌둥이 있다고 말했다. 북한이 반중적인 태도를 취하게 된 데에는 중국의 이러한 전략에 원인이 있다고 지적했다. 결국 1967년을 넘기지 못하고 북한과 중국은 서로 대사를 본국으로 송환했다.

이렇게 북중 관계는 1969년까지 악화 일로를 걸었다. 그러다가 문화대혁명의 광기가 한풀 꺾이는 1969년 10월 최고인민회의 상임위원장 최용건이 중화인민공화국 창건 20주년 기념행사에 참석하면서 다시 개선되기 시작했다.

베트남전쟁 파병

북한은 중소 분쟁이 계속되던 1960년대 사회주의 국가들과의 결속을 수시로 강조했다. 분쟁 중인 중국과 소련에 대한 비판의 성격이었다. 전쟁 중인 북베트남에 대한 지원을 중단한 중국을 비난하기도 했다. 그런 입장이었기 때문에 북한도 북베트남에 군대를 직접 파견해 실질적인 도움을 주었다. 우선은 1964년부터 물자를 지원했다.[5] 1966년 1월에는 '무상원조를 제공할 데 대한 경제협정'도 체결했다. 1964~

1969년에는 무기 10만 정과 군복 100만 벌을 포함해 무기와 탄약과 군수물자 등 북한 화폐로 1억 7,500만 원 상당을 지원했다.

1966년부터는 북한이 북베트남에 군대를 파견했다. 1966년 9월 조선인민군 총참모장 최광과 베트남군 참모총장 반띠엔중Văn Tiên Dung은 회담을 열고 파병에 합의했다. 10월에 열린 제2차 당대표자회에서 김일성은 '미 제국주의의 침략에 맞서는 반제 역량의 단합'을 강조했다. 또, 북베트남이 요구하면 파병하겠다는 뜻을 분명히 했다.

국방부 등 북베트남의 주요 시설이 들어갈 지하갱도를 건설하는 데 필요한 공병부대가 파견되었다. 이때 공병과 심리전 요원 등 100여 명이 파병되었다. 이어 공군이 파병되었다. 전투기 10대로 구성된 'MIG-17' 중대가 먼저 파병되고, 1966년 말부터 1967년 초까지 2차, 1967년에 3차로 파병되었다. 파병된 공군은 모두 87명이었다. 북베트남에 파병된 공군은 1967년 5월 20일 '하노이Hanoi 공중전' 등 여러 전투에 참여했다. 하노이 공중전에 공군은 전투기 8대를 출격시켜 미군 전투기 32대와 맞붙었다. 이 전투에서 미군 전투기 12대를 격추시켰다.

파병된 조종사 가운데 림장안 부연대장, 리도익, 리동수, 김원한, 김경우, 리기환, 김태준 등 14명이 전사했다. 베트남에 묻혀 있다가 2002년 북한에 인계되어 조선인민군 영웅열사묘에 묻혔다. 림장안 부연대장은 평양미술대학을 졸업한 뒤 6·25 전쟁 당시 비행학교에 입학해 1953년 7월 조종사가 되었다. 휴전이 되는 바람에 실전을 해보지는 못했다. 1966년 말에 파병된 203부대의 부연대장으로 베트남전쟁에 참전해 7개월 만에 전사한 것이다.

북한은 베트남전쟁이 자본주의와 사회주의 세력의 이념 전쟁이라고 생각해서 북베트남에 파병을 결정했다. 북베트남을 폭격 중인 미군 B-66 폭격기와 이를 호위 중인 4대의 F-105 폭력기.

북한이 북베트남에 파병한 것은 베트남전쟁이 단순한 전쟁이 아니라 자본주의와 사회주의 세력의 이념 전쟁 성격을 갖고 있었기 때문이다. 사회주의 세력의 승리에 기여하기 위해 전쟁에 참여한 것이다. 게다가 북한은 베트남전쟁을 제국주의자들에 대한 북베트남 민족주의자들의 저항으로 인식했다. 제국주의 전쟁의 피해자인 북베트남을 돕겠다는 의도도 갖고 있었던 것이다. 더욱이 김일성과 호찌민Ho Chi Minh의 친밀

한 관계, 그에 기반한 1950년 수교 이래의 오랜 우호 관계 등도 파병의
원인이 되었다.

북한은 오랫동안 베트남전쟁 참전을 밝히지 않았지만, 2000년 3월
베트남을 방문한 외무상 백남순이 현지 조선인민군 전사자 묘소를 참
배함으로써 참전을 공식화했다. 김정은도 2012년 5월 공군사령부를
방문한 자리에서 베트남전쟁 참전 사망자 묘지를 김정일 국방위원장이
만들어주었다고 말해 북한의 참전은 다시 한 번 확인되었다.

일본에 한반도의 분국이 있었다

북한 역사학계의 거두 역할을 했던 학자가 김석형이다. 김석형은 일
제강점기 경성제국대학 조선사학과를 나온 뒤 양정중학교에서 교사로
일하면서 역사 연구를 했다. 1945년 3월 조선어학회 사건으로 수감되
었다가 해방과 함께 풀려났다. 해방 후 서울대학교 역사교육과 교수로
활동하다가 1946년에 월북했다. 김일성이 밀사를 보내 그를 초청했고
그가 응했다. 평양으로 가서 김일성종합대학 역사학부 교수가 되었다.
일제 식민사학에 의한 역사 왜곡을 바로잡고 한국사의 체계를 세우는
데 초점을 두어 연구를 했다.

일제 식민사학의 핵심 내용은 임나일본부설이다. 일본의 최초 통일
정권인 야마토大和 정권(3세기 말~7세기 중엽)이 4세기 후반 한반도 남쪽
에 진출한 뒤 가야에 일본부日本府라는 기관을 설치해 직접 지배하고, 백

제와 신라에 대해서도 간접적인 지배권을 행사하면서, 6세기 중엽까지 한반도 북부의 고구려와 맞서 있었다는 주장이다. '남선南鮮경영론'이라고도 한다.

김석형이 임나일본부설을 극복하기 위해 1966년 내놓은 저서가 『초기 조일관계 연구』다. 북한뿐만 아니라 남한과 일본에서도 크게 주목을 받았다. 3세기경의 야요이彌生 시대 이후 7세기까지의 1,000년간의 고대 한일 관계사를 폭넓게 분석했다. 그 핵심은 '분국설分國設'이다. 고구려, 백제, 신라, 가야의 주민들이 일본에 집단적으로 이동해 분국을 건설했다는 것이다. 김석형은 이 분국들과 야마토 정권의 관계를 『일본서기』의 내용을 분석해 설명했다. 4~5세기 일본 고분문화가 백제와 가야 등의 영향을 받은 것인데, 실제로 문화를 전해주는 역할을 분국들이 했다고 주장하면서 『일본서기』에 나오는 일본과 이 분국들의 관계에 대한 묘사에서 근거를 찾아 설명했다. 그의 주장은 일본의 야마토 정권이 한반도 남부를 지배한 것이 아니라 거꾸로 한반도 주민들이 일본 열도 곳곳에 정착하고 국가를 경영했다는 것이다.

김석형의 연구는 남한의 역사학계에 큰 자극제가 되었다. 1970년대 이후 남한의 역사학계는 부산, 고령, 합천, 함안 지역의 왕릉에 대한 발굴·조사 작업을 지속적으로 실시해 가야의 문화적·정치적 수준이 신라과 백제와 야마토 정권에 뒤떨어지지 않았음을 밝혀냈다. 오히려 토기와 갑옷 등은 일본에 전해줘 일본 고대문화 발전에 중요한 역할을 했음도 알아냈다. 이러한 과정을 통해 임나일본부설은 근거 없는 주장이 되어갔다. 그런 점에서 김석형은 임나일본부설이 소멸되도록 하는 데 큰 기여를 했다고 할 수 있다.

1970년대에는 김일성의 교시敎示에 따라 주체사관에 입각한 역사 서술을 추진했는데, 이 작업을 김석형이 주도했다. 1977년의『조선통사』, 1979년의『조선전사』(전33권) 등이 그 결과물이다. 특히『조선전사』는 철저하게 김일성 중심으로 역사를 서술하고 있는 북한의 대표적인 역사서다.

1990년대 김석형은 사회과학원장을 맡고 있으면서 단군을 신화적 존재에서 역사적 존재로 구체화하는 데 관심을 쏟았다. 1993년에는 그의 주도로 북한이 단군릉을 발굴했다고 밝혔다. 평양시 강동군의 한 무덤이 진짜 단군의 무덤으로 밝혀졌다고 발표한 것이다. 더욱이 이 지역에서 '대동강 문화'가 꽃피었다면서 세계 4대 문명에 비견하기도 했다. 이는 아직까지 남한의 역사학자들에게서 인정받지 못하고 있다. 신화적인 것을 사실史實로 확인했다고 말함으로써 '조선 민족 제일주의'라는 북한의 논리를 강화하기 위한 시도라고 보인다. 역사 연구가 체제 유지를 위한 도구로 이용된 것이었다. 김석형의 역사 연구도 초기에는 순수한 연구에 초점을 두었지만, 1970년대 이후에는 그 초점이 체제 유지로 옮겨가는 양상이었다.

월드컵 축구 8강 신화

최근 북한 축구의 수준은 그다지 높지 않지만 1960년대에는 달랐다.

남한보다 한 수 위였다. 1966년 잉글랜드월드컵을 위한 지역예선은 1965년에 열렸다. 북한은 적극적이었다. 먼저 국제축구협회FIFA와 대한축구협회 등에 아시아·오세아니아 지역예선을 캄보디아 프놈펜Pnompenh, 미얀마 양곤Yangon, 인도 뉴델리New Delhi, 인도네시아 자카르타Jakarta에서 열자고 제안했다. 남한은 참여 여부를 결정해야 했다. 5월에 FIFA가 프놈펜에서 예선을 치른다고 통보해오자 고민하지 않을 수 없었다. 그도 그럴 것이 분단 이후 남북한 축구가 맞대결을 한 적이 없고, 실력은 북한이 위였다. 참여하면 북한에 패배할 가능성이 높았다. 결국은 불참으로 결정해 FIFA에 통보했다.

그것으로 끝은 아니었다. 특별한 이유 없이 불참을 통보한 남한을 FIFA가 가만두지 않았다. 제명까지 고려했다. 그것은 너무 심하다고 생각했는지 벌금 5,000달러 처분을 내렸다. 스포츠를 스포츠로 보지 않고 정치 논리로 본 것에 대한 처벌이었다.

북한은 지역예선을 쉽게 통과하고 본선에 진출했다. 본선에서 북한은 그야말로 돌풍을 일으켰다. 소련, 칠레, 이탈리아와 한 조였다. 소련에는 0대 3으로 패했다. 근대축구 역사상 최고의 골키퍼로 꼽히는 레프 야신Lev Yashin에 막혀 한 골도 넣지 못하고 패배했다. 하지만 칠레와 1대 1로 비겨 가능성을 남겼다. 3차전 상대는 세계 최강으로 우승 후보였던 이탈리아였다. 북한의 승리를 예상하는 사람은 거의 없었다. 하지만 북한은 1대 0으로 기적 같은 승리를 일궜다. 8강 신화를 이룬 것이다. 아시아 국가로는 처음이었다. 이탈리아팀은 귀국길에 올라 로마공항에서 자국 팬들에게 토마토 세례를 받아야 했다.

북한은 세계 최강 이탈리아를 맞아 1대 0으로 기적 같은 승리를 일궈냈다. 이탈리아팀
은 귀국길에 올라 로마공항에서 팬들에게 토마토 세례를 받았다. 잉글랜드월드컵 당시
이탈리아팀과 경기를 치르는 북한팀.

아시아의 소국 북한이 세계 최강 이탈리아를 꺾었으니 그 경기는 세
계 축구사에 길이 남았다. 결승골을 넣은 박두익은 일약 세계적 스타가
되었고, 북한이 이 경기에서 선보인 '사다리전법'은 세계 축구계에서
큰 화제가 되었다. 이탈리아가 공을 문전으로 띄웠을 때 동료 선수의
허리를 잡아올려줘 공격을 막아내는 전술이었다. 선수들의 허리를 잡

고 올려주면서 차례로 뛰어오르면 선수들이 사다리 모양이 되어 '사다리전법'이라고 불렸다. 당시 북한 선수들의 평균신장이 165센티미터였다. 그런 키로 서양 선수들과 헤딩 경쟁을 할 수 없었다. 그래서 고안한 것이 '사다리전법'이었다.

그런데 이 전법은 잉글랜드월드컵 이후 FIFA에 의해 반칙으로 규정되었다. 헤딩할 때 동료의 도움을 받으면 안 된다는 것이었다. 같은 팀 내의 협업인데 왜 안 된다는 것인지 그 의도가 심히 의심스럽지만, FIFA는 반스포츠적 행위라는 이유로 반칙으로 정해버렸다. 어쨌든 이 탈리아를 이기자 영국인들도 북한 축구팀에 열광적인 반응을 보였다. 선수들의 유니폼과 축구화를 얻기 위해 난리였다. 시계나 전자제품 등을 북한 선수들에게 선물로 주고 선수들이 사용하던 축구화와 유니폼 등을 얻어갔다. 북한과 이탈리아전은 2002년 한일월드컵에서 한국이 16강전에서 이탈리아를 만났을 때 한국 응원단이 'AGAIN 1966'이라는 카드섹션 응원을 벌일 만큼 우리에게도 의미 있는 경기였다.

북한 축구의 신화는 8강에 머물고 말았다. 8강전 포르투갈과의 경기에서도 북한은 또 한 번의 기적을 일으킬 뻔했다. 먼저 3골을 넣어 3대 0으로 앞섰다. 하지만 포르투갈의 축구 영웅 에우제비우Eusebio를 막지 못했다. 그가 4골을 넣는 바람에 북한은 3대 5로 역전패하고 말았다. 이후 북한 축구는 크게 빛을 발하지 못했다. 2010년 44년 만에 남아프리카공화국 월드컵 본선에 진출했지만 조별 리그에서 탈락했고, 그 이후에도 이렇다 할 성적을 내지 못했다.

'총비서-비서-비서국' 체계

1961년 9월 제4차 당대회 이후 5년 만에 당의 주요 문제를 토의·결정하기 위한 제2차 당대표자회가 1966년 10월에 열렸다. 북한 전역에서 1,275명의 대표가 참여했다. 주요 사항은 경제, 국방, 국제 정세였다. 경제와 관련해서는 진척이 느린 인민경제발전 7개년 계획의 목표를 조기에 달성할 수 있는 방안에 대해 논의했다. 국방과 관련해서는 국방력 강화를 위해 경제·국방 병진 노선을 재확인했다.

국제 정세는 중소 분쟁과 베트남전쟁에 대한 대응책이 주요 이슈였다. 주요 타깃은 중국이었다. 중국은 베트남전쟁 초기 북베트남을 지원했다. 그러면서 북베트남이 소련과의 관계를 단절할 것을 요구했다. 북베트남이 이를 거절하자 지원을 중단했다. 북한은 중국의 이러한 태도를 비판했다.

이렇게 당면한 주요 문제에 대한 논의와 결정을 끝내고 당대표자회 마지막 날인 10월 12일에는 당중앙위원회 제4기 제14차 전원회의가 열렸다. 여기서 중대 결정이 내려졌다. 이 결정을 위해 당대표자회가 소집되었다고 할 수 있다. 당의 직제를 바꾼 것이다. 당중앙위원회 위원장과 부위원장 자리를 없애고, 총비서와 비서 직제를 신설했다.

당중앙위원회 위원장 대신 총비서 자리를 만든 것은 김일성의 유일지도성을 강화하기 위한 것이었다. 비서국을 신설하고 비서 직제를 만든 것은 당의 정책을 효율적으로 집행하기 위한 것이었다. '총비서-비서-비서국'의 체계로 김일성의 권위와 통치력을 분명히 한 것이다. 또 당중앙위원회 정치위원회에 상무위원회를 신설했다. 상무위원회는 주요 문제를 신속하게 처리할 수 있는 시스템을 마련하기 위한 것으로 여겨진다. 정치위원 전원을 소집하는 것보다는 권부의 핵심 인사들인 소수의 상무위원만을 모아 의사결정을 하는 게 신속한 의사결정에 도움이 되니 말이다. 이 또한 김일성의 유일지도성을 강화하는 장치였다. 실제로 상무위원회가 제대로 기능을 발휘하지는 않았지만, 시스템만은 김일성 중심의 의사결정이 쉽게 될 수 있도록 갖추어놓은 것이다.

이렇게 당의 직제를 바꿔놓고 곧바로 인사가 이루어졌다. 총비서에는 김일성이 선출되었고, 정치위원회 상무위원에는 김일성, 최용건, 김일, 박금철, 리효순, 김광협이 선임되었다. 이들은 5년 전 제4차 당대회 당시 정치위원에 선출된 인물들이었다. 정치위원에는 김창봉, 박성철, 최현, 리영호, 김익선이 새롭게 선출되었다. 김익선을 제외하면 상무위원과 정치위원을 합쳐 11명 가운데 10명이 빨치산 출신들이었다. 제4차 당대회에서 정치위원에 선출되었다가 제2차 당대표자회에서 밀려난 사람은 김창만, 박정애, 정일룡, 남일, 리종옥이었다. 이들은 모두 비非만주파였다. 그 가운데 연안파였던 김창만은 북중 관계의 악화에 따라 숙청된 것으로 보인다.[6]

비서국 비서에는 최용건, 김일, 박금철, 리효순, 김광협, 석산, 허봉학, 김영주, 박용국, 김도만이 선출되었다. 김영주, 박용국, 김도만을 제외하면 역시 모두 만주파였다. 김영주는 만주에서 빨치산투쟁을 한 인물은 아니지만, 김일성의 친동생이어서 만주파에서 분리해내기 어려웠다. 제4차 당대회와 비교해보면, 당의 핵심 포스트가 순수 항일빨치산 세력으로 대폭 바뀌었다. 항일빨치산 일색이라고 해도 과언이 아닐 정도였다. 요컨대 1966년 제2차 당대표자회는 당의 직제 개편과 인사를 통해 김일성의 유일지도성을 한층 강화하는 회의였다.

인민경제발전 7개년 계획 연기

제2차 당대표자회에서 또 하나의 중요한 결정은 인민경제발전 7개년 계획을 연기한 것이다. 북한은 6·25 전쟁 이후 3개년 계획(1954~1956), 5개년 계획(1957~1961)을 통해 어느 정도 경제발전을 이룰 수 있었다. 5개년 계획은 조기 달성해 1960년은 속도를 조절하는 해로 설정하기도 했다. 그러고는 1961년부터 1967년까지를 7개년 계획으로 설정해 경제성장을 추진했다. 이 기간에는 5개년 계획을 통해 구축한 공업화를 기반으로 산업을 더욱 발전시켜 인민 생활의 향상을 목표로 하고 있었다.

하지만 기대만큼 성과는 좋지 않았다. 특히 국제 정세가 북한에 불리했다. 사회주의 국가들의 원조를 기대했지만 여의치 않았다. 중소 분쟁의 와중에 북한은 소련·중국과의 관계를 원만하게 유지하기 어려웠다. 그래서 정치적 관계에 따라 결정되는 원조를 많이 얻을 수가 없었다.

국방비 지출이 늘어난 것도 북한 경제 사정을 어렵게 했다. 1961년 남한의 군사 정권 출범과 1962년 10월 쿠바 미사일 위기 등을 계기로 군사력 증강의 필요성이 증대되었고, 이는 1962년 12월 4대 군사노선 채택으로 연결되었다. 이후 군방비 지출은 증가되었다. 군방비의 많은 부분은 1960년대 중반부터 관계가 조금씩 회복되기 시작한 소련에서 군사 장비를 구입하는 데 사용되었다.[7] 인민경제발전에 투자할 지금은 부족할 수밖에 없었다. 결국 1967년에 완료될 예정이던 7개년 계획을 3년 연기해 1970년에 완료하는 것으로 결정했다. 북한은 공식적으로 연기 이유를 이렇게 말했다.

> 미제의 새 전쟁 도발 책동으로 말미암아 조성된 긴장한 정세는 우리 혁명 앞에 아무리 비싼 대가를 치르는 한이 있더라도 조국보위에 보다 완벽을 기할 것을 요구하였다. 이 과업을 수행하자면 많은 추가적인 인적·물적 자원이 있어야 하였으며 이것은 불가피하게 인민경제의 발전 속도에 영향을 주지 않을 수 없었다.[8]

국방비 증가가 민간 부문 투자를 위축시켰음을 그대로 인정하고 있는 것이다. 그러면서도 제2차 당대표자회에서는 연기된 3년 동안에도 4대 군사노선을 철저히 실행하면서 군수공업 전반의 발전, 인민 무장을 위한 각종 무기와 장비의 생산, 전국토의 요새화를 위한 방어공사 등에 더욱 많은 투자를 하기로 결정했다. 경제·국방 병진 정책을 견지하면서 세부적으로는 민간에 대한 투자를 줄이고 국방에 대한 자원 투입 방침을 지속한다는 것이었다.

북한은 1970년 7개년 계획을 끝내고 다시 6개년 계획(1971~1976)을 시작했다. 이때부터는 북한도 외자 도입에 관심을 기울여 서구의 자본까지 빌려왔다. 더구나 서구의 기술과 설비도 들여왔다. 하지만 상환이 문제였다. 북한 경제의 생산성은 점차 떨어져 빌려온 외채를 제대로 갚지 못하고, 1975년부터 심각한 외채 문제에 봉착하게 되었다.

갑산파 숙청과 김정일의 등장

1956년 이후 계속된 반대파 숙청으로 1960년대에는 김일성의 항일 빨치산투쟁 동지들인 만주파와 만주파의 방계傍系라고 할 수 있는 갑산파만 남아 있었다. 일제강점기 함경북도 갑산 지역에서 활동하면서 김일성의 항일빨치산 세력과 연계해 '한인민족해방동맹'을 조직하고 국내 항일투쟁을 벌이던 인물들이다. 만주파에 속한다고 할 수 있을 만큼 해방 직후부터 김일성 세력과 노선을 함께했다. 그런 갑산파도 1967년 5월 당중앙위원회 제4기 제15차 전원회의에서 숙청당했다.

당중앙위원회 부위원장 박금철과 대남 총책 리효순, 『로동신문』 주필 허석선, 조선직업총동맹 중앙위원장 김왈룡 등이 중심이던 갑산파와 함께 당 선전선동부장 김도만, 과학·학교교육부장 고혁 등 당의 사상문화 담당 간부들도 숙청되었다. 더불어 당 국제부장 박용국, 최고인민회의 상임위원 하앙천도 좌천당했다. 이들에게 공통적으로 적용된 혐의는 김일성의 항일빨치산투쟁을 유일 항일 혁명전통으로 세우는 작업과 김일성에 대한 숭배에 소극적이었다는 것이다. 북한은 "당원들에게 부과된 당 정책 교양과 혁명전통 교양을 방해하였으며 당 안의 부르주아사상, 수정주의 사상, 봉건 유교 사상, 교조주의, 사대주의, 종파주의, 지방주의, 가족주의와 같은 온갖 반혁명적 사상을 퍼뜨려 당과 인민을 사상적으로 무장해제시키려고 책동했다"고 말했다.[9]

박금철은 '봉건 서적'인 『목민심서』를 당 간부들에게 읽도록 하고, 함경남도 단천군 검덕광산을 시찰하면서 김일성이 내린 지시와 다르게 '적당히 하라'고 말한 것이 문제가 되었다. 함경남도에 있는 자신의 생가를 새롭게 단장하고, 자신의 부인이 수절한 내용을 〈일편단심〉이라는 연극으로 만든 것도 문제가 되었다. 리효순은 박금철의 이와 같은 행위를 도운 것과 중앙통신사 부사장 리수근의 월남 등이 문제가 되어 숙청되었다. 김도만과 고혁 등 당 사상문화 담당 간부들은 사회주의와 애국주의를 당의 방침과는 달리 향토주의로 교육하고, 부르주아 사상과 봉건 유교 사상, 지방주의 등을 퍼뜨렸다고 비판받았다. 이들은 당 중앙위원회 제4기 제15차 전원회의에서 비판받고, 노동 현장으로 쫓겨났다. 박금철과 리효순은 지방의 농기계작업소의 부지배인이 되었다가 특별교양소에 수감되었다.

당시 갑산파에 대한 전격적인 숙청이 진행된 원인은 첫 번째 김일성 개인숭배 반대자들을 제거하기 위한 것이었다. 한편으로는 김일성의 동생 김영주로 권력 승계에 대한 반대 세력을 제거하려는 것이기도 했다. 김영주는 1957년 당 조직지도부장이 된 후 1966년에는 당 조직담당 비서, 정치위원회 후보위원이 되었다. 당의 조직을 장악하고 김일성의 후계자로 인정될 만큼 막강한 권력을 갖게 되었다. 이에 대해 박금

김정일은 당 조직지도부장인 김영주를 도와 숙청 대상자의 혐의를 조사하고, 이를 전원회의
에서 폭로하는 일을 담당했다. 1960년대 중반 황해제철소를 시찰하는 김일성과 김정일.

철은 불만이었다. 일제강점기 항일투쟁 경력이 없는 김영주가 김일성
의 후계자가 되는 것에 반발했다. 김일성 세력으로서는 박금철과 그를
돕는 갑산파를 그냥 두기 어려웠다.

갑산파 숙청은 김정일이 북한 정치의 전면에 등장하는 계기가 된 사
건이기도 하다. 김정일은 당중앙위원회 소속으로 당 조직지도부장인
김영주를 도와 숙청 대상자의 혐의를 조사하고, 이를 전원회의에서 폭
로하는 일을 담당했다. 재일 동포인 탁진 등이 쓴 김정일 전기 『김정일

지도자』는 당시 김정일의 역할을 이렇게 설명한다.

> 김정일 동지께서는 전원회의의 성과적 보장을 위하여 그자들의 죄상
> 을 철저히 폭로하고 당의 통일 단결을 고수하기 위한 투쟁을 정력적
> 으로 벌리시었다.……김정일 동지께서는 몸소 부르주아·수정주의
> 자들의 정체를 낱낱이 밝혀내려고 많은 일꾼들을 만나 담화도 하시고
> 지시 내용이 적혀 있는 문건들과 자료들도 전면적으로 검토하시어 그
> 범죄적 책동의 본질을 그대로 말해주는 과학적 근거를 구체적으로 장
> 악하시었다.[10]

김정일이 숙청 작업에서 핵심적인 역할을 한 것이다. 이는 김일성의
개인숭배 반대 세력을 제거함으로써 김일성 유일체제 확립에 기여하려
는 그의 의도가 작용한 때문일 것이다. 이를 계기로 그는 김일성의 인
정을 받기 시작했고, 당의 권력 구조에서도 핵심적인 인물로 부상했다.

유일사상 체계 확립

당중앙위원회 제4기 제15차 전원회의는 갑산파 숙청과 함께 당의 유
일사상 체계를 확립한 중요한 회의였다. 이 회의에서 부르주아 사상,
수정주의 사상, 봉건 유교 사상 등 반당·반혁명적 사상을 가진 인물들
을 숙청하고 당의 유일사상 체계를 확립했다. 실제로 전원회의에서 당

의 유일사상 체계 확립 노선에 대한 토론이 이루어졌고 이 노선이 채택되었다. 김일성을 중심으로 당의 통일과 단결을 공고히 하면서 당 전체를 김일성의 혁명사상과 주체사상으로 일색화한 것이다. 다시 말해 당의 유일사상을 김일성의 혁명사상으로 규정하고, 이를 중심으로 당의 노선과 정책을 마련하고 모든 당원을 지도하기로 한 것이다.[11]

전원회의 이후 당원과 인민들을 김일성의 혁명사상으로 무장시켜 유일사상 체계를 세우기 위한 사업이 대대적으로 진행되었다. 김일성은 1967년 5월 25일 이른바 '5·25 교시'를 발표했다. 수정주의적인 도서·인텔리 등에 대한 검열을 강화하는 등의 방법으로 사회 전반에 대한 사상 검토를 강화해 김일성 개인숭배를 더욱 고조시키도록 하는 내용이었다.[12] 당은 김일성의 교시와 당의 정책을 철저히 교육하고 이를 지키도록 하는 활동을 전개했다. 당 간부들에 대한 교육을 실시해 중앙당과 지방당의 간부들을 1개월마다 모아 교육했다. 교육을 받은 이들이 현장에 돌아가 김일성 유일사상을 효과적으로 전하게 한 것이다. 당원과 인민들에게는 당생활총화(당생활 검토회의)를 더욱 강화해 김일성의 유일사상을 철저히 학습하도록 했다.

전원회의가 끝난 지 1개월 남짓 지나 6월 28일 당중앙위원회 제4기 제16차 전원회의가 열렸는데, 여기서 '위대한 수령 김일성 동지의 혁명사상으로 온 사회를 일색화하기 위하여 몸바쳐 투쟁하여야 한다' 등을 내용으로 하는 '유일사상 체계 10대 원칙'이 채택되었다. 이 10대 원칙은 김영주가 만든 것이다. 당시 10대 원칙이 공개되지는 않았다. 나중에 김정일이 이를 다듬어 자신이 후계자로 확정된 직후인 1974년

4월에 발표했다. 어쨌든 10대 원칙이 처음 만들어진 것은 제16차 전원회의에서였다.

'혁명전통 교양'이라는 이름으로 김일성의 항일빨치산투쟁에 대한 교육도 강화했다. 1967년 6월 '김일성동지혁명사상연구실'과 '김일성동지혁명사적관'을 설립해 김일성의 항일빨치산투쟁에 대한 연구와 홍보를 강화하고, 김일성의 주요 투쟁 경력인 1937년 보천보전투를 기념하는 '보천보전투승리기념탑'을 량강도 혜산시에 세웠다. 김일성의 아버지 김형직과 삼촌 김형권의 항일투쟁을 기념한다면서 동상을 세우고 사적관을 세우기도 했다.

1967년 12월 열린 제4기 최고인민회의 제1차 회의에서 김일성이 '공화국 정부 10대 정강'을 발표했는데, 주체사상이 북한의 최고 지도지침임을 분명히 했다. 10대 정강의 첫째와 여섯째 항목에서 주체사상이 정부 정책의 모든 부문에서 실현되는 것을 강조했다. 이렇게 함으로써 주체사상에 의한 당의 유일사상 체계를 공식화했다. 이후 '절세의 애국자이시며 천재적 전략가이시며 온 인류의 태양이시며 국제 공산주의 운동의 탁월한 영도자이시며 인민의 자애로운 어버이 수령' 등과 같은 화려한 수식어가 사용되기 시작했다.

1968년에는 김일성의 석고상이 제작 · 보급되었고, 김일성의 항일운동을 기념하는 혁명기념비가 북한 전역에 세워졌다. 1967~1968년에 『김일성 저작 선집』(전4권)이 발간되어 김일성의 연설과 논문 등을 체계적으로 학습하도록 했다. 그런 과정이 5년 정도 계속되어 1972년 헌법 개정을 통해 주체사상 체계에 의한 권력 구조 개편과 주석제 도입

등이 이루어짐으로써 김일성 유일지도 체계도 확립되었다.

주체사상은 최고 지도지침

1967년 9월 25일 최고인민회의 상임위원회는 정령을 발표하고, 최고인민회의와 각급 지방인민회의 대의원 선거 실시를 발표했다. 10월 김일성은 황해도 송림선거구의 최고인민회의 대의원 후보로 추천되었다. 황해제철소 종업원들이 종업원 회의를 열어 김일성을 후보로 추대했다. 이후 전국의 각 선거구에서 후보를 추천했다.

제4기 최고인민회의 대의원 선거는 11월 25일에 실시되었다. 김일성은 평양의 대성구역 제88호 분구 선거장에서 투표했다. 선거 결과는 100퍼센트 투표, 100퍼센트 찬성이었다. 그렇게 해서 457명의 대의원이 선출되었다. 1962년 제3기 대의원 383명보다는 74명이 증가했다. 처음으로 재외국민의 피선거권이 인정되어 재일본조선인총연합회(조총련) 대표 7명이 대의원으로 진출했다.

5일 뒤인 11월 30일에는 지방의 각급 인민회의 대의원 선거가 실시되었다. 김일성은 평양의 룡성협동농장에 있는 룡성구역 제67호 분구 선거장에서 투표했다. 역시 100퍼센트 투표, 100퍼센트 찬성이었다. 도 · 직할시 인민회의 대의원에 3,305명이 선출되었다. 그중 747명은 여성이었다. 시 · 군 인민회의 대의원으로는 1만 8,673명이 선출되었는데, 그중 4,906명이 여성이었다. 리 인민회의 대의원으로는 8만

4,541명이 선출되었고, 그중 2만 7,946명은 여성이었다.

제4기 최고인민회의 제1차 회의는 12월 14~16일에 열렸다. 물론 내각 수상에는 김일성이 다시 선출되었다. 수상에 선출된 김일성은 '국가 활동의 모든 분야에서 자주, 자립, 자위의 혁명정신을 더욱 철저히 구현하자'라는 제목의 연설을 통해 '공화국 정부 10대 정강'을 발표했다. 정부가 역점적으로 추진할 정책 방향을 내놓은 것인데, 주체사상을 북한의 최고 지도지침으로 삼으며 자립적 민족경제의 토대를 강화하겠다는 내용이었다. '공화국 정부 10개 정강'의 내용은 다음과 같다.

첫째, 공화국 정부는 우리 당의 주체사상을 모든 부문에 걸쳐 훌륭히 구현함으로써 나라의 정치적 자주성을 공고히 하고 우리 민족의 완전한 통일 독립과 번영을 보장할 수 있는 자립적 민족경제의 토대를 더욱 튼튼히 하며 자체의 힘으로 조국의 안전을 믿음직하게 보위할 수 있도록 나라의 방위력을 강화하기 위한 자주, 자립, 자위의 노선을 철저히 관철할 것입니다.

둘째, 공화국 정부는 인공적인 국토의 양단과 민족의 분열로 인한 현재와 같은 우리 인민의 불행을 하루빨리 없애고 남조선 인민들을 해방하며 조국통일을 실현하기 위하여 북반부 인민들을 항상 남조선 인민들의 성스러운 반미구국투쟁을 지원하며 혁명적 사변을 주동적으로 맞이할 수 있도록 정신적으로, 물질적으로 튼튼히 준비시킬 것입니다.

셋째, 공화국 정부는 조선노동당의 영도 밑에 사상혁명과 문화혁명을 더욱 강화하며 노동계급의 영도적 역할을 높여 농민과 인텔리를 비롯한 사회의 모든 성원들을 혁명화, 노동계급화하기 위한 투쟁을 강력히 전개할 것입니다.

넷째, 공화국 정부는 인민 정권의 기능과 역할을 높이며 광범한 인민 대중을 혁명과 건설에 적극 조직동원하기 위하여 국가, 경제기관 일꾼들 속에서 관료주의를 없애며 혁명적 군중 관점을 확립하도록 할 것입니다.

다섯째, 공화국 정부는 조선노동당의 사회주의 공업화 정책을 계속 견지하며 인민경제의 모든 부문에서 기술혁명을 실현하기 위하여 투쟁함으로써 나라의 자립적 민족경제의 토대를 강화하고 인민 생활을 더욱 높이며 근로자들을 고된 노동에서 해방하는 성스러운 과업을 수행할 것입니다.

여섯째, 공화국 정부는 조선노동당의 주체사상에 튼튼히 의거하여 나라의 과학기술 발전을 촉진하며 사회주의적 문화를 건설하기 위하여 계속 완강히 투쟁할 것입니다.

일곱째, 공화국 정부는 조성된 정세에 대처하여 나라의 방위력을 더욱 강화하고 전국적, 전인민적 방위 태세를 갖추기 위하여 모든 힘을 다할 것입니다.

여덟째, 조선민주주의인민공화국 정부는 자력갱생의 가치 밑에 자체의 힘과 내부 원천을 최대한으로 동원하여 자립적 민족경제를 건설하는 노선을 계속 견지하면서 프롤레타리아 국제주의 원칙과 완전한 평등 및 호혜의 원칙에서 다른 나라들과 경제 관계를 맺고 대외무역을 발전시켜나갈 것입니다.

아홉째, 조선민주주의인민공화국 정부는 해외에 있는 모든 조선 동포들의 이익과 민족적 권리를 옹호하기 위하여 적극 투쟁할 것입니다.

열째, 우리는 조선민주주의인민공화국이 창건된 첫날부터 제국주의의 침략을 반대하고 우리 인민의 자유와 독립을 존중하며 우리나라와 평등한 입장에서 국가 관계를 맺을 것을 원하는 모든 나라들과 친선 관계를 도모할 것을 시종일관 천명해왔으며 앞으로도 계속 대외 정책 분야에서 이 원칙을 확고하게 견지할 것입니다.[13]

이는 사상적으로는 주체사상이라는 원칙 아래 조선노동당의 지도 아래 인민들이 모두 나서서 공업화와 기술혁명을 이루어 자립적 민족경제와 인민 생활의 향상을 이루겠다는 것이다. 또, 군사력을 강화하면서도 다른 나라와 평등의 원칙 아래 외교 관계와 무역 관계도 확대하고, 해외의 동포들의 이익도 보호해나가겠다는 것이다. 그 핵심은 주체사상을 최고 지도지침으로 삼아 경제, 군사, 외교, 무역 등의 정책을 펴나가겠다는 것이다.

김신조가

겪은

1966~1967년

1968년 청와대 습격을 위해 남파된 특수부대 공작원 가운데 유일하게 살아남은 사람이 김신조. 그는 1968년 남파조에 포함되어 북한의 특수부대에서 혹독한 훈련을 받았다. 그는 당시의 생활을 『나의 슬픈 역사를 말한다』라는 자전에세이에 잘 기술해놓았다.

김신조는 1942년 함경북도 청진에서 태어나 자랐다. 청진에서 중학교를 졸업하고 공장에서 선반공으로 일하다가 3년제 흥남기계전문학교에 입학해 학업을 마치고 1961년 초 군에 입대했다. 당시 북한은 징병제는 아니었다. 하지만 청년들을 상대로 군입대 지지 자원 토론대회가 곳곳에서 진행되어 자원 입대하지 않으면 안 되는 분위기가 형성되어 있었다. 군대에 가지 않으면 사회 어디에서도 인정받지 못하게 되어 있었다. 일단 입대하면 3년을 복무하는 것이었는데, 정세가 좋지 않으면 연기되기 일쑤였다.

김신조는 황해북도 곡산군 석천리에 주둔하던 제2집단군 사령부 제6사단 제3대 정찰중대에서 복무했다.[14] 남한 지역에 침투되어 수색 임무를 수행하는 부대였다. 김신조는 사병으로 입대했지만 모범 병사로 인정받아 상등병 때 조선노동당 당원이 되었고 중사로 특진했다.

1966년 2월에는 특수부대로 옮겨 특수 훈련을 받았다. 우선 개성 송악산 골짜기에 있는 제2집단군 도보정찰소라는 공작원 부대 2기지에서 훈련을 했다.

막사도 없는 곳에 집을 짓는 일부터 산악 훈련, 사격 훈련, 총검술, 납치 훈련, 습격 훈련 등을 했다. 실제로 남한 지역에 내려와 정찰도 했다. 군사분계선을 넘어와 미군들의 이동 상황을 관찰해 보고하는 등의 활동을 한 것이다.

일반군 부대는 생활환경이 열악했지만, 특수부대는 사정이 달랐다. 한 끼에 돼지고기 1킬로그램씩을 주었다. 밥도 흰쌀밥에 팥과 보리가 조금 섞인 것이었다. 소고기도 돼지고기와 번갈아 나왔다. 버터도 주었고, 식당에는 날달걀이 있어 언제든지 먹을 수 있었다. 배나 사과 같은 과일도 늘 준비되어 있었고, 누런 설탕을 물에 타서 마실 수도 있었다. 옷은 모직으로 된 것이었고, 신발도 양가죽으로 된 것을 주었다. 일정한 임무가 끝나면 휴가도 후하게 주었다. 훈련이 힘든 만큼 하루 1시간은 낮잠을 잘 수 있도록 했다. 김신조는 그 시간에도 자지 않고 청소를 하거나 다른 할 일을 찾아서 했다.

당시 북한에서 관료주의나 권위주의는 심한 비판의 대상이 되었다. 군부대에서도 마찬가지였다. 그런 모습이 지적되면 장군도 하루아침에 사병으로 강등되었다. 정치 부중대장이 주관하는 당 회의에서 잘못된 사항을 계급에 상관 없이 비판할 수 있었다.

김신조는 1967년 1월 남파 훈련을 받기 위해 283부대로 이동했다. 상사가 된 뒤였다. 평안남도 강동군 대덕리에 있는 부대였다. 아지트 파기 훈련, 포섭 훈련 등을 집중적으로 했다. 6월에는 평양에 가서 공작원 자격에 대해 최종평가를 받았다. 평양제일여관에 머물렀는데, 김신조는 거기서 난생 처음 샤워기가 달린 욕실과 수세식 화장실을 보았다. 여관 마당에 수족관이 있었는데, 거기 있는 생선 어떤 것이든 이야기만 하면 요리를 해주었다. 벤츠를 타고 평양 구경도 하고 영화도 보았다. 당시 평양에는 통행금지가 없어 새벽 1~2시까지 노는 경우도 있었다. 그러다가 김신조는 당증을 잃어버렸는데, 다른 사람 같으면 출당 조치를 당하고 처벌을 받아야 했지만 특수부대원이었기 때문에 무사히 넘어갈 수 있었다.

김신조는 종합평가를 통과한 뒤 1967년 7월에 124부대로 옮겼다. 283부대 등 다른 특수부대에서 가장 우수한 요원들만 모아놓은 곳이 124부대였다. 부대장은 대좌 리재형이었다. 김신조는 124부대 가운데에서도 서울 침투를 맡은 6기지 소속이었다. 황해북도 연산군 방전리 산기슭에 있었다. 기지 본부라고 했지만, 초라한 초가집에 불과했다. 막사를 새로 짓는 일이 급선무였다. 김신조 등은 실제 특수공작을 하는 것처럼 시멘트 공장을 습격해 시멘트를 조달해서 막사를 짓고 훈련을 시작했다. 기지 안에는 3개 중대가 있었고, 중대에는 3개 소대, 소대 안에는 3개 분대가 있었다. 분대원은 9명이었다. 김신조는 11중대 1소대 3분대였다.

124부대에서 주로 한 것은 산악 훈련이었다. 험한 산을 시속 12킬로미터로 달리는 훈련이었다. 맨발로도 뛰었다. 그러다 보니 발바닥이 두꺼워지고 곰 발바닥처럼 되었다. 가장 힘든 것은 묘지 파기였다. 묘를 파고 시체를 꺼낸 뒤 그 속에 들어가는 것이었다. 실제 공작을 할 때 은신처를 마련하기 위한 것이었다. 김신조는 비 오는 날 밤에 혼자서 묘지 파기 훈련을 하다가 훈련 지도원이 몰래 "내 시체 내놔라. 흐흐흐" 하는 녹음 음성을 트는 바람에 기절을 하기도 했다.

124부대에서도 가끔 여유는 있었다. 특히 남파요원들이어서 트랜지스터 라디오로 남한 노래도 들을 수 있었다. 술도 마음껏 마실 수 있었는데, 술을 마시면 〈동백 아가씨〉, 〈섬마을 선생님〉 등 남한 노래를 불렀다. 특히 김상희의 〈대머리 총각〉이 부대원들 사이에 큰 인기였다고 한다.

1967년 12월에는 124부대의 남파요원 31명에게 '청와대 습격'이라는 특수명령이 전달되었다. 특수부대를 관장하던 민족보위성 정찰국장 김정태 중장이 직접 부대를 찾아 명령을 내렸다. 그리고 이미 중위인 몇 명을 제외하고 모두에게 소위 임명장을 주었다. 소위는 4년제 군관학교를 졸업해야 될 수 있는 계급이었지만, 청와대 습격의 중책이 주어진 이들에게 수여된 것이다. 요원 31명은 1968년 1월 9일 사리원에 있는 황해북도 인민위원회 건물을 청와대로 간주하고 실제 점령하는 훈련을 실전과 똑같이 했다. 그 과정에서 건물을 수비하던 노농적위대 대원 등 12명이 사망했다. 이 훈련으로 최종 점검을 마친 뒤 이들은 청와대를 향해 1월 16일 평양을 떠났다.

1968~1969년

제5장

×××

'친애하는 지도자 동지' 김정일

"박정희 모가지 따러 왔시요"

1967년 말 항일빨치산 출신 조선인민군 핵심 인물들은 남한에 대한 게릴라전을 준비하고 있었다. 1968년 1월이 되자 『로동신문』에도 남한 혁명에서 조선인민군이 할 수 있는 역할을 강조하는 글이 많이 실렸다. 1월 18일자에는 거의 글을 쓰지 않던 최현까지 나서서 남한 혁명에서 조선인민군의 역할을 강조하는 글을 실었다.

이러한 군사적 책동의 정점은 '김신조 사건'이다. 1월 21일에 발생해 '1·21 사태'라고도 불린다. 특수부대가 남한의 청와대를 습격해 대통령 박정희를 암살하려고 한 사건이다. 이 사건은 당시 북한 군부의 과격성과 북한 권부의 역학 관계를 잘 보여주었고, 남한의 국방 정책에도 큰 변화를 주었다.

북한의 특수부대 요원 31명이 평양을 떠난 것은 1968년 1월 16일이었다. 당초 25명이었지만 보강되어 31명으로 늘었다. 이들은 모두 남한군 장교로 위장했다. 18일 자정 38선을 넘었다. 개성 근처였다. 미군 담당 구역으로 잠입해 잠을 잤다. 19일 밤에는 임진강을 건넜다. 강은 얼어 있었다. 경기도 파주군 법원리 삼봉산에 이르러 숙영했다. 20일 새벽 북한산 비봉 북방에 다다랐다. 거기서 낮을 보내고 저녁에 비봉을 넘었다. 21일 새벽 비봉 남쪽에 도착해 다시 낮을 보내고 저녁 8시쯤 세검정에 도착했다. 밤 10시쯤에는 서울 세검정파출소 자하문 초소 근처에 이르렀다. 경찰의 검문을 받자 방첩대원이라고 둘러대며 계속 진행하다가 출동한 경찰 병력과 교전을 시작했다.

이들은 수류탄을 던지고 자동소총을 난사하며 경찰에 맞섰다. 그 과정에서 종로경찰서장 최규식이 숨지고 경찰관들이 중상을 입었다. 이후 게릴라들은 흩어졌다. 군경이 1월 말까지 소탕 작전을 벌였다. 31명 중 28명은 사살되고 2명은 도주하고 1명은 생포되었다. 생포된 김신조는 텔레비전 생방송 기자회견에서 남파 목적을 묻는 질문에 "나 청와대 까러 왔수다. 박정희 모가지 따러 왔시요"라고 대답해 사람들을 섬뜩하게 했다.

당시 김신조에 대한 심문을 통해 북한의 특수부대 규모가 파악되었다. 간첩 공작대인 283부대에서 900여 명, 20대 장교들로 구성된 특수 유격대 124부대에서 2,400명이 훈련하고 있었다. 청와대 습격에 나선 31명은 황해북도 연산군에 있는 124부대 요원들로 1967년 7월에 구성되어 5개월 동안 박정희 암살 훈련을 받은 뒤 남파되었다. 북한에서도 이 사건은 바로 다음 날 신속하게 보도되었다. 남한의 무장유격대가 박

김신조 사건은 북한 군부의 과격성과 북한 권부의 역학 관계를 보여주는 것이었다. 유일하게 생포된 북한 특수부대원 김신조.

정희 군사독재에 항거해 자발적으로 봉기했다는 것이다.

이후에도 소규모 침투는 계속되었고, 1968년 10~11월에는 게릴라 120명이 경북 울진 등으로 침투했다. 이들은 주민들에 대한 북한 선전 등의 활동을 하기도 하고 주민들을 살해하기도 했다. 하지만 이들은 대부분 사살되었다.

1968년에 북한이 이렇게 고강도 도발을 실시한 한 데에는 몇 가지 원인이 있다. 첫째, 북한의 남한혁명론이다. 1964년에 제시된 3대 혁명역량 강화론도 남한의 혁명역량 강화라는 내용을 포함하고 있었다. 남한혁명론이 전제된 것이다. 북한은 이 남한혁명론에 기초해 남한의 혁명세력 강화와 이들의 봉기를 추진해왔다. 1968년의 게릴라 침투는 남한의 혁명 세력을 부추기고 독려한다는 의미가 있었다. 둘째, 북베트남 지원 차원에서 남한을 압박하기 위한 것이다. 당시 북한은 북베트남에 물자를 지원하고 소수이지만 공군도 파병하고 있었다. 여기에 더해 북한은 남한에 대한 게릴라 도발을 통해 남한을 긴장시키고 북베트남에 대한 남한의 파병도 못하도록 하려고 했다.[1] 셋째, 북한 내부의 군사 모험주의다. 군부 핵심을 형성하고 있던 만주파의 빨치산투쟁식 대남 전략이 1968년에 구현된 것이라고 할 수 있다. 만주파 군부 핵심 인사들은 대담한 대남 작전을 통해 자신들의 입지를 강화할 수 있고, 이를 통해 남한 혁명 세력의 봉기도 촉진할 수 있다고 생각했다.

이러한 군사 모험주의적 시도는 성과가 없었다. 그 때문에 1970년대에 북한은 대화 노선으로 방향을 전환했다. 당시 국제사회의 데탕트 Detente(긴장 완화) 분위기와 맞물린 것이기도 했다. 남한에서는 북한의 도발에 대한 경각심이 높아지면서 향토예비군 제도가 본격 시행되는 등 국방 정책이 이전보다 훨씬 강화되었다. 향토예비군은 1961년 향토예비군법이 제정되면서 법제화되었지만, 예산상의 문제로 바로 실행하지는 못했다. 그러다가 김신조 사건이 발생하면서 박정희 정부는 강력한 국방력 확보 차원에서 무기공장 건설과 함께 향토예비군 250만 명

무장화를 천명했다. 1968년 3월 향토예비군설치법시행령을 공포하고, 4월 1일 향토예비군을 창설했다.

통일혁명당 건설 실패

북한의 남한혁명론은 다양한 실행 방안을 갖고 있었다. 게릴라 부대를 파견하는 것은 단기적이며 모험적인 것이었다. 이와 함께 북한이 장기적인 관점에서 중점적으로 추진한 것이 남한에 조선노동당의 지하조직을 건설하는 것이었다. 북한은 이 작업을 3대 혁명역량 강화론이 나온 1964년부터 실시했다. 남한 내의 혁명역량을 강화하기 위해서는 남한의 혁명 세력을 결집시키고, 이들을 결속시키기 위한 조직이 있어야 한다고 생각했다.

이러한 기획 아래 남한에 통일혁명당을 건설하기로 하고 대남사업총국장 허봉학은 김종태에게 직접 지시를 내려 남한에 조직을 건설하도록 했다. 김종태는 동국대학교 2학년을 수료한 뒤 경상북도 안동사범학교와 포항고등학교 등에서 교편생활을 했다. 김종태는 1954~1958년에는 국회의원인 형 김상도의 비서로도 활동했다. 그는 북한의 간첩 김무삼을 통해 간첩 총책 최영도와 연결되었다. 1964년 3월 월북해 사상교육을 받는 등 모두 4차례 평양을 방문했다. 허봉학의 지시를 받고 공작금도 수령했다.

1964년 3월 창당준비위원회를 발족시키고, 1965년 11월에는 당을

북한은 남한에 통일혁명당을 건설해서 반정부 세력을 규합해 무장봉기를 일으키고 남한 정부를 전복하려고 했다. 1968년 11월 공판 당시의 통일혁명당 사건 관련자들. 앞줄 맨 오른쪽이 김종태.

출범시켰다. 위원장은 김종태, 민족해방전선 책임비서는 김질락, 조국해방전선 책임비서는 이문규가 맡았다. 이들은 학생운동 세력을 중심으로 조직을 확대했다. 전 남로당원과 혁신적 지식인 등도 조직원으로 끌어들였다. 이들은 수시로 모임을 갖고 때가 되면 반정부 세력을 규합해 무장봉기를 일으키고 요인들을 암살한 뒤 수도권을 장악해 남한 정부를 전복하려고 했다. 하지만 1968년 7월 남한의 정보기관이 이들의 움직임을 파악해 158명을 검거하면서 북한의 기획은 물거품이 되었다. 김종태, 김질락, 이문규 등은 처형되었고 신영복 등은 무기징역에 처해졌다.

1960년대 중반 남한 사회는 한일회담, 베트남전쟁 파병, 삼선개헌 등

제5장 '친애하는 지도자 동지' 김정일

에 대한 반대운동으로 갈등과 분열의 양상을 보여 북한으로서는 이를 기회로 세력을 확대하려고 했다. 하지만 당시 통일혁명당은 그럴 만한 역량을 갖추지 못했다. 조직과 자금 등이 남한 내에서 활동력을 갖고 광범위하게 세력을 확대할 만큼 충분하지 못했다. 또 남한 사회에는 사회주의를 받아들여 성장시킬 만큼 이념적 토양이 충분히 갖추어져 있지 않았다. 해방 이후 활동하던 남조선노동당 세력은 거의 뿌리가 뽑혔고, 반공을 국시로 한 박정희 군사정권의 좌파에 대한 경계와 단속은 어느 때보다 강했다. 그런 상황에서 통일혁명당이 자리 잡고 성장하기는 어려웠다.

북한은 1970년대 초반까지 전남북 지역을 중심으로 통일혁명당을 재건하려는 시도를 계속했다. 호남에 지도부를 구성해 혁신계 정당과 공장, 탄광, 대학 등에 침투해 사회주의 혁명조직을 구성하려고 했다. 하지만 이것도 1971년 5월 주요 인물들이 검거되면서 무산되었다. 이처럼 두 번에 걸친 지하조직 건설이 실패함에 따라 남한 내 혁명 세력이 설 자리는 더욱 좁아졌다. 반공 정권의 체제 단속은 심화되었고, 그에 따라 북한의 남한 내 지하공작이 어려워짐은 물론 남한 진보 세력의 활동 공간도 협소해졌다.

미국의 항복을 받다

북한은 1 · 21 사태 2일 후인 1월 23일 미국의 정보수집함 푸에블로

Pueblo호를 나포했다. 북한이 미국의 군함을 공해상에서 나포한 대형사건이었다. 미국으로서는 역사상 처음으로 자국의 군함이 공해상에서 나포되는 사건이기도 했다.

1월 23일 정오쯤 북한의 초계정 1척이 푸에블로호에 접근했다. "국적을 밝히라"고 요구했다. "미국"이라고 밝혔다. 북한 초계정은 "정지하라"고 명령했다. 푸에블로호는 "공해상에 있다"고 했다. 실랑이를 하는 동안 오후 1시쯤 무장한 북한의 초계정 4척과 MIG 2대가 푸에블로호를 위협했다. 영해를 침범했다는 것이다. 북한의 해군이 푸에블로호에 승선해 원산으로 가도록 했다. 푸에블로호는 2시 30분쯤 "엔진이 모두 꺼져 무전연락도 이것이 마지막이다"는 메시지를 남기고 원산으로 들어갔다.

미국은 국가안전보장회의를 소집하고 핵항공모함 엔터프라이즈호를 원산항 부근으로 보내는 등 강경 자세를 보였다. 김일성은 공포를 느끼고 전군 동원령을 내렸다. 그동안 자주를 외쳐왔기 때문에 주변국의 도움을 요청하기도 어려운 실정이었다. 위기가 고조된 가운데 2월 8일로 예정된 조선인민군 창군 20주년 기념 축하행사는 취소되었다.

그러면서도 북한은 미국과 맞서는 자리에서 자신들의 주장을 굽히지 않았다. 1월 24일에 열린 판문점 군사정전위원회 본회의에서도 유엔측은 푸에블로호가 공해상에서 납치되었다면서 즉각 석방을 요구했다. 북한은 푸에블로호가 영해를 침범했기 때문에 나포했다고 맞섰다. 이어 판문점에서 미국과 북한의 긴 비밀 협상이 시작되었다.

11개월의 협상 끝에 12월 23일 양측이 합의에 이르러 선원들이 석방

푸에블로호 나포 사건은 11개월의 협상 끝에 선원들이 석방되고, 미국이 사과와 보상을 하는 조건으로 종결되었다. 판문점의 '돌아오지 않는 다리'를 통해 돌아오고 있는 선원들.

되었다. 선체는 북한이 몰수했다. 석방 조건은 미국의 사과와 보상이었다. 미국은 영해 침범을 인정하고 사과했다. 보상은 어느 정도 규모로 이루어졌는지 아직까지 비밀에 부쳐져 있다. 푸에블로호 선장은 석방 후 영해 침범을 부정했고, 미국은 사과를 번복했다. 그래서 영해 침범 여부는 아직 분명하지 않다. 미국은 베트남전쟁을 치르고 있었기 때문에 또 하나의 전쟁을 시작하려고 하지 않았다. 그래서 사과하고 마무리한 것이다. 선장이 강압에 못 이겨 영해 침범을 인정했다며 이를 번복하는 형식으로 영해 침범 인정과 사과를 번복했지만, 일단은 조금 양보하더라도 문제를 키우지 않는 쪽을 선택했다.

여러 가지가 의문으로 남아 있지만, 북한이 그 시점에 왜 미국 군함을 나포했는지는 알아보아야 할 것 같다. 북한의 푸에블로호 나포는 어떤 특별한 전략적 판단이라기보다는 4대 군사노선, 경제·국방 병진 정책 등 '군사화 추세가 낳은 부산물'로 보는 것이 옳을 것 같다.[2] 북한은 중국과의 관계가 악화되었고, 소련과도 관계가 완전히 회복된 상태는 아니었다. 미국에 대해 무모한 전략을 수립하고 실행할 형편이 아니었던 것이다. 그럼에도 이러한 상황이 발생한 것은 항일빨치산 출신 지도부의 지도 아래 진행되던 강경 군사노선 때문으로 볼 수 있다.

어쨌든 미국이 영해 침범에 대해 사과하고 선원들을 데려간 것은 분명하다. 그런데 북한은 미국의 사과 자체를 중시했다. 북한은 이를 '대미승전'으로 대대적으로 선전해왔다. 미국의 항복을 받은 것으로 간주하고 인민들에게 말해온 것이다. 김정은 정권은 푸에블로호를 평양의 승전기념관으로 옮겨 전시하면서 반미 선전에 적극적으로 활용하고 있다. 미국이 사과를 번복했지만 이와는 상관없이 북한은 푸에블로호를 대미 적대감 확산에 이용하는 것이다. 북한은 과거의 것을 되새겨 지금의 상황에 활용하는 '기억의 정치'를 통해 미국에 대한 인민들의 적의를 심화시켜 체제 내부의 결속을 지속적으로 추구하는 것이다.

주체사상이 '김일성 혁명사상'으로

1962년 주체사상이 출현했을 때 이는 마르크스-레닌주의를 북한의 현실에 맞게 창조적으로 적용한 이론으로 주장되었다. 당시까지만 해도 이는 소련과 중국의 간섭에서 벗어나 자주적인 국가를 세우는 데 필요한 이념으로, 북한 나름의 국가를 건설하는 데 필요한 사상적 기초로 기능했다. 그러던 것이 김일성에 대한 개인숭배가 가속화된 1968년부터는 '김일성 동지의 혁명사상'으로 불리게 되었다.[3] 이전까지는 '우리 당의 혁명사상'으로 불리면서 당 차원의 사상이던 것이 이때부터는 김일성 개인의 사상이 된 것이다.

종전에 주체사상은 분명 마르크스-레닌주의의 하위 개념이었다. 마르크스-레닌주의라는 거목의 그늘 아래 이를 북한에 필요한 방향으로 응용한 것이었다. 소련공산당 이론이나 마오쩌둥 사상과도 경쟁 상대가 되지 못하는 것이었다. 하지만 1968년부터 주체사상은 소련공산당 이론이나 마오쩌둥 사상과 동등한 수준으로 격상되었다. 가장 정확한 마르크스-레닌주의가 어느 것인지를 두고 이들 사상과 경쟁하게 된 것이다. 그러면서 마오쩌둥 사상처럼 '김일성 동지의 혁명사상'으로 명명되었다.

그런데 이는 중국을 따라가는 모양새였다. 중국에서 문화대혁명이 한창 위력을 발휘하면서 린뱌오林彪를 중심으로 한 인물들이 마오쩌둥과 그의 이론을 숭배하는 분위기를 만들어나갔다. 마오쩌둥 사상은 '사회주의가 전 세계적으로 승리하는 시대의 마르크스-레닌주의'로 주장되었다. 김일성이 수정주의자로 비판받은 것도 이러한 마오쩌둥 사상의 절대화 움직임 때문이었다. 북한은 이러한 중국의 주장을 교조주의라고 비판했다. 그러면서도 북한은 중국이 마오쩌둥 사상을 절대화하는 움직임을 그대로 본받았다. 주체사상을 김일성의 사상으로 개인화하면서 절대화하는 경향을 보인 것이다.

1968년 8월 북한 정권 수립 20주년 기념 사회과학 부문 토론회가 열렸는데, 여기서 주체사상은 '가장 정확한 마르크스-레닌주의적 지도사상'으로 규정되었다. 1969년에 열린 사회과학자 토론회에서는 주체사상이 '마르크스-레닌주의와 노동계급의 혁명 위업에 끝까지 충실할 수 있는 유일하게 정확한 지도사상'으로 정의되었다.

이즈음 김일성은 사회주의 이론에 관한 몇몇 저술을 발표하는데, 소련이나 중국의 것과는 다른 독자적인 주장을 담고 있었다. 이런 주장들을 통해 김일성의 사상은 주체적인 것에 대한 주장에 사회주의 이론까지 아우르는 것으로 확장되었다. 과도기 논쟁과 관련해서 김일성은 사회주의의 완전한 승리 단계를 과도기가 끝나는 시점으로 보았다. 노동계급과 농민계급의 계급적 차이가 해소되는 무계급 사회가 실현되면 과도기가 종료되는 것으로 본 것이다. 그리고 프롤레타리아 독재는 과도기가 끝난 이후 공산주의 사회를 이룰 때까지 계속되어야 한다고 주장했다.

중국의 주장은 세계혁명이 완성되는 시점까지를 과도기로 보고 그때까지 프롤레타리아 독재가 이루어져야 한다는 것이었다. 김일성은 이를 지나친 좌경적 주장으로 비판했다. 소련의 주장은 사회주의 제도가 확립되는 시기까지를 과도기로 보고 그때까지 프롤레타리아 독재를 해야 한다는 것이었는데, 이에 대해 김일성은 지나치게 우경적이라고 비판했다. 그러면서 중국과 소련의 중간을 자신의 입장으로 설정하고, 이를 가장 정확한 마르크스-레닌주의이며 독자적인 것이라고 주장했다.

사회주의 경제 이론과 관련해서도, 사회주의가 일정한 발전 단계에 이르면 발전 속도가 떨어진다는 이론을 김일성은 우경 기회주의로 비판하면서 사람들의 혁명적 열의를 동원해 이를 극복할 수 있다고 주장했다. 농민시장에 대해서는 소비품을 국영상점에서 자유롭게 살 수 있게 될 만큼 풍요로워질 때까지는 유지해야 한다고 주장했다. 북한은 이러한 주장들을 '김일성 동지의 독창적인 혁명사상'으로 선전했다.

이렇게 내용이 풍부해진 김일성 사상을 배경으로 1970년대에는 주체사상이 개념적으로 정리되고 체계화되었다. 1972년에 김일성이 발표한 '우리 당의 주체사상과 공화국 정부의 대내외 정책의 몇 가지 문제에 대하여'라는 글을 통해 체계적인 모습을 보여준다. 김일성 이름으로 발표되었지만, 실제로는 김일성종합대학 총장이던 황장엽이 쓴 것이었다.[4] 김일성의 생각을 황장엽이 정리하고 이를 다시 김일성이 검토해서 발표한 것이다.

이 글은 우선 주체사상에 대한 정의를 명료하게 정리하는데, '자기 운명의 주인은 자기 자신이며 자기 운명을 개척하는 힘도 자기 자신에게 있다는 사상'이 주체사상이라고 정의를 내린다. 다른 표현으로는 '혁명과 건설의 주인은 인민대중이며 혁명과 건설을 추동하는 힘도 인민대중에게 있다는 사상'이라고도 한다. 우선 인간이 주체를 세우는 것이 중요한데, 이는 혁명과 건설에서 주인다운 태도를 가짐으로써 가능하다고 주장한다. 주인다운 태도는 자주적 입장과 창조적 입장이라고 말한다.

이러한 내용으로 정리된 주체사상은 사회주의 이론과 지도 이론 등을 포함해 포괄적인 내용을 가진 김일성 혁명사상의 핵심이 되었다. 하지만 이때까지는 주체사상이 하나의 보편적인 이론은 아니었으며 어디까지나 '가장 정확한' 또는 '가장 위대한' 마르크스-레닌주의적 지도사상이었다. 소련이나 중국의 이론보다는 우위에, 하지만 마르크스-레닌주의보다는 하위에 존재하는 것이었다.

군 수뇌부 숙청

1967년 갑산파를 숙청한 뒤 1년 반 뒤 다시 한 번 숙청의 회오리가 몰아쳤다. 이번에는 군 수뇌부를 향했다. 1968년 말 민족보위상 김창봉, 대남사업총국장 허봉학 등 군의 최고위급 인물들을 제거한 것이다. 죄목은 반당혁명죄였다. 당 정책을 이행하지 않았고, 군벌관료주의에 빠져 있었다는 것이다.[5]

구체적으로는 당의 군사노선을 이행하지 않고 당에서 아끼던 간부들을 마음대로 수천 명씩 숙청하고, 당중앙위원회 제4기 제15차 전원회의 결정을 6개월 동안이나 실행하지 않았다는 것이다. 미국의 정보수집함 푸에블로호가 영해로 접근할 당시 공격하지 않은 것도 과오로 지적되었다. 민군 관계를 악화시켰고, 생활이 부화방탕했다는 비판도 있었다.

이들과 함께 조선인민군 총참모장 최광, 김철만, 류창권, 김양춘, 김정태 등도 숙청되었다. 최광은 나중에 복권되어 1988년부터 총참모장을 맡았고, 김철만도 복권되어 1994년에는 국방위원회 위원이 되었다.

김창봉, 허봉학, 최광 모두 김일성과 항일빨치산투쟁을 함께한 인물들이었다. 만주파의 핵심 세력들이었다. 그런데 이들마저 숙청된 것이다. 북한 당국이 여러 가지 숙청 이유를 대고 있지만, 실제 이들이 숙청된 이유는 김일성 유일지도 체계 확립에 협조하지 않았기 때문인 것으로 보인다. 군 수뇌부의 상당수 인물들이 1967년 이후 김일성 개인숭배와 유일체제 형성이 본격화되고 있는 상황을 보고 반감을 가졌던 것으로 보인다.

국제사면위원회는 1984년 인권보고서를 통해 김정일 후계구도에 반대했기 때문에 1968년 말에 이들이 숙청된 것으로 파악되었다면서 1984년까지도 1968년에 숙청된 군 수뇌부들이 수감되어 있다고 말했다.[6] 1968년의 숙청은 실제로 김일성 유일지도 체계와 김정일 후계구도에 반대하는 인물들에 대한 응징의 성격을 갖고 있었다. 김정일은 김일성 유일체제를 형성하는 데 적극 나서면서 후계자로 부상하고 있었다. 이러한 김정일의 부상에 대해서도 군 수뇌부에서 거부감이 있었고, 이들에 대한 책벌責罰이 1968년 숙청의 원인이었던 것이다.

1968년 말 군 수뇌부 숙청 이후 당과 정부, 군의 간부들에 대해 대대적인 사상교육이 한 달간 실시되었다. 그만큼 김일성 유일체제와 김정일 후계구도에 반대하는 분위기가 강했다는 이야기도 되는데, 어쨌든 북한은 사회 전반에 대한 사상 단속을 철저하게 해나갔다. 김일성 지도부는 특히 군에 대한 통제를 강화했다. 연대와 사단에 정치위원을 두는 제도를 실시했다. 정치위원은 당 조직지도부에서 직접 지휘하면서 군 내의 정치 사업을 하는 직책이었다. 당의 정책을 군에 전달하고 김일성 지도부의 방침이 군에서 제대로 실행되도록 하는 자리였다. 이렇게 되어 사단에는 사단 당위원회 책임비서, 정치위원, 정치부장 등 당의 통제를 받는 직책이 3개나 있게 되었다. 군에 대한 통제를 강화해 김일성 유일체제 구축을 가속화하기 위한 조치였다.

강선속도운동

북한이 인민의 노력을 동원하는 방안으로 종종 활용하는 것이 속도전이다. 산업생산량을 증가시키면서 인민들을 결속시킬 수도 있는 방안이어서 북한이 자주 이용한다. 북한은 속도전을 사회주의 건설의 중요한 수단으로 보고 개념적으로도 정리를 해두었다. 평양의 사회과학출판사가 펴낸 『경제사전』에는 속도전을 "모든 역량을 총동원하여 사업을 최대한으로 빨리 밀고 나가면서 그 질을 가장 높은 수준에서 보장하기 위한 사회주의 건설의 기본 전투 형식이며 혁명적인 사업 전개 원칙"이라고 정의한다.

또한 속도전은 "일단 시작한 일을 늦잡지 않고 이악하게 달라붙어 불이 나게 해제끼며 쉼 없이 새로운 혁명 과업 수행에로 돌진해나가는 전격전의 원칙과 사업에서 중심 고리에 힘을 집중하여 문제를 하나하나씩 모가 나게 해가는 섬멸전의 방법에 의해서 담보된다"고 설명한다. 한마디로 하면 전쟁과 같은 방법으로 일을 해나가는 것을 속도전이라고 규정하는 것이다.

실제로 북한이 6 · 25 전쟁 직후 평양을 재건하면서 내세운 것이 '평양속도'였고, 1950년대 후반에는 하루 천리를 달리는 말의 속도로 일을 하라는 의미에서 '천리마속도'를 외쳤다. 이러한 속도전을 통해 단시일 안에 일정한 성과를 내는 데 성공해왔다. 그 연장선상에서 1969년에 나온 속도전이 '강선속도'다.

1969년은 수정된 인민경제발전 7개년 계획이 1년 남은 상황이었다. 원래 7개년 계획은 1961년부터 1967년까지였다. 그런데 성과가 좋지 않아 1970년까지 연장했다. 그래서 1969년에는 1970년까지 7개년 계획의 목표를 달성하기 위해 산업의 모든 부문에서 분발이 요구되고 있었다.

그런 가운데 김일성이 1969년 11월 5일 평안남도 남포시의 강선제강소를 방문했다. 이틀을 머물면서 종업원들을 모아놓고 협의회를 진행했다. 건강 상태를 물어보기도 하고, 항일운동 당시 이야기도 하고, 생산성을 높일 수 있는 방안에 대해서도 이야기했다. 어떻게 하면 7개년 계획을 완전하게 달성해 1970년에 열릴 제5차 당대회를 대축제로 맞을 것인지가 가장 중점적으로 논의되었다. 협의회 말미에는 배전倍前의 노력을 기울이자는 결의도 했다.

12월 26일에는 강선제강소의 노동자와 기술자, 사무원들은 집회를 갖고 1970년 말까지 당초 목표보다 많이 생산할 것을 결의했다. 강철은 125퍼센트, 강편은 118퍼센트, 압연강재는 114퍼센트, 인발강관은 120퍼센트, 단접강관은 120퍼센트, 소바줄은 124퍼센트 생산해낼 것을 다짐했다. 그뿐만 아니라 전국의 다른 공장과 기업소들도 목표를 초과 달성해줄 것을 호소하기까지 했다.

김일성은 특별히 강선제강소에 관심을 기울이면서 직접 전화까지 걸어 격려하고 목표 달성을 독려했다. 종업원들은 사기가 높아져 용광로의 밑바닥을 더 깊게 해서 제강 시간을 줄이면서 강철 생산량을 늘리는 등 기술혁신도 진행하면서 불철주야 일했다. 그 결과 실제로 생산량이 늘었다. 1970년 1분기 전체 생산량이 전해에 비해 2배가 넘었다. 이에 김일성은 강선제강소의 작업 속도를 '강선속도'로 이름 붙여 주었다.

강선속도는 금속 · 기계 공업 등 중공업 분야는 물론이고 경공업, 철도운수, 수산 등 경제의 모든 부문에 전파되었다. 평양의 평양방직공장, 함경남도의 홍남비료공장, 룡성기계공장, 검덕광산 등에서 7개년 계획 달성 결의를 하면서 '강선속도'를 따라 배웠다. 공장의 설비들에 대한 성능과 조작 방법 등을 정확히 정리해 누구나 쉽게 설비를 다룰수 있게 해서 작업 능률을 올리는 작업도 곳곳에서 진행되었다. 비료공장에서는 기술규정을 엄격히 지켜 생산의 능률을 높였다. 철도 부문과 농업 부문에서도 작업 능률을 높이는 방안을 마련해 적은 시간을 들이고도 많은 효과를 볼 수 있도록 했다.

북중 관계 회복

북한은 문화대혁명이 시작되는 1966년부터 3년 정도 중국과 매우 불편한 관계 속에 있었다. 그렇게 악화된 관계가 회복되기 시작한 시기는 1969년이다. 물론 한꺼번에 관계가 개선된 것은 아니었다. 악화된 관계 속에서도 회복을 위한 노력이 있었다. 그런 노력이 시작된 시기는 1967년 10월이다. 모리타니의 대통령 모크타르 다다Moktar Daddah가 북한 방문길에 베이징에 들렀다.[7] 저우언라이가 다다를 만나고 공항에서 전송을 해주었다. 저우언라이는 공항에서 다다에게 3가지 사항을 김일성에게 전달해달라고 부탁했다.

① 북한 거주 화교들의 반북적 행동에 유감을 표한다, ② 북한 주재 중국 대사관의 활동에 약간의 편향성이 있었음을 인정한다, ③ 북한의 반제국주의 투쟁을 지지한다. 공식적인 회담장도 아니고 공항에서, 문서도 아닌 구두로 이런 이야기를 전해달라고 요청했다. 당시 문화대혁명이 한창이었고, 홍위병 사이에서 반북·반김일성 분위기가 고조되어 있었기 때문에 이런 비공식적 절차로 북한에 메시지를 전한 것이다.

김일성도 홍위병의 비난은 참을 수 없었지만, 중국과 관계가 더 악화되는 것을 바라지는 않았다. 김일성은 평양 방문을 마치고 돌아가는 다다 편에 저우언라이에게 보내는 자신의 4가지 메시지를 전했다. ① 북한의 대對중국 정책은 변함이 없으며, 앞으로도 변하지 않을 것이다, ② 나는 마오쩌둥·저우언라이 동지와 깊은 우의를 나눈 바 있으며, 공동 투쟁 속에서 쌓아온 이 우의를 매우 귀중히 여긴다, ③ 쌍방 간에는 약간의 의견 차이가 존재하나 이는 엄중한 것이 아니며, 서로 얼굴을 맞대고 토론하면 해결 방법을 찾을 수 있다, ④ 나는 북한이 침략을 당하면, 중국이 과거 여러 차례 그러했던 것처럼 북한을 도울 것이라는 것을 믿는다.

김일성의 메시지도 역시 구두였다. 다다는 베이징공항에서 저우언라이를 만난 자리에서 이를 전했다. 수정주의자로 비난받던 김일성의 메시지를 받은 사실이 알려지면, 저우언라이도 홍위병의 공격을 피하기 어려웠다. 그런 상황을 막기 위해 구두 메시지를 주고받았다.

이러한 사전 정지 작업을 거쳐 1969년 10월 관계 개선이 시작되었다. 북한의 최고인민회의 상임위원장 최용건이 대표단을 이끌고 베이징을 방문했다. 중화인민공화국 창건 20주년 기념행사에 참석하기 위해서였다. 최용건은 저우언라이와 회담을 갖고 북중 관계 개선을 바라는 김일성의 뜻을 전달했다. 최용건이 평양에 돌아갈 때는 저우언라이와 예젠잉葉劍英, 리셴녠李先念, 황융성黃永勝 등 중국의 최고위급 인사들이 공항까지 나와 환송했다. 당시는 북중 사이의 앙금이 아직 가시지 않은 시기여서 『로동신문』도 이를 크게 보도하지 않았다. 짤막한 단신으로 방문 사실만 전했다. 하지만 최용건의 방중은 북중 관계를 회복하는 중요한 출발점이었다.

1970년 4월에는 저우언라이가 평양을 방문했다. 김일성과 회담을 하면서 그간의 유감스러운 관계를 해소하고, 아시아와 국제 정세, 양국의 장기적인 발전 방안까지 논의했다. 저우언라이의 방북으로 북중 관계는 정상화되었다. 이후 북중 사이 군사 · 경제 · 과학기술 대표단의 교환이 활성화되면서 양국 관계는 사실상 악화 이전으로 돌아갔다. 1970년 10월에는 김일성이 베이징을 방문해 마오쩌둥과 회담을 했다. 마오쩌둥은 문화대혁명 당시 김일성을 비난한 것은 극좌파의 행태라면서 비판했다. 국제 공산주의 운동과 양국의 교류에 대해서도 협의했다.

1970년 10월 김일성은 베이징을 방문해 마오쩌둥과 회담하고 국제 공산주의 운동과 양국의 교류에 대해서도 협의했다. 중국 베이징 텐안먼광장에 있는 마오쩌둥 초상화.

중국은 곧바로 중국인민지원군 참전 20주년을 기념해 대규모 대표단을 평양에 보냈다. 북한 역시 이들을 환대했다.

북중 관계가 회복되자 1960년대 후반 끊겼던 중국의 대북 원조도 재개되었다. 정준택 부수상이 이끄는 대표단이 김일성의 방중 직후 베이징을 방문해 리셴녠 부총리와 회담을 갖고 '중국이 북한에 경제와 기술적 원조를 제공할 데 관한 협정'을 체결했다. 이렇게 해서 1969~1970년에 중국과의 관계는 정치적 · 경제적 측면 모두 친선 관계로 돌아가게 되었다.

최고의 경의를 표하는 호칭

김정일은 1967년 5월 갑산파 숙청에서 주도적인 역할을 한 뒤 당에서 자신의 위치를 부각시켰고, 이후 당 업무에 적극적으로 나섰다. 주로 유일사상 체계를 세우고, 김일성 개인숭배를 확산시키는 작업을 진행했다. 이를 위해 당 선전선동부 문화예술과장을 맡아 선전선동 부문을 주도하기 시작했다. '조선노동당역사연구실'을 '김일성동지혁명역사연구실'로 개편한 것이 김정일이었다. 이 연구실을 통해 『김일성 동지 혁명역사연구실 도록』을 펴내고, 김일성 혁명기념비를 건설하고, 김일성 석고상을 제작해 배포했다. 1960년대 말에 적극 펼쳐진 유일사상 체계 확립과 김일성 개인숭배 확산에 김정일이 진력한 것이다.

1968년 2월에는 김일성의 생일을 기념해 '4 · 15 문학창작단'을 창설해 김일성의 혁명투쟁사를 문학작품으로 생산해내는 작업을 시작했다. 또, 1969년에는 백두산창작단에 지시해 영화 〈피바다〉를 제작함으로써 혁명예술 작업을 주도하기 시작했다. 일제강점기 암울한 상황에서 주인공이 일제의 토벌을 피해 다니다가 김일성의 이야기를 듣고

용기를 내서 독립운동에 나선다는 스토리를 갖고 있는 것으로 김일성 개인숭배에 지속적으로 활용되었다. 1969년 9월에는 당 선전선동부 부부장이 되어 더 많은 권한을 갖게 되었다.

이렇게 김정일이 문화예술 부문에서 유일사상 체계 확립에 매진하는 모습을 보이면서 1969년쯤에는 문화예술인 사이에서 김정일을 '친애 하는 지도자 동지'로 부르기 시작했다.[8] 문화예술 부문에서 최고의 지 도력을 가진 인물이 된 것이다. 후계 문제가 본격적으로 거론된 시기는 아니어서 이 시기의 호칭을 후계체제 확립과 직접 연결시키기는 어렵 지만, 최고의 경의를 표하는 호칭으로 김정일이 불리기 시작한 것이다.

그즈음 중국의 상황을 보면 1969년 4월 중국공산당 제9차 전국대표 대회가 열려 장정章程이 개정되었는데, 새로운 장정에 린뱌오를 '마오 쩌둥 동지의 친밀한 전우이자 후계자'라고 명기했다. 공산주의 세계에 서 처음 있는 일이었고, 과거 왕정시대를 제외하고는 있기도 어려운 일 이었다. 마오쩌둥이 연로해지면서 권력투쟁이 심했던 중국의 상황에 서 고육지책으로 나온 방안이었다. 중국의 영향을 많이 받아온 북한에 이러한 상황이 영향을 주지 않을 리 없었다. 바로 후계 논의가 부상한 것은 아니지만 일부에서 김정일에 대한 추종 분위기가 있었고, 그런 것 이 문화예술계에서 먼저 표면화된 것으로 보인다.

김정일은 1970년 10월에는 당 선전선동부 문화예술 담당 부부장이 되었다. 그러면서 그의 문화예술계 활동 폭은 더욱 넓어졌다. 1970년 11월에 개최된 제5차 당대회에서는 그에 대한 승진 등의 조치가 취해 지지 않았다. 그가 고위직을 맡게 되면 후계 논의가 본격화될 것이라는 우려 때문이었던 것으로 보인다. 김정일은 이후 1972년 10월 당중앙위원회 위원이 되고, 1973년 7월에는 당 선전선동부장이 되었다. 2개월 뒤 당 조직·선전 담당 비서가 되고, 1974년 2월 당중앙위원회 정치위원회 위원이 되면서 후계자로 확정되었다.

김용화는 1969년 4월 지방에 있는 방직공장의 근로자였다.[9] 그가 근무하는 공장은 1958년에 건설되었다. 당시 당중앙위원회 전원회의가 열렸는데, 여기서 김일성이 예비 자원들을 동원해 지방에 산업공장을 건설할 것을 지시했다. 그 바람에 몇 개월 안에 1,000여 개의 지방공장이 건설되었다. 김용화가 일하는 방직공장도 그때 지어진 것이다.

1969년 당시 이 공장의 과제는 생산을 늘리면서 천의 질을 동시에 높이는 것이었다. "경공업 부문 일꾼들의 책임성을 높이고 생산공정을 완비하여 기술 공정과 표준조작법을 엄격히 지키고 생산자들의 기술 수준을 높여 소비품의 질을 하루빨리 세계적 수준에 따라 세워야 하겠습니다. 직물의 질을 높이고 품종을 늘리며 일용품 생산과 식료품 생산을 더욱 발전시켜야 할 것입니다"라는 김일성의 교시를 실현하기 위해서였다. 김용화는 여기에 적극 기여하는 근로자였다. 혼자서 여러 개의 기대機臺(기계를 올려놓는 받침)를 다루는 숙련공, 이른바 다기대공多機臺工이었다. 그는 생산하는 양이 다른 사람보다 2~3배 많을 뿐만 아니라 그가 생산하는 천은 흠이 없었다.

공장 전체에서 김용화는 따라 배워야 할 모범이었다. 기계를 잘 다뤄 천의 생산량을 늘리면서 품질까지 보장하기는 쉬운 일이 아니었기 때문이다. 그때까지는 주로 생산량의 증대에 초점을 맞춰왔기 때문에 천의 품질을 높이는 것이

어려운 일이었다. 그래서 이 공장은 품질 개선을 위해 한 달에 2번씩 제품평가회를 가졌다. 김용화처럼 질 높은 천을 생산한 사람이 직접 나와 자신의 노하우를 다른 근로자들에게 설명해주었다. 때로는 불량품을 앞에 놓고 불량이 나온 원인을 분석하기도 했다. 김용화 같은 고급 기술인력이 작업반에 강사로 나가 직접 기술을 전수해주기도 했다. 매주 화요일을 '기술 학습의 날'로 정해 숙련공들의 특별한 기술이 공장 전체로 전수되도록 한 것이다. 그렇게 천의 질을 개선하기 위해 다양한 방법을 강구했다.

방직공장뿐만 아니라 아마섬유공장, 전기제품공장, 수지제품공장 등 일용품을 생산하는 대부분의 공장에서 생산량을 늘리고 제품의 질을 개선하는 운동이 대대적으로 전개되었다. 이를 위해 경공업 제품 생산공장에서는 1959년부터 시작된 공작기계 새끼치기 운동이 새삼스럽게 다시 전개되었다. 각 공장에서 선반이나 프레스 같은 공작기계를 스스로 만들어 쓰자는 운동이었다. 실제로 각 공장들은 절단기나 용접기 등 간단한 도구뿐만 아니라 웬만한 기계들도 만들어 공작기계의 수를 늘리고 이를 통해 제품 생산량을 늘리고 품질을 개선해나갔다.

공장에서 나오는 원료의 지스러기를 십분 활용해 자원을 절약하고, 같은 양의 원료로 더 많은 생산량을 내려는 노력도 계속했다. 수지공장에서는 그동안 쓰지 않던 폐비닐을 모아 새로운 비닐제품을 만드는 작업도 진행했다.

북한은 산업구조면에서 중공업 우선 국가를 견지했다. 구호상으로는 '중공업 발전을 우선시하면서도 경공업과 농업도 동시에 발전시킨다'고 주장했다. 하지만 실제에서는 어디까지나 중공업이 우선이었다. 국가의 자원이 중공업에 우선 배분된 것이다. 따라서 경공업 부문은 많은 것을 자체에서 해결해야 했다. 1969년에 보이는 경공업 공장들의 모습도 그런 것이다. 원료를 최대한 아끼고, 받는 원료는 낭비 없이 모두 활용해야 하고, 근로자들의 노력으로 생산량을 늘리면서 품질도 개선해야 했다.

1970~1971년

제6장

×××

유일사상 체계 가속화

김일성의 마지막 집단 숙청

　1967년 유일사상 체계를 확립한 이후 북한은 사회 전체를 유일사상, 즉 김일성의 혁명사상으로 무장하기 위해 진력했다. 1968년 말에 있었던 김창봉 등 군 수뇌부 숙청은 그 연장선상에서 이루어진 조치였다. 1970년 하반기에도 당과 내각의 고위급 인사들에 대한 숙청이 진행되었다. 당정치위원회 상무위원 김광협, 당 정치위원 리영호, 부수상 석산, 국가검열상 김익선 등이 제거되었다. 이들이 숙청된 이유도 김일성 유일사상 체계에 대한 반대였던 것으로 보인다.

　김일성은 이 숙청을 마지막으로 더는 집단 숙청을 감행하지 않았다. 유일사상 체계가 어느 정도 자리를 잡아가고 있었던 것이다. 김일성 지도부가 항일빨치산 동지들에 대한 숙청까지 단행하면서 얻어낸 결과였다. 항일빨치산 동지들에 대한 숙청은 다른 한편으로 보면, 김일성 유일체제에 저항하는 이는 누구라도 제거될 수 있음을 여실히 보여줌으로써 유일사상 체계가 북한 사회에 정착하는 데 적극 기여했다고 보아야 할 것이다.

1970년 7월에는 당중앙위원회 제4기 제21차 전원회의가 열렸는데, 여기서도 유일체제를 강화하기 위한 조치가 취해졌다. 준후보위원제도가 채택된 것이다. 군郡 이상의 각급 당위원회에 노동자가 참가할 수 있도록 위원 이외에 준후보위원제도를 실시하고, 그 자리에 노동자들을 대거 선임한 것이다. 이렇게 노동자들을 주요 위치에 포석시켜 김일성 유일사상을 습득하게 해서 기존 간부들의 영향력을 대폭 축소시켰다.

전원회의에서 나온 '간부들 속에서 당의 유일사상 체계를 세우며 혁명화하기 위한 사업을 강화할 데 대하여'는 김일성이 유일사상 체계의 심화에 적극 나서는 모습을 여실히 보여주었다. 김일성은 유일사상 체계 확립의 목적과 의의 등을 상세히 설명했다.

김일성은 소련에서도 레닌의 사상에 근거해 투쟁했기 때문에 10월혁명에 성공할 수 있었고, 중국에서도 천두슈陳獨秀의 우경투항주의 노선이나 리리싼李立三의 좌경모험주의 때문에 어려움이 있었지만, 결국은 마오쩌둥 사상을 중심으로 뭉쳐 혁명투쟁에서 승리할 수 있었다고 강조했다. 또 베트남혁명도 호찌민의 사상이 중심 역할을 했기 때문에 성공할 수 있었다고 말했다.

김일성은 이와 같은 역사적 근거로 볼 때 당은 하나의 사상만을 갖고 그것을 실현하기 위해 투쟁해야 혁명투쟁에 성공할 수 있다면서, 조선노동당 안에 "박헌영의 사상이나 최창익의 사상 또는 그 어떤 다른 사상이 있을 수 없으며 오직 전당이 하나의 사상, 당의 주체사상으로 무장하고 그에 기초하여 단결하여야 한다"고 강조했다. 이렇게 유일사상 체계를 세우는 목적은 "모든 당원들을 우리 당의 혁명사상으로 튼튼히 무장시켜 당 대열의 참다운 통일단결을 이룩하며 혁명투쟁과 건설 사업을 성과적으로 수행하려는 데 있다"고 말했다.[1]

다시 말하면, 사상과 정체성 면에서 경쟁이 없어지고 권력자들 사이의 갈등이 없어져, 하나의 사상과 정체성을 당과 전체 사회가 공유하고, 이를 바탕으로 북한을 완전한 사회주의로 건설해나가는 데 힘을 모아야 한다는 것이다. 사상투쟁도 권력투쟁도 없는 상태에서 오직 진정한 사회주의 건설투쟁만 존재해야 한다는 것이다. 이렇게 김일성은 유일 사상 체계가 북한 사회에서 심화되도록 하기 위해 노력하고 있었다.

전 사회의 유일사상화

1970년 11월 제5차 당대회가 열렸다. 1961년 9월 제4차 당대회 이후 9년 만이었다. 1961년에 시작된 7개년 계획의 달성이 예상보다 3년 지연되어 당대회도 늦어졌다. 김일성은 사업보고에서 7개년 계획으로 북한이 사회주의 공업국가로 변화되었다고 말했다. 1971년부터 실시되는 6개년 계획의 골격에 대한 보고도 있었다.

대회 마지막 날에는 당 규약 개정과 당의 주요 포스트에 대한 인사가 단행되었다. 개정된 당 규약에는 김일성의 당 건설에 관한 사상과 이

1970년 제5차 당대회에서는 당 규약 개정과 당의 주요 포스트에 대한 인사가
단행되었다. 당대회에서 사업총화보고를 하는 김일성.

론, 유일사상 체계 확립 등의 내용이 추가되었다. "마르크스-레닌주의
와 함께 마르크스-레닌주의를 우리나라 현실에 창조적으로 적용한 김
일성 동지의 위대한 주체사상을 자기 활동의 지도적 지침으로 삼는다"
고 규정했다. 1967년 유일사상 체계를 확립한 이래 김일성의 혁명사상
과 주체사상이 당 규약에 공식 편입되어 당의 지배 이데올로기가 된 것
이다. 이는 김일성 지도부가 북한 사회를 유일 사상화하려는 전략을 훨
씬 가속화한 것이라고 할 수 있다.

　당군사위원회가 신설되어 군에 대한 당의 통제가 강화될 수 있도록
했다. 당군사위원회에 "당 군사정책 집행 방법을 토의 결정하며 군수
산업과 인민군대와 모든 무력의 강화를 위한 사업을 조직하며 나라의
군사력을 지도하는 권한"을 주어 당이 군을 통제하는 구조를 분명하게
했다. 김일성은 당군사위원회 위원장을 맡게 되어 군에 대한 통제력을

명확하게 확보했다.

1966년 10월 제2차 당대표자회에서 신설된 당 비서국은 간부 문제와 당내 문제, 그 밖의 당면 문제를 결정하고 집행까지 지도하는 기관으로 권한이 크게 강화되었다. 이는 김정일 후계구도를 위한 정지 작업의 성격을 갖고 있었다. 당정치위원회에는 혁명 원로들이 포진해 있어 김정일이 이를 통해 당내 권력을 확대하기는 어려웠다. 그래서 비서국의 권한을 강화하고 김정일이 이곳을 통해 당내에서 힘을 확대할 수 있도록 한 것이다. 실제로 김정일은 1973년 9월 당 조직 · 선전 담당 비서가 되면서 비서국을 통해 당을 장악하게 된다.

중앙위원 선거로 117명의 정위원과 55명의 후보위원이 선출되었다. 이전보다 숫자가 늘었다. 생산현장의 노동자들의 비율도 늘었다. 이는 '당 간부들의 혁명화 · 노동계급화' 방침 때문이었다. 김일성은 유일사상 체계의 전사회화를 위해서는 일정한 정치적 이익을 갖고 있으면서 낡은 사상의 잔재를 보유하고 있는 기존의 간부들에 대해 철저하게 인간 개조를 실시해야 한다고 생각했다. 이를 위해서는 당중앙위원회에도 노동자 출신 위원이 많이 포함되어야 한다고 여겼다. 그래서 숫자를 늘리고 노동자의 비율도 늘렸다.

선출된 중앙위원들은 당 지도부를 선출했다. 총비서에는 김일성이 다시 선출되었고, 중앙위원회 정치위원회 위원에는 김일성, 최용건, 김일, 박성철, 최현, 김영주, 오진우, 김동규, 서철, 김중린, 한익수, 후보위원에는 현무광, 정준택, 양형섭, 김만금이 선출되었다. 비서국의 비서에는 최용건, 김일, 김영주, 오진우, 김동규, 김동린, 한익수, 현무광, 양형섭이 선임되었다. 1966년 10월 제2차 당대표자회와 비교하면, 정치위원 20명 가운데 12명이 물갈이되었다. 비서 11명 가운데에서는 7명이 바뀌었다. 1967~1970년의 숙청이 강도 높게 진행되었음을 알 수 있다. 이렇게 형성된 당의 새로운 지도부는 김일성 유일지도 체계의 전위대답게 대부분 만주파였다.

사회주의 공업국가 실현

1961~1967년으로 계획했다가 미흡한 성과 때문에 3년을 연장해 1961~1970년으로 변경한 인민경제발전 7개년 계획이 1970년에 완료되었다. 북한은 이해年를 기점으로 '사회주의 공업국가로 전변轉變'했다면서 큰 의미를 두었다. 7개년 계획 기간 산업의 전 분야에 걸쳐서 큰 성과를 내고 이제 명실상부한 사회주의 공업국가가 되었다는 것이다. 사회주의 공업국가라는 목표는 달성했고, 이를 바탕으로 사회주의·공산주의 건설을 촉진할 수 있게 되었다는 것이다. 실제로 북한 경제가 성장하는 시기여서 북한이 내세우는 성과들을 정리해볼 필요가 있겠다.

전체적으로 보면, 1970년의 공업 생산액은 1956년에 비해 11.6배로 커졌다.[2] 그중 생산수단 생산은 13.3배, 소비재 생산은 9.3배로 증가했다. 1957~1970년의 공업 생산은 평균 19.1퍼센트의 높은 성장률을 보였다. 우선 중공업 분야의 성장이 두드러졌다. 중공업 우선 정책 때문이다. 화학, 시멘트, 기계제작, 발전, 제철 등 대부분의 중공업 분야가 강화되었다. 1961~1969년 중공업 분야에 약 40억 원이 투자되었다. 공업 투자 총액의 80퍼센트에 이르는 규모였다. 덕분에 같은 기간 화학 공장이 3배 이상 늘고, 발전 능력도 1.8배로 확대되는 등 전반적으로 중공업 부문이 성장했다.

인민들의 실생활과 직접 관련 있는 경공업 부문도 발전했다. 1961~1969년에 연사(가닥을 꼬아서 만든 실)로 만든 직물의 생산량이 6배로 늘었다. 고기 가공품 생산도 2.2배 증가했고, 과일 가공 능력은 15배, 과일 저장 능력은 3.6배 성장했다. 또, 물고기 냉동능력은 10배, 병조림(병에 넣은 조림) 생산능력은 7배 확대되었다.

이러한 공업의 전반적인 성장에 따라 산업구조도 크게 변화했다. 공업이 총생산액에서 차지하는 비중이 1956년의 34퍼센트에서 1969년에는 74퍼센트로 높아졌고, 국민소득에서도 공업이 차지하는 비중이 25퍼센트에서 65퍼센트로 확대되었다. 1970년 분야별 생산량을 인구로 나눠보면, 1인당 전력은 1,184킬로와트시, 석탄은 1,975킬로그램, 강철은 158킬로그램, 화학비료는 108킬로그램, 시멘트는 287킬로그램 정도 되었다. 당시 남한의 1인당 전력 소비량이 240킬로와트시였으니 남한보다 많이 앞섰다.

7개년 계획의 성과 가운데 북한이 특히 의미를 두는 것은 2가지다. 하나는 완제품 생산의 비중이 높아졌다는 것이다. 각 부문에서 생산하는 부품을 하나의 공장으로 모아 완제품을 생산해내는 능력이 높아진 것이다. 또 하나는 공업의 자립성이 강화되었다는 것이다. 중공업과 경공업 대부분의 분야에서 현대적 기술과 장비를 갖추고 생산하는 시스템을 만들었고, 원료 기지와 동력 기지를 강화해 스스로 원료와 동력을 조달할 수 있게 되었다.

100일 전투

북한이 인민경제발전 7개년 계획을 마무리하고 새로운 6개년 계획 (1971~1976)을 시작한 것은 1971년이다. 북한은 7개년 계획으로 사회주의 공업국가를 건설했다고 보고 이 공업화의 성과를 공고하게 발전시키는 것을 6개년 계획의 기본 과제로 삼았다. 이를 통해 기술혁명을 높은 단계로 진전시켜 사회주의의 기술적 토대를 튼튼히 하고 인민경제의 모든 부문에서 근로자들을 힘든 노동에서 해방시키는 것을 6개년 계획의 목표로 설정했다. 이러한 거창한 목표를 달성하기 위해 우선 공업 생산액을 6년 동안 2.2배 늘리기로 했다. 매년 14퍼센트를 성장시켜야 하는 목표였다.

이와 같은 목표를 달성하기 위한 북한의 전략은 대중 노력 동원이었다. 김일성은 신년이 시작되는 1월 2일 전체 당원들과 근로자들에게 보내는 메시지를 통해 '100일 전투'를 제안했다. '평양속도', '천리마속도,' '강선속도'에 이은 또 하나의 속도전을 제시한 것이다. 이때부터는 '속도' 대신 '전투'를 사용하기 시작했다. 이후 북한이 어려울 때마다 인민들을 동원하기 위해 내세우는 '70일 전투', '150일 전투', '200일 전투' 등 전투적 노력 동원이 이때부터 시작되었다.

북한은 경제성장의 목표를 달성하기 위해 '70일 전투', '150일 전투', '200일 전투' 등 전투적 대중 노력 동원을 활용해왔다.

북한은 '100일 전투'를 효과적으로 진행하기 위해 당, 국가, 경제기관, 근로단체 등이 모두 나서서 김일성의 제5차 당대회 보고, 1971년 신년사, 100일 전투 방침 등을 당원과 인민들에게 설명하고 선전했다. 특히 김일성의 생일인 4월 15일이 '100일 전투' 종료 시점과 인접해 있었기 때문에 여기에 의미를 부여하면서 목표치는 상향되었다. 1971년 상반기 성장 목표를 4월 15일까지 모두 완료하기로 한 것이다. 당국이 경제계획을 제시하고, 이후 대중운동을 전개해 대중 속에서 목표가 상향조정되는 북한식 경제발전 방식이 여기서도 그대로 나타났다.

'100일 전투'가 실제 시작된 곳은 석탄공업의 현장이었다. 채탄 작업은 성과를 측정하기가 쉽고 노력 여하에 따라 성과가 많이 달라지기 때문에 이를 활용한 것으로 보인다. 탄광 현장에서 '100일 전투 청년돌격대' 등을 조직해 고속굴진掘進운동 등을 전개하면서 생산량 배가운동을 해나갔다. 이러한 증산운동뿐만 아니라 급경사 탄맥에서도 채탄을 할 수 있는 새로운 기술을 개발하는 등 기술혁신운동도 함께 펼쳤다.

석탄공업에 이어 철도운수, 기계공업, 금속공업 등의 분야로 '100일 전투'의 영역을 확장했다. 제철공업 분야에서도 생산량을 늘리고 품종을 다양화하는 작업이 진행되었고, 농촌에서도 '밭관개건설돌격대', '청년돌격대' 등이 마을마다 조직되어 증산운동이 전국적으로 전개되었다.

북한은 스스로 "'100일 전투'의 빛나는 승리로 하여 6개년 계획의 돌파구를 열기 위한 첫해 전투에서 결정적인 전진이 이루어졌으며 방대한 새 전망 계획을 기한 전투에 승리적으로 수행할 수 있는 길이 환히 열려지게 되었다"고 밝혔다.[3] 물론 나중에 6개년 계획도 성공적으로 진행해 1년 4개월이나 앞당겨 목표를 달성했다고 말한다. 하지만 실상은 그렇지 못했다. 대중의 집중적 노력 동원을 통해 단기적으로는 효과를 거두었을지도 모르지만 그것은 어디까지나 반쪽 효과였다. 하지만 전반적으로 북한 경제는 6개년 계획 기간 오르막길을 걷지 못했다. 북한의 발표와는 달리 성과가 좋지 않았고, 그래서 1977년을 완충기로 정해 그동안 생긴 문제점을 보완해야 했다.

3대 기술혁명 추진

북한은 이미 1960년대 초부터 생산현장의 기계화와 자동화를 추진했다. 일정 정도의 성과도 있었다. 하지만 '사회주의 공업국가'를 실현했다고 내세우는 마당에 좀더 기술의 고도화를 추진해야 했다. 그래서 제5차 당대회에서 여러 과제와 함께 제시된 것이 '3대 기술혁명'이다. ① 중노동과 경노동의 차이를 없앤다, ② 공업노동과 농업노동의 차이를 줄인다, ③ 여성을 가정의 힘든 일에서 해방시킨다.

첫 번째와 두 번째 기술혁명을 위해 공업과 농업 두 부문에서 모두 고도의 기술을 개발한다는 전략도 갖고 있었다. 공업 부문에서는 선진적인 과학과 기술과 공정을 도입해 기계화, 자동화, 전기화, 화학화를 이루겠다는 것이다. 공업 부문의 기술고도화는 북한이 처해 있던 노동력 부족 현상을 극복하기 위한 것이기도 했다. 특히 광업 · 수송업 등 위험 부담이 큰 분야와 화학 · 시멘트 등 유해업종에서는 노동력 확보가 쉽지 않아 자동화와 기계화가 절실하게 요구되었다.

농업 부문에서는 수리화, 전기화, 기계화, 화학화 등 4대 과제가 추진되었다. 이를 달성해 종국에는 공업 분야에서 일을 하든, 농업 분야에서 일을 하든 노동의 차이가 없이 노동자들이 고되지 않게 일을 할 수 있도록 하겠다는 것이다. 이렇게 되면 중노동과 경노동의 차이도 없어지는 것이다. 세 번째 기술혁명을 위해서는 1960년대까지 중공업 우선 정책 때문에 제한되었던 경공업 발전에 관심을 좀더 기울였다. 세탁기와 냉장고 등 가전제품의 생산이 늘었고, 주방용품과 가공식품의 생산도 조금씩 확대되었다.

북한은 '3대 기술혁명론'을 김일성이 세계에서 처음으로 창시했다고 주장하고 있지만, 실제로는 소련의 영향을 받은 것이다. 소련은 1955년부터 '과학기술혁명론Scientific and Technological Revolution'을 내세우면서 높은 수준의 과학이 기술과 생산력 발전을 주도하고, 노동의 내용, 생산력의 구성, 직업의 구조, 사회 체제를 변화시킬 것이라고 주장했다. 1961년부터는 당 강령에 이런 내용을 포함시키고, 이후 과학기술혁명을 강조했다. 북한과 소련의 관계가 1960년대 중반부터는 종전의 경색 관계를 벗어나 회복되었기 때문에 이러한 소련의 정책 방향이 북한에도 많은 영향을 미쳤을 것으로 보인다.

북한은 1970년 3대 기술혁명을 제시한 이후 1972년 '사회주의 헌법'에서부터 기술혁명을 경제발전의 '기본 고리'로 명시하고 지속적으로 기술고도화를 추진했다. 1973년부터는 공산주의적 사상과 기술과 문화를 창조하기 위한 3대 혁명운동에 본격 착수하는데, 기술혁명은 바로 이 3대 기술혁명을 완성한다는 것이다. 기술 부문의 혁명을 추진하고, 이를 사상 · 문화 부문으로 확대해 북한 사회 전체를 공산주의적 혁명 분위기로 가득한 사회로 변화시켜간 것이다. 이러한 추진 과정은 북한이 기술혁명을 통해 생산력을 발전시켜 인민들의 복리를 증진시켜 이를 바탕으로 완전한 사회주의와 공산주의로 나아가려고 했음을 알 수 있게 해준다.

혁명가극 〈피바다〉와 김정일

문화예술에 관심과 식견을 갖고 있던 김정일은 특히 가극에 관심을 기울였다. 가극은 가사, 음악, 무용, 무대예술을 종합한 예술 장르여서 다양한 표현 수단으로 사람들에게 다가갈 수 있다는 특징이 있다. 김정일은 이 가극을 사상성과 혁명성 있는 내용으로 채워서 작품을 완성해내는 '혁명가극'으로 개념화하고 자신의 이론과 설명에 따라 작품을 만들도록 했다. 사상성 있는 혁명가극은 인민들에게 큰 호소력을 지니면서 북한 사회의 혁명성을 고양하는 데 크게 기여할 것으로 여겼기 때문이다.

첫 번째 작품이 혁명가극 〈피바다〉다. 1969년에 영화로 만들어졌지만, 이를 다시 혁명가극으로 제작했다. 김정일이 사실상 총감독을 맡고 국립민족가극단이 제작해 1971년 7월에 완성했다. 일제강점기 일본군에게 남편을 잃은 최순녀가 주인공이다. 최순녀는 이곳저곳을 떠돌다가 슬하의 3남매 원남이, 갑순이, 을남이를 데리고 상동마을에 정착한다. 원남이와 갑순이는 항일유격대 대원 조동춘과 함께 야학 활동을 열심히 한다. 최순녀는 처음에는 불안해하지만 조동춘의 설명을 듣고 큰아들 원남이의 활동을 돕는다. 일본군은 유격대를 잡기 위해 대규모 소탕 작전을 벌인다. 최순녀는 조동춘과 협력하면서 마을 사람들을 규합해 일본군에 맞서고 결국은 물리친다. 일본군과의 전투가 끝나고 마을 청년들은 모두 유격대를 찾아나선다. 김일성유격대에 대한 이야기를 듣고 김일성을 찾아 떠나는 것이다.

이런 내용의 〈피바다〉는 독립운동의 중심은 김일성이었음을 강조하면서 반제국주의 혁명성을 고양하려는 작품이었다. 김일성은 1971년 7월 첫 공연을 김정일과 함께 감상하고 "사상성과 예술성이 완벽하게 결합된 주체적이며 혁명적인 우리식의 가극을 창조했다"며 매우 흡족해했다.[4] 김정일로서는 자신의 장점인 예술 분야에서 성과를 내고 아버지 김일성에게서 인정을 받은 것이다.

이후 김정일은 혁명가극 제작에 더욱 관심을 쏟았다. 1971년 12월에는 〈당의 참된 딸〉을 완성했다. 제작을 맡은 것은 조선인민군협주단이다. 주인공은 나이 어린 조선인민군 간호사 강연옥이고, 때는 6·25 전쟁이다. 강연옥은 수없이 계속되는 미군의 폭격 속에서도 목숨을 아끼지 않고 부상자를 치료하고 후송하는 일을 꿋꿋하게 해낸다. 하지만 너무 자신을 돌보지 않는 바람에 죽음을 맞게 된다. 죽는 순간에도 강연옥은 당증을 당에 전해달라고 말한다. 이러한 내용을 통해 〈당의 참된 딸〉은 당과 김일성에 대한 무한한 충성을 강조했다.

1972년 4월에는 〈밀림아 이야기하라〉를 모란봉예술단을 통해 제작했다. 주인공 최병훈은 김일성이 이끄는 조선인민혁명군의 지하공작원이다. 그는 마을의 구장으로 위장해 활동한다. 일제에 협력하는 모습에 딸을 비롯한 주변 사람들의 원망도 많이 산다. 하지만 최병훈은 그런 어려움 가운데서도 일제의 토벌대를 교란하고 조선인민혁명군을 돕는 작업을 계속한다. 결국 일본인 부대를 물리친 마을 사람들이 최병훈의 공을 알게 되고 마을 청년들은 조선인민혁명군에 입대한다. 혁명의 성공을 위한 불굴의 의지를 강조한 작품이다.

김정일은 〈피바다〉, 〈당의 참된 딸〉, 〈밀림아 이야기하라〉, 〈꽃파는 처녀〉, 〈금강산의 노래〉 등 북한의 5대 혁명가극을 완성시켰다. 혁명가극 〈피바다〉의 한 장면.

1972년 11월에 완성한 것은 〈꽃파는 처녀〉다. 만수대예술단이 제작했다. 주인공 꽃분이의 아버지는 지주한테서 빌린 좁쌀 두 말을 갚지 못해 머슴이 되었다가 고된 노동으로 죽는다. 아버지의 빚을 물려받은 꽃분이의 오빠 철룡도 머슴이 된다. 동생 순희가 지주의 만행 때문에 눈이 멀게 되자 지주의 집에 불을 지른다. 철룡은 일제 경찰에 체포되고 꽃분이의 엄마가 대신 머슴이 된다. 엄마는 힘든 일을 못 견디고 병이 든다. 그러자 꽃분이는 엄마 약값을 마련하기 위해 꽃을 꺾어 판다. 하지만 엄마는 이내 숨진다. 꽃분이는 오빠를 면회하면서 주변에서 만난 사람들을 통해 자신과 같은 불행한 사람들이 부지기수임을 알게 된다. 감옥에서 나온 철룡은 혁명군이 되고 꽃분이도 오빠를 따라 나서게 된다. 순박한 처녀 꽃분이의 불행과 이후 혁명에 가담하는 과정을 통해 모순 구조 타파를 위한 혁명의 중요성과 이를 직접 실천하려는 용기를 강조한 작품이다.

1973년 4월에는 모란봉예술단이 〈금강산의 노래〉를 제작했다. 일 제강점기 주인공 황석민은 가난 때문에 가족들과 헤어졌다. 작곡가로 활동하면서 농장원들의 공연을 위한 노래를 작곡하고 지도하는 활동을 하면서 생활한다. 그러다가 사회주의 나라가 건설되고 20년 만에 그리운 가족들과 다시 만나게 된다. 이러한 내용을 통해 김일성에 대한 감사와 충성의 마음을 강조했다.

이렇게 해서 〈피바다〉, 〈당의 참된 딸〉, 〈밀림아 이야기하라〉, 〈꽃파는 처녀〉, 〈금강산의 노래〉 등 북한의 5대 혁명가극이 김정일의 주도로 완성되었다. 김정일은 이 혁명가극을 만드는 데 일일이 관여하면서 노래 하나와 장면 하나까지 세심하게 챙겼다고 한다. 북한에서 조선노동당 중앙위원회 부부장을 지냈던 박병엽은 김정일의 혁명가극 제작 과정을 가까이서 지켜보았다.

주제가를 부를 사람을 선정하기 위해 김정일은 가극단의 대표가수 5~6명에게 돌아가며 노래를 부르도록 했다. 김정일은 그들의 노래를 경청했는데, 분위기가 엄숙해 마치 종교행사와 같았다. 김정일은 노래를 들으며 잘못된 부분을 하나하나 지적했다. 이런 과정을 거쳐 주제가를 부를 가수를 김정일이 직접 선정했다.[5]

하나부터 열까지 모두 김정일이 점검하고 관여했다는 이야기다. 김정일은 혁명가극 제작을 통해 김일성과 그의 동료인 항일빨치산투쟁 원로들에게서 능력을 인정받게 되었다. 원로들은 혁명가극을 보면서 그 내용에 공감해 눈물을 흘리기도 했다.[6] 문화예술을 항일빨치산화한 김정일에 대한 그들의 신뢰는 높아질 수밖에 없었다.

8개항 통일 방안과 남북적십자회담

1969년 말에서 1970년대 초는 국제 정세의 급속한 변화 속에 한반도의 정세도 이를 추종하며 빠르게 변화한 시기다. 1969년 7월 리처드 닉슨Richard Nixon 미국 대통령이 '아시아의 방위는 아시아가'를 내용으로 하는 닉슨독트린Nixon Doctrine을 발표했다. 이는 베트남전쟁을 종결시키면서 아시아에 대한 개입을 줄여가겠다는 의미를 담고 있었다. 주한미군의 단계적 철수를 의미하는 것이기도 했다.

남한에서는 박정희 정권이 1969년 10월 3선 개헌을 무리하게 추진하면서 야당과 재야 세력의 민주화 요구가 거세졌다. 게다가 고도성장 일로를 달리던 경제도 한풀 꺾이기 시작했다. 이에 대한 박정희의 대응 방안은 북한에 대한 대화 제의였다. 미국의 약화되는 안보 공약으로 인한 국민의 불안감을 해소하면서, 자주국방력 확보를 위한 시간을 벌고, 야당과 재야의 통일 논의 요구도 약화시킬 수 있는 방안이었다. 그래서 나온 것이 1970년 8월 15일의 '평화통일 구상 선언'이다. 이 8 · 15 선언을 통해 박정희는 어느 체제가 국민을 더 잘 살 수 있게 하는지 경쟁해보자고 촉구하면서 남북한이 대화, 협상, 교류를 통해 평화통일 여건을 조성해나가자고 했다.

이에 대한 북한의 답은 처음엔 탐탁지 않다는 것이었다. 구체적인 답을 내놓지 않은 채 남한에 대한 비난을 계속했다. 1971년 4월 최고인민회의 제4기 제5차 회의에서는 외무상 허담이 평화통일의 전제 조건 8개항을 내놓았다. ① 남한에서 미군 철수, ② 남북한 군대 10만 명 이하 감축, ③ 한미상호방위조약 · 한일조약 등 남한의 매국적 · 예속적 조약 폐기, ④ 자유로운 남북 총선거 실시와 통일 중앙정부 수립, ⑤ 남북 총선거를 위한 남북 전 지역의 정당 · 사회단체 · 개별적 인사들의 정치 활동의 자유 보장, 남한 정치범 · 애국자들의 무조건 석방, ⑥ 완전한 통일에 앞서 필요하다면 과도적 조치로 남북연방제 실시, ⑦ 남북 간의 통상과 경제적 협조, 과학 · 문화 · 체육 등 다방면에 걸친 상호 교류와 협조, 남북 간의 편지 거래, ⑧ 이상의 문제를 협의하기 위해 각 정당 · 사회단체들과 전체 인민적 성격을 가진 사람들로 남북한 정치협상회의 진행 등이었다.

허담은 이 내용을 박정희 정권과 협의하겠다는 것이 아니라 박정희 정권이 전복되고 인민 정권이 들어서거나 애국적인 새 인물이 지도자가 될 때 협상할 수 있다고 했다. 당시의 남한 정권과는 협상할 생각이 없음을 명백히 한 것이다.

하지만 주변 정세가 급속하게 변화했다. 미국의 국가안보보좌관 헨리 키신저Henry Kissinger가 1971년 7월 중국을 방문했다. 키신저가 돌아간 뒤 중국의 저우언라이는 북한을 방문해 중국과 미국의 협의 내용을 전해주었다.[7] 북한으로서는 그동안 '철천지원수'로 선전해오던 미국이 형제국 중국과 화해하는 상황에 대비해야 했다. 또한 새롭게 전개되는 국제 환경에 대응해야 하는 상황이 되었다.

1971년 8월 북한은 기존의 태도를 바꾸어 박정희 정권과 협상 의향이 있음을 밝혔다. 평양에서 열린 캄보디아 국왕 노로돔 시아누크 Norodom Sihanouk 환영대회 석상에서 김일성이 "남조선의 위정자들이 우리의 8개항 평화통일 방안을 접수하든지 안 하든지 별개로 치더라도 그들이 나라의 통일을 바란다면 북남 간 접촉과 협상을 두려워할 수는 없는 것이다. 우리는 남조선의 민주공화당을 포함한 정당·사회단체 및 개별적 민주 인사들과 아무 때나 접촉할 용의가 있다"고 말했다.

김일성이 연설한 직후 남한이 남북적십자회담을 제한하고, 북한이 수용해 회담이 시작되었다. 분단 이후 남북 간의 첫 회담이었다. 1971년 9월 판문점에서 제1차 예비회담이 열려 판문점에 쌍방의 연락사무소 설치와 연락관 상주, 직통전화 설치가 합의되었다. 특히 직통전화는 남북한의 직접 의사소통 수단을 처음 마련했다는 점에서 남북관계사에서 큰 의미를 갖는다. 예비회담은 20차례나 계속되어 1972년 6월 본회담 의제를 확정했다. 이산가족의 주소와 생사 확인, 이산가족상봉 등의 문제를 논의하기로 했다. 이후 8월 29일부터 9월 2일까지 제1차 본회담이 평양에서 열렸고, 이후 7차례에 걸쳐 본회담이 계속되었다. 하지만 실질적인 성과는 거두지 못했다.

1973년 8월 북한이 남북 대화 중단을 선언함으로써 그나마 진행되

1971년 9월 판문점에서 제1차 예비회담이 열려 쌍방의 연락사무소 설치와 연락관 상주, 직통전화 설치가 합의되었다. 1972년 9월 13일 서울 조선호텔에서 열린 제2차 남북적십자 본회담에 참석한 남북한 대표들.

던 회담도 멈추게 되었다. 1973년 11월부터 1974년 5월까지 대표회의가 간헐적으로 열렸고, 이후에도 1977년 12월까지 실무 회의가 진행되긴 했지만 본회담은 열리지 못했다. 남한의 이산가족 문제 우선 해결 주장과 북한의 정치 문제 우선 해결 입장이 계속 맞섰기 때문이다. 그러다가 7차 회담 이후 12년 만인 1985년 5월 8차 본회담이 서울에서 열리게 되었다.

제6장 유일사상 체계 가속화

헨리 키신저의 다극안정론

제2차 세계대전 이후 세계는 냉전의 시기에 접어들었다. 미국과 소련이 동서를 양분해 총성 없는 전쟁인 냉전Cold War를 계속하고 있었다. 자본주의 세력은 미국이 대표하고 있었고, 사회주의 세력은 소련을 주축으로 하면서 중국이 여기에 가세하고 있었다. 하지만 중국은 사회주의 국가이면서도 소련과 묘한 경쟁 관계를 형성했다. 스탈린이 생존해 있는 동안에는 소련을 사회주의 종주국으로 인정했으나, 1953년 스탈린이 사망하고 1956년 흐루쇼프가 집권한 이후부터는 관계가 경색되기 시작했다. 흐루쇼프가 스탈린을 비판하고 서구와 평화공존 정책을 내세우자 수정주의로 비판하고, 이에 맞서 소련도 중국을 교조주의로 비난하면서 관계가 악화되었다.

게다가 소련과 중국은 4,300킬로미터에 이르는 긴 국경선을 접하고 있으면서 국경 분쟁을 계속했다. 1969년 3월에는 우수리Ussuri강 중류의 전바오섬珍寶島을 둘러싸고 무력 출동이 발생했다. 이러한 중국과 소련의 지속적인 분쟁은 미국으로 하여금 중국과 소련 사이를 비집고 들어가 사회주의권을 양분하는 전략을 구상하게 했다. 그 핵심은 키신저였다. 키신저는 미국 하버드대학 정치학과 교수를 하면서 1968년 닉슨의 대통령 당선을 도왔다. 1969년 닉슨 행정부가 출범하면서 키신저는 국무부의 정책실장 자리를 기대했다. 하지만 닉슨은 장관급인 백악관의 국가안보좌관을 제안했고 키신저는 기꺼이 수용했다. 미국 대외정책의 큰 그림을 그릴 수 있는 자리에 앉게 되자, 키신저는 실제로 큰 구상을 마련했다.

키신저 구상의 핵심은 '다극안정론'이다. 그의 하버드대학 박사학위 논문의 내용이기도 한 다극안정론은 몇 개의 강대국이 세계를 지배하고 있을 때 세계질서는 안정된다는 것이다. 키신저는 자신의 박사학위 논문에서 나폴레옹전쟁 이후 빈Wien체제가 안정적일 수 있었던 것은 영국, 프랑스, 오스트리아, 프로이센, 러시아의 5개국이 균형 체제를 이루었기 때문이라고 분석했다.

키신저는 이 논리를 1970년대의 세계에 적용했다. 미국과 소련의 양대국이 일대일로 맞서 있는 것은 언제든지 충동할 가능성을 내포한 위험한 구도로 보았다. 반면에 3개국 이상의 강대국이 세력 균형을 이루고 있으면 그 사이에서 동맹 형성이 가능해 현상 변경 세력을 견제할 수 있기 때문에 더 안정적이라고 생각했다.

이는 키신저의 고유한 생각은 아니고 고전적 현실주의 국제정치학의 대가 한스 모겐소Hans Morgenthau가 주장한 것이다. 모겐소의 주장에 대해 신현실주의 국제정치학의 대표학자 케네스 왈츠Kenneth Waltz가 비판하면서 양대 강국이 세력 균형을 이룰 때 더 안정적이라는 '2극안정론'을 주장했는데, 키신저는 모겐소 편을 들면서 이를 1970년대에 적용한 것이다.

키신저는 미소 양국의 세력 균형보다는 중국을 편입시켜 3국이 세력 균형을 이루면 세계가 안정적일 것으로 보았다. 그런 거시적인 차원의 접근법을 갖고 중국에 접근했다. 이는 세계 어느 나라보다도 군사력 증강에 진력하고 있던 소련을 견제하는 방안이기도 했다. 이런 구상을 갖고 키신저는 폴란드나 루마니아 채널을 통해 중국에 대화 의사를 전달했다. 베트남전쟁이 종결되어감에 따라 미군이 아시아에서 철수되는 상황에서 소련이 아시아에서 영향력이 커지는 상황이었다. 중국은 이런 상황이 달갑지 않았다.[8] 미국과 대화할 필요성이 있었던 것이다. 1971년 3월에는 중국에 대한 유화적 손짓으로 미국인의 중국 여행 금지 조처를 해제했다. 4월에는 미국 탁구팀의 중국 방문으로 유명한 '핑퐁외교'가 이루어졌다.

고위급 채널은 파키스탄 대통령 모하메드 야히아 칸Mohammed Yahya Khan이었다. 그를 통해 관계 정상화를 원하는 닉슨의 메시지가 저우언라이 중국 총리에게 전달되었다. 1971년 7월 키신저는 갑자기 파키스탄 방문에 나섰다. 당시 그는 미국의 외교 안보를 좌지우지하는 인물이었기 때문에 기자들이 따라갔다. 파키스탄에 도착한 그는 귀찮은 기자들을 따돌려야 했다. 복통을 호소하며 호텔방에서 휴식에 들어갔다.

다음 날 새벽 3시 30분 호텔을 나와 작은 차에 올랐다. 운전수는 파키스탄 외무장관이었다. 공항으로 갔다. 베이징행 전용기가 기다리고 있었다. 베이징에서 그는 마오쩌둥·저우언라이와 면담하고 닉슨-마오쩌둥 정상회담을 결론지었다. 키신저는 파키스탄에 들렀다가 이란으로 날아가 닉슨에게 전보를 보냈다. '유레카Eureka'라고만 쓰인 전보였다. 닉슨과 키신저가 성공하면 쓰기로 한 암호였다.

키신저가 워싱턴에 도착하자 닉슨은 미중정상회담을 발표했다. 세계는 놀랐다. 지금도 '닉슨 쇼크Nixon Shock'로 불리는 대충격이었다. 중국은 1971년 10월 유엔총회 표결을 통해 유엔 회원국이 되었다. 타이완

헨리 키신저는 극비리에 베이징에 도착해 마오쩌둥 · 저우언라이와 면담하고 닉슨과 마오쩌둥의 정상
회담을 성사시켰다. 이제 세계는 데탕트의 시대가 열린 것이다. 닉슨과 저우언라이.

은 표결 직전 유엔 탈퇴를 선언했다. 1972년 2월 베이징에서 닉슨과 마
오쩌둥의 정상회담이 열렸다. 양국 관계 정상화, 군사적 갈등 완화, 교
류 확대 등에 대해서는 어렵지 않게 합의했다. 핵심 쟁점은 '하나의 중
국' 문제였다. 공동선언에 이를 넣어야 한다는 것이 중국의 주장이었
다. 중국은 타이완에 주둔하고 있는 미군의 철수도 주장했다.

　협상 끝에 '상하이 코뮈니케Shanghai Communiqué'가 발표되었다. '하
나의 중국' 문제에 대해서는 "미국은 타이완해협의 모든 중국인이 하나
의 중국이며, 타이완은 중국의 일부라는 점을 확인하고, 미국 정부는 이
러한 지위에 도전하지 않는다"고 정리했다. 미군 문제는 "양국은 타이
완에서 미군 철수가 최종 목표라는 점을 확인한다"고 했다. 저우언라

이는 문안 정리에 주도적 역할을 한 키신저를 향해 "역시 박사가 쓸모
있군" 했다고 한다.

이렇게 이루어진 미중의 화해 분위기는 1970년대 초 세계 정치의 흐
름을 바꿔놓았다. 냉전의 어려움 속에서 숨통을 틔우는 데탕트가 국제
정치의 새로운 흐름이 된 것이다. 이 흐름은 남북 관계에도 곧바로 영
향을 미쳐 김일성의 남북 대화에 대한 긍정 신호가 나오고, 남한의 적십
자회담 제안과 북한의 수용으로 이어졌다. 남북 간의 비밀 협상도 이루
어져 1972년 7월 4일 7·4 남북공동성명도 나올 수 있었다.

남북적십자

예비회담 북측 단장의

1971년

1971년 9월 남북적십자 예비회담이 열리게 되자 북한은 대외문화연락위원회 부위원장 김태희를 단장으로 임명했다.[9] 김태희는 9월 17일 김일성의 호출을 받았다. 김일성은 김태희의 건강까지 걱정해주면서도 회담 준비 상황을 자세히 점검했다. 국내외 정세에 대한 설명도 했고, 회담에서 상대방에 대한 대응 방안도 자세히 일렀다. "상대방이 허세를 부리면서 말도 잡탕말을 하고 쓸데없는 겉치레를 많이 할 수 있다"면서 거기에 현혹되지 말 것도 당부했다. 김일성은 예비회담 대표단에 고급 손목시계를 선물로 주면서 격려했다. 김일성은 중요하게 여기는 부하들에게 고급 손목시계를 선물로 주었는데, 이는 항일무장투쟁 당시 김일성이 변치 않는 마음의 상징으로 안길에게 손목시계를 준 것에서부터 연유했다.

예비회담은 9월 20일 판문점에서 시작되었다. 남측은 이산가족상봉을 본회담 의제로 하자고 주장했고, 북측은 포괄적인 논의가 이루어져야 한다고 맞섰다. 북측 단장 김태희는 수시로 평양과 통화하면서 회담을 진행했다. 김일성에게 직접 보고하기도 했다. 그렇게 1년 간 20차례의 예비회담과 10여 차례의 실무 접촉을 거쳐 1972년 8월 본회담이 열리게 되었다.

김태희는 본회담의 북측 단장도 맡게 되었다. 그 아래 북측 대표로는 북한적십자회의 상무위원 조명일·리청일, 참사 궁상호, 문화선전부장 한시혁, 계획부

부부장 김수철 등이 참여했다. 남측에서는 주튀니지 대사를 지낸 이범석이 단장을 맡고 그 아래 대한적십자사의 회담사무국장 김달술, 충남지사장 박선규, 청소년지도위원 정희경, 회담사무국 대변인 정주년, 청소년부장 서영훈 등이 참여했다. 8월 29일에서 9월 2일까지 제1차 본회담이 열렸고, 제2차 본회담은 9월 12일에서 16일까지 서울에서 열렸다.

서울에서 열리는 제2차 본회담에 참석하기 전 북한에서 가장 걱정한 것은 신변 안전이었다. 김일성은 김태희를 불러 신변 안전을 걱정해주면서 서울에 가서 각계각층의 인민들과 접촉해 그들에게 혁명적 영향을 주라고 주문하기도 했다. 회담이 끝나고 평양으로 돌아갈 때는 김일성이 판문점에 헬기를 보내주었다. 김태희는 김일성에게 회담 결과를 직접 보고했고, 남한 사람들의 동향과 남한 사람들의 사는 모습도 일일이 보고했다. 김일성이 그런 것들을 알고 싶어 했다.

제3차 본회담은 다시 평양에서 10월 23일에서 26일까지 열렸다. 제3차 본회담에서 북한은 반공법과 국가보안법 철폐를 강하게 주장했다. 사전에 그런 전략을 세웠고 그대로 실행했다. 회담 후 김태희는 김일성에게 이를 보고했다. 북한의 이러한 주장이 남한의 방송에도 그대로 중계되었다는 이야기도 덧붙였다. 이를 듣고 김일성은 "방송중계를 다 했다니 아주 좋습니다"라며 흡족해했다. 회담에서 반공법과 국가보안법 철폐를 주장함으로써 이 주장이 회담 내용을 보도하는 남한의 방송에 그대로 전해지도록 한다는 전략을 세워놓고 있었던 것이다. 이러한 전략으로 북한은 남한 내에서도 반공법과 국가보안법 철폐에 대한 여론이 높아지기를 기대하고 있었다.

본회담이 7차까지 진행되었지만 남북의 입장 차가 워낙 커서 공전을 거듭했다. 그러다가 1973년 8월 북한이 남북 대화 중단을 선언하면서 남북적십자회담도 중단되게 되었다. 김태희는 남북적십자회담 북측 단장으로 남북 대화에 참여한 뒤 1989년 조국평화통일위원회 서기국 책임참사로 다시 기용되어 1990년대 남북회담에 참여하기도 했다.

1972~1973년

제7장

×××

수령제 완성

7·4 남북공동성명과 고려연방제 통일 방안

동서 데탕트의 분위기 속에서 1971년 남북적십자가 접촉하게 되었고, 그와는 별도로 당국 간 접촉도 진행되었다. 이산가족 문제 등 인도적 문제 이외에도 정치적 문제를 논의할 수 있는지 서로의 생각을 알아보기 위해서였다. 남북적십자 예비회담의 남측 대표 정홍진과 북측 대표 김덕현이 비밀리에 접촉해 1972년 3월 남한의 중앙정보부장 이후락과 북한의 조선노동당 조직지도부장 김영주 사이의 회담이 합의되었다. 여전히 냉전의 구조 속에 긴장과 대결을 계속하고 있었지만, 세계적인 데탕트의 분위기를 맞아 남북한도 화해의 가능성을 알아보기 위한 회담이 성사된 것이다.

국제 체제의 성격이 변하면 개별 국가들의 대외 관계도 영향을 받는 것이 일반적인 국제 정치의 현상인데, 남북한도 그런 양상을 보인 것이다. 북한으로서는 김일성 유일사상 체계를 세운 뒤 김정일 후계체제를 정립하려고 하는 상황에서 남한의 정세와 대화의 가능성에 대해 알아볼 필요가 있었다.

1972년 5월 2일 평양을 방문한 이후락은 5일까지 머물며 김영주와 회담하고 김일성도 만났다. 김일성은 이후락을 만난 자리에서 6·25 전쟁과 관련해 "과거의 일이고 앞으로는 그런 일이 없을 것"이라고 말하고, 1월 21일 청와대 습격사건(김신조 사건)에 대해서는 "좌경맹동 분자들이 저지른 일이고, 박 대통령에게 미안하게 생각한다"고 언급했다. 그 자리에서 김일성은 자주, 평화, 민족대단결이 통일의 원칙이 되어야 한다는 이야기도 했다. 이후락은 남한이 중시하는 상호 비방 중지, 무력 사용 금지, 이산가족상봉, 인적·물적 교류, 정치 회담 등을 제안했다.

건강에 문제가 있던 김영주 대신 부수상 박성철이 5월 29일 서울을 방문해 6월 1일까지 체류하면서 이후락과 회담을 갖고 박정희도 만났다. 평양에서 논의한 내용들을 정리하고 남북조절위원회 구성과 분야별 분과위원회 설치도 합의했다.

이러한 과정을 거쳐 1972년 7월 4일 7·4 남북공동성명을 발표했다. 남북한 당국이 주요 문제를 협의한 끝에 만들어낸 첫 공동성명이었다. 제1항은 자주, 평화, 민족대단결의 통일 원칙을 밝혔다. 제2항에서 제6항까지는 긴장 완화, 상호 중상·비방 중지, 무력 도발 중지, 다방면의 남북 교류, 남북적십자회담 적극 협조, 서울-평양 간 상설 직통전화 개설, 남북조절위원회 구성 운영 등을 명기했다. 제7항은 합의 사항에 대한 성실한 이행을 약속하는 것이었다.

7 · 4 남북공동성명이 발표되고 남북한 사이에 화해 분위기가 조성되었다. 북한의 부수상 박성철은 서울에 내려와 남북조절위원회 구성과 분야별 분과위원회 설치에 합의했다. 박정희 대통령을 만나고 있는 박성철.

남북의 당국이 만나 통일의 원칙에 합의하고 중요한 정치적 · 군사적 문제에 대해 폭넓은 합의를 해냈다는 데에 역사적 의의가 큰 공동성명이었다. 이후 남북회담에서도 준거가 되었다. 하지만 핵심인 통일 원칙에 대해 남북한의 해석은 그때나 지금이나 다르다. 남한은 '자주'는 남북 당사자가 통일을 주도한다는 것, '평화'는 무력을 배제한다는 것, '민족대단결'은 자유와 민주를 바탕으로 민족 구성원 전체의 의사를 결집한다는 것을 뜻하는 것으로 보았다. 북한은 '자주'는 주한미군이 철수하는 것, '평화'는 북한의 남침 가능성에 대한 우려가 근거 없음을 확인시켜주는 것, '민족대단결'은 남한이 반공 정책을 포기하는 것으로 해석한다. 국제 상황의 변화와 서로의 필요에 따라 회담을 하고 공동성명도 발표했지만, 남북의 인식 차이가 컸음을 보여주는 부분이다.

7·4 남북공동성명이 남북한 당국 사이의 첫 공식 합의서였던 만큼 양측이 호칭과 서명을 어떻게 할 것인지도 고민이었다. 7·4 남북공동성명은 합의서 맨 마지막 부분에 '서로 상부의 뜻을 받들어'라고 쓰고 왼쪽에 '이후락', 오른쪽에 '김영주'라고 이름만 쓰고 그 위에 서명을 했다. 국호도 직책도 없었다. 회담은 했지만 당시만 해도 서로의 체제를 인정하기 어려웠음을 말해준다. 그러다가 1990년대 들어서 '남북고위급회담 남측 대표단 수석대표 대한민국 국무총리 정원식'과 같이 회담의 공식 명칭, 국호, 직책, 성명이 모두 들어갔다. 상호간 체제를 인정하게 된 것이다. 2000년대 들어서는 '대한민국 대통령 김대중'식으로 간결하게 쓰고 서명하게 되었다. 서명인의 표기 방법에도 남북 관계의 변화 과정이 묻어 있었다.

7·4 남북공동성명에 따라 1973년 6월까지 서울과 평양에서 3차례 남북조절위원회가 열렸다. 남측은 주로 비정치·비군사 부문부터 협의해나가자고 주장했다. 반면에 북측은 우선 군사대표자회담을 열어 군사적 대치를 해결할 수 있는 방안을 논의하자고 맞서 회담의 진전은 보지 못했다.

북한은 남북 간의 대화를 진행하면서 동시에 국제사회에서 남한과 대등한 관계를 형성하기 위한 노력을 하고 있었다. 1973년에 스웨덴, 핀란드, 노르웨이, 덴마크, 아이슬란드와 수교했다. 9월에는 유엔본부에 상주대표부를 설치하고, 이후 유엔 산하기구와 세계보건기구who 등 전문기구에 가입했다. 남한만큼 북한도 국제사회와 유엔에서 활동하는 모습을 보여주려고 한 것이다. 12월에는 제28차 유엔총회를 통해 6·25 전쟁 당시 설립되어 한반도의 재건과 통일을 위한 활동을 해왔던 국제연합한국통일부흥위원회UNCURK도 해체되었다.

이에 대한 대응 방안으로 남한은 1973년 6월 23일 6·23 선언을 내놓았다. ① 북한의 국제기구 참여에 반대하지 않는다, ② 남북한의 유엔 동시 가입도 반대하지 않는다, ③ 이념과 체제를 달리하는 국가에도 대한민국 문호를 개방한다 등을 내용으로 한 것이다. 남북한이 서로 정치적 실체를 인정하는 가운데 북한은 북한대로 국제사회에서 활동하고, 남한은 남한대로 국제사회에서 활동하면서 필요하면 유엔에 동시에 가입하는 문제도 논의해보자는 것이었다.

이에 대해 북한은 같은 날 즉각적인 반응을 내놓았다. 남북한이 따로따로 국제적 활동 영역을 넓혀가는 것에 반대하고 통일로 가야 한다는 내용이었다. 김일성이 체코슬로바키아의 공산당 제1서기 구스타프 후사크Gustáv Husák를 환영하는 연설에서 '조국통일 5대 강령'을 밝힌 것이다. 구체적인 내용은 ① 남북 군사 대치 해소와 긴장 상태 완화, ② 정치·군사·외교·경제·문화 등 다방면의 교류, ③ 통일 문제 협의를 위한 대민족회의 소집, ④ '고려연방공화국'이라는 국호에 의한 남북연방제 실시, ⑤ 남북한 동시 유엔 가입 반대, '고려연방공화국' 단일국호로 유엔 가입 등이었다.

그 핵심은 고려연방제를 제시한 것이다. 1960년에 북한이 제안한 남북연방제와 다른 것이다. 남북연방제는 남북한이 연방을 형성하되 남북한 각 정부의 독자성을 인정하는 과도적 형태의 연방제였다. 하지만 고려연방제는 남북한 정부의 독자성을 인정하지 않고 연방정부로 완전 통일을 이루자는 것이다. 이 제안은 그러한 급속한 통합을 내용으로 했기 때문에 남한 공산화의 의도가 들어 있는 것으로 의심받아 왔다.

이렇게 국제 환경의 변화에 따라 1970년대 초반 남북 관계는 대결 일변도에서 벗어나 대화를 시도하고, 7·4 남북공동성명과 같은 일정한 성과도 냈다. 하지만 대화의 동력이 아직은 충분하지 못했다. 북한이 1973년 8월 28일 평양방송을 통해 '6·23 선언에 의한 2개의 조선 선포'와 김대중 납치사건(8월 8일)을 이유로 남북 대화 중단을 선언하면서 남북 관계는 중단되었다.

북한이 대화를 중단한 이유는 그들이 말하는 것보다는 북한 내부에 있었던 것으로 보인다. 첫째, 북한은 김정일 후계체제 정비가 무엇보다 중요하고 급했다. 김정일이 당내 권력을 확대하면서 1973년 9월에는 당 조직·선전 담당 비서로 선출되었다. 당내 반대 세력을 무마하고 후계자로서 위치를 확정해야 하는 상황이었다. 둘째, 남북 대화를 통해 남조선 혁명의 가능성을 타진해 보았지만, 그것이 크지 않음을 인식한 것으로 보인다. 남북조절위원회에서도 북한은 기능적인 교류보다는 군사 문제를 먼저 논의하자고 주장하면서 남한 내 혁명 세력의 확대 가능성을 살폈지만, 긍정적인 전망을 보지 못했던 것으로 여겨진다. 당시 남한 사회는 1972년 유신체제 이후 반공이데올로기가 강화되고 사회 통제도 심화되고 있었다. 그런 상황에서 북한이 전통적인 통일전선전술을 남한 사회에서 구사할 여지는 적었다. 그런 연유로 북한은 대화 중단을 선언한 것이다.

11년 의무교육 시행

북한은 1956년 초등의무교육제도를 시행한 이후 1958년에는 중등 의무교육제도를 실시했고, 1967년에는 9년제 기술의무교육제도를 시행했다. 1972년 9월부터는 '전반적 11년제 의무교육제도'를 실시했다. 이것이 오랫동안 유지되다가 2012년에는 '전반적 12년제 의무교육제도'로 바뀌어 오늘에 이르고 있다.

1972년 9월 11년제 의무교육이 시행된 데에는 역시 김일성 유일사상체제라는 배경이 작용하고 있었다. 기존의 9년제 기술의무교육은 기술교육을 위주로 한 것이다. 1960년대 중반 기술발전을 통한 중공업의 고속성장을 추구하던 시기의 교육제도였다. 하지만 1970년대 북한의 화두는 김일성 유일사상체제였다. 교육제도도 여기에 맞추어 개편했다. 취학 전 1년 간의 유치원 교육을 의무화하고, 인민학교 4년을 거쳐 중학교 6년을 다니도록 했다. 인민학교 4년은 이전과 같지만, 중학교 과정은 5년에서 6년으로 늘었다. 그러니까 만 5세부터 교육을 실시해 만 16세까지 의무적으로 교육을 받도록 한 것이다.

교육을 1년 일찍 시작하고 중학교 과정을 6년으로 늘리면서 기술 위주에서 교육의 폭을 확장한 것인데, 이는 사상교육을 조기에 시작하고 심도 있게 하려는 의도가 들어 있는 것이었다. 실제 북한의 자료들이 그런 내용을 밝히고 있는데, 예컨대 『조선전사』는 11년제 의무교육제도에 대해 "위대한 수령님께서 내놓으신 방침은 또한 사람들의 사상의식 발전과 지적 발전이 어려서부터 이루어지기 시작하는 특성, 정신적으로나 육체적으로 발전이 매우 빠른 조선 사람의 기질, 거의 모든 어린이들이 탁아소와 유치원을 거치게 되는 우리나라 어린이 보육교양제도의 우월성 등에 대한 명철한 분석에 기초한 가장 정당하고 독창적인 방침이다"라면서 "위대한 수령 김일성 동지께서는 전반적 11년제 의무교육을 성과적으로 보장하며 사회주의 교육학의 원리를 철저히 구현하여 학생들을 당의 유일사상체제와 혁명적 세계관이 똑바로 선 참다운 혁명가, 공산주의자로 키워내는 데서 교육 부문 일꾼들과 교원들 앞에 나서는 전투적 과업과 그 수행 방도에 대하여 밝혀주시었다"고 기술하고 있다.[1] 사람의 의식과 사상은 어려서부터 형성되기 때문에 조기에 사상교육을 하는 것이 옳고, 이를 통해 김일성 유일사상체제와 혁명적 세계관을 제대로 교육할 수 있다는 이야기다.

이러한 목적으로 11년제 의무교육제도를 실시한 것인데, 실제 이를 시행하기 위해서는 많은 준비가 필요했다. 학교시설과 교원이 대규모로 확충되어야 했다. 이를 위해 북한은 1971년부터 전반적인 준비 작업에 들어갔다. 전국적으로 1만여 개의 인민학교와 중학교를 더 지었다. 교실, 실험실, 실습실 등을 갖춘 학교를 크게 증가시킨 것이다. 1,000여 개의 유치원도 증설했다. 각 도마다 중학교 교원 양성을 위한 사범대학 2개, 인민학교 교원을 양성하는 교원대학 1~2개가 새로 개설

북한은 1972년부터 '전반적 11년제 의무교육제도'를 실시해오다가 2012년에 '전반적 12년제 의무교육제도'를 시행해 오늘에 이르고 있다. 북한의 학생들.

되었다.

이렇게 준비해 1972년 9월 1일부터 11년제 의무교육제도를 시작했다. 전국이 일제히 실시하지는 못했고, 단계적으로 확대하는 식이었다. 당초 매년 20퍼센트씩 늘려나가 5년 만에 완성한다는 계획이었는데 예상보다 빨리 진행되었다. 1973년 9월에는 전국 201개 시·군 중 40개의 시·군에서 이 제도를 시행하게 되었고, 1974년에는 105개 시·군에서 시행했다. 1974년 9월 1일에는 전국에 탁아소와 유치원 6만 개를 마련하는 등 충분한 시설을 갖추게 되어 모든 시·군에서 11년제 의무교육이 시행되게 되었다.

11년제 의무교육제도는 북한 사회의 혁명성 강화라는 목표뿐만 아니라 남한 사회를 자극하고, 남한 내 혁명 세력의 성장을 촉진해 남한 혁명의 가능성을 높이려는 의도도 있었다. 북한식 표현으로는 '반제반파쇼 구국투쟁'을 독려하는 목적도 지니고 있었던 것이다. 북한이 많은 자원과 노력을 투자해 실시한 11년제 의무교육제도는 내부적으로는 그 성과를 상당 부분 성취한 것으로 보인다. 조기 의무교육제도는 유일사상교육을 효과적으로 실시함으로써 북한 사회를 내부적으로 혁명화하고 노동계급화하는 데 많은 공헌을 한 것으로 평가할 수 있다. 이는 북한 사회 전반에 대한 혁명성 강화를 통해 김정일이 후계체제를 구축하는 데에도 큰 기여를 한 것으로 보아야 할 것이다.

'사회주의 헌법' 마련

북한은 1972년 12월 최고인민회의 제5기 제1차 회의에서 헌법을 개정했다. 1948년 헌법 제정 이래 이루어진 그동안의 개정과는 다른 전면 개정이었다. 공식적인 명칭도 '조선민주주의인민공화국 헌법'에서 '조선민주주의인민공화국 사회주의 헌법'으로 바꾸었다. 사회주의 혁명을 완성하고, 이를 법적으로 확인하고 정리한다는 의미를 담고 있었다. 유일체제의 형성 과정과 관련해서는, 1967년에 확립한 유일사상체제를 더 심화해왔는데, 유일사상체제가 제도적으로 구현되는 것이 1972년 '사회주의 헌법'을 통해서다. 수령 중심의 당-국가 체제인 수령제 사회주의를 통해 유일지도 체계를 완성하는 것이 '사회주의 헌법'을 통해서였다.

'사회주의 헌법'의 내용을 자세히 보자. 우선 중앙인민위원회를 신설했다. 이는 국가주권의 최고 지도기관으로 대내정책위원회, 대외정책위원회, 경제위원회, 국방위원회, 사법안전위원회, 법제위원회 등 산하기구를 두고 각종 대내외 정책을 수립하는 권한을 갖고 있었다. 헌법, 각종 명령과 지시 등의 집행 상황을 감독하는 기능도 갖고 있었다. 당 정치국원과 후보위원, 당비서, 정무원의 총리와 부총리 등 당과 정부의 핵심 간부가 인민위원으로 참여하도록 했다. 중앙인민위원회의 최고 수위로 주석도 신설해 김일성을 선출했다. 종전의 내각 총리와는 다른 차원의 국가수반직을 신설한 것이다. 주석은 국가수반이면서 조선민주주의인민공화국 국가주권을 대표하는 직위였다. 또, 조선민주주의인민공화국 전반적 무력의 최고사령관으로 일체의 무력을 통솔하는 기관이었다. 그뿐만 아니라 주석은 최고인민회의 법령, 중앙인민위원회 정령, 최고인민회의 상설회의 결정을 공포하며 명령을 발하고 특사권을 행사할 수 있는 등 막강한 권한을 갖고 있었다.

최고인민회의 상임위원회는 최고인민회의 상설회의로 변경했다. 1948년 헌법에 있던 최고인민회의 상임위원회는 내각과 경쟁하면서 국가발전 방안을 구상하던 기구였는데, 이를 상설회의로 격하시켰다. 정부 정책을 수립하고 시행하는 데 중요한 역할을 하던 내각도 정무원으로 격을 떨어뜨려 중앙인민위원회의 지도를 받도록 했다. 중앙인민위원회 부문별 위원회 가운데 하나로 신설된 국방위원회 위원장은 주석이 겸임하도록 해서 국방위원회에 힘을 실어주었다. 이 조치는 군에 대한 실제적 권한이 주석에게 집중되도록 한 것이기도 했다.

이렇게 해서 김일성은 당에서는 조선노동당 중앙위원회 총비서와 조선노동당 군사위원회 위원장, 국가직으로는 조선민주주의인민공화국 주석, 조선민주주의인민공화국 중앙인민위원회 위원장, 조선민주주의인민공화국 국방위원회 위원장이라는 직책을 갖게 되었다. 또, 군에서는 조선인민군 최고사령관직을 갖고 있었다. 지위가 격상된 직위를 포함해 당·정·군의 최고 직위를 모두 차지하며 유일지도 체계의 수령에 오른 것이다.

수령제의 법적·제도적 완성

1972년 사회주의 헌법은 1960년대 후반부터 차근차근 체제를 갖춰온 수령제의 완성을 의미하는 것이었다. 수령 중심의 체제를 법적·제도적으로 완결지은 것이다. 수령은 "인민대중의 자주적인 요구와 이해관계를 분석 종합하여 하나로 통일시키는 중심인 동시에 그것을 실현하기 위한 인민대중의 창조적 활동을 통일적으로 지휘하는 중심으로 되는 분으로서 전당과 전체 인민의 끝없는 존경과 흠모를 받고 있는 가장 위대한 영도자"를 말한다.[2]

'수령'이 김일성을 지칭하는 용어로 쓰이기 시작한 것은 1966년부터다. 1966년 10월 제2차 당대표자회를 며칠 앞두고 김일성종합대학 총장 황장엽이 김일성종학대학 개교 20주년 기념식 연설에서 "당과 수령에 대한 충실성이 종합대학의 제1생명이고 영광스런 전통이다"라고 강조하면서 '수령'이란 용어가 김일성을 이르는 용어로 널리 쓰이기 시작했다.

1967년 5월 갑산파 숙청과 함께 '수령'이란 용어는 보편화되었다. 김일성은 갑산파를 숙청한 당중앙위원회 제4기 제15차 전원회의에서 연설하면서 '수령'이란 용어를 사용하고, 이후 조선노동당이 김일성 유일사상체제를 북한 사회 전반에 확산시키면서 이 용어가 보편화되었다. 1967년 7월에는 최현이 『로동신문』에 실은 「당과 수령의 두리(둘레)에 굳게 단결한 우리 인민의 힘은 필승불패이다」라는 글에서 '위대한 수령 김일성 동지'라는 용어를 사용하면서 수령에 대한 권위를 높이려고 했다. 또, 1967년 12월에는 최고인민회의 제4기 제1차 회의에서도 "위대한 수령 김일성 동지에게 조선민주주의인민공화국 새 내각 조직안을 본회의에 제출할 것을 위임한다"고 밝혀 김일성에게 수령의 칭호를 사용했다.[3]

이렇게 수령을 김일성을 지칭하는 용어로 사용하면서 북한은 수령을 어떤 직위보다 높은 위치에 올려놓고 있었다. 소련식의 당–국가 시스템 위에 수령을 올려놓는 '수령제'를 정착시켜나가고 있었던 것이다.[4]

1970년대에 북한은 당성은 수령에 대한 충실성을 의미한 것이며, 당에 대한 충실성은 수령에 대한 충실성이라고 강조했다. 1971년 11월 당중앙위원회 제5기 제3차 전원회의에서 김일성은 당 간부들에게 당성, 노동계급성, 인민성 고양을 주문하면서 당성은 수령에 대한 충실성이라고 강조했다. 또, 당은 수령의 혁명사상을 실현하기 위한 계급의 선봉조직이라면서 "당에 대한 충실성은 수령에 대한 충실성이며 수령에 대한 충실성은 당에 대한 충실성"이라고 말했다. 당과 수령을 동일체로 보고 충성을 다해야 한다고 강조한 것이다.

그런 과정을 거쳐서 1972년 '사회주의 헌법'을 통해 유일지도 체계를 확립하고 수령제를 법적·제도적으로 완성했다. 김일성이 당·정·군 3개 권력기관의 최고 지위를 차지하고 그 어떤 것과 비교할 수 없는 절대적인 지위에 올라 당-국가 시스템의 상위에 수령을 올려놓는 작업을 완료한 것이다.

'수령의 유일적 영도 체계'와 북한식 사회주의

북한에서 '수령'은 단순한 우두머리가 아니라 사회주의 혁명을 수행하는 데 중핵이 되는 존재로 북한만의 독특한 사회주의 실현을 위한 혁명의 논리, 사회 구성의 원리와 연결되어 있는 특별한 존재다. 북한 체제를 뒷받침하고 있는 독자적인 사상 체계인 주체사상의 내용과도 직접 연결되어 있는 존재다.

주체사상은 인민대중이 세계의 주인이고 자기 운명의 주인이지만, 수령의 올바른 지도를 받을 때에만 비로소 역사의 주체로 지위를 차지하고 제대로 역할을 할 수 있다는 내용이다.[5] 수령은 인민대중 속에서 최고의 영도적 지위를 차지하는 근로 인민대중의 최고 뇌수腦髓로 정의

된다. 이것이 북한 '수령론'의 핵심이다. 수령을 떠나서는 인민대중은 자기 역할을 맡을 수 없고, 인민대중은 수령 없이 사회와 역사의 주인이 될 수 없다. 극도의 전체주의적 성격을 갖는 주장이다.

사회주의 혁명을 수행할 때도 가장 중요한 역할을 하는 것은 수령이라고 북한은 주장한다. 인간에게 뇌수가 가장 중요한 역할을 하듯이 역사발전과 노동계급의 혁명투쟁에서 결정적 역할을 하는 존재가 수령이라는 것이다. 이것이 이른바 '혁명적 수령관'이다. 수령만이 역사발전의 주체이고, 수령은 무오류의 인간이라는 것이다.

북한은 수령의 지도하에 혁명을 올바르게 수행하기 위해서는 다른 어떤 것도 아닌 오직 수령의 영도만 따라야 한다고 주장한다. 이것이 '수령의 유일적 영도 체계'다. 혁명적 수령관의 하위 개념으로 실제 혁명을 수행할 때 행동 방침을 규정한 것이다. 혁명과 건설에서 발생하는 모든 문제는 오직 수령의 사상과 지시대로 해결해나가야 하며, 모든 조직과 기구는 수령의 명령과 지시를 접수하고 끝까지 완수해야 한다는 것이다. 그 연장선상에서 북한에서 가장 위험한 적으로 간주되는 것이 수정주의와 부르주아 자유주의다. 수정주의는 수령의 역할을 거부하고 수령을 중심으로 한 당의 사상적 통일을 방해하고 당을 조직적 · 사상적으로 해체시키며 수령의 온 사회에 대한 유일적 영도를 방해한다는 것이다. 또, 부르주아 자유주의는 종파주의와 분열주의를 동반해 역시 수령의 유일적 영도를 어렵게 한다는 것이다.

'수령의 유일적 영도 체계'는 '혁명적 의리' 개념으로 연결된다. 수령을 끝없이 존경하고 흠모해야 하며, 수령에게 모든 운명을 전적으로 위

북한에서 '수령'은 역사발전과 노동계급의 혁명투쟁에서 결정적 역할을 하는 존재이며,
무오류의 인간이라는 의미다. 평양 김일성광장에 걸려 있는 김일성·김정일 초상화.

탁해야 한다는 개념이다. 어떤 역경 속에서도 수령에 대한 충성심을 바
꾸지 않고 영원히 믿고 받들어야 한다는 주장이다. 그렇게 할 때 사회
주의 혁명을 완수할 수 있고, 모두가 평등하게 잘사는 세상을 만들 수

있다는 것이다.

이러한 전제에서 주장되는 것이 '사회정치적 생명체론'이다. 수령은 뇌, 주체사상은 피, 당은 혈관 또는 신경, 인민은 팔과 다리가 되어 하나의 유기체로 연결되어 있다는 주장이다. 수령과 인민은 당이라는 혈맥으로 연결되어 있고, 하나의 사상으로 고동치는 강고한 통일체라는 것이다. 사회정치적 생명체론은 '수령-당-인민'이 삼위일체를 이루고 있다는 사회유기체론인 것이다. 인민대중은 수령·당과 함께 유기체적인 사회정치 집단을 형성해 살아가야 한다는 것이다. 이렇게 수령, 당, 인민이 유기적 통일체를 이루고 있기 때문에 인민은 수령에게 무조건 충성해야 하고, 수령의 영도에 조건 없이 따라야 한다는 것이다.

사회정치적 생명체론은 '사람에게는 육체적 생명과 사회정치적 생명이라는 것이 있다'는 논리를 전제로 한다. 전자는 부모가, 후자는 수령이 주는 것이다. 전자는 유한하지만, 후자는 무한하기 때문에 후자가 더 중요하다. 이것이 북한의 주장이다. 항일빨치산투쟁 당시 마동희가 일제 경찰에 체포되었지만, 조직의 비밀을 말하지 않고 혀를 깨물고 죽었다. 그는 육체적으로 사망했지만 정치적 생명은 아직 남아 있다. 이런 것이 사회정치적 생명이라고 북한은 설명한다. 결국 이러한 불멸의 사회정치적 생명을 지키기 위해서는 수령에 대한 변치않는 충성심, 충실성, 의리를 견지해야 한다.

이러한 수령론, 혁명적 수령관, 사회정치적 생명체론을 바탕으로 하는 북한식 사회주의는 정통 마르크스-레닌 식의 사회주의 개념과 다를 수밖에 없다. 마르크스-레닌의 사회주의가 생산관계의 변화, 즉 착취,

계급, 계급투쟁이 사라지는 사회라면, 북한식 사회주의는 그러한 생산 관계의 변화에 모든 사회 구성원이 수령의 지도 아래 결속하고 사회정 치적 생명체를 이루어 살아가는 사회가 되는 것이다. 그 연장선상에서 북한식 공산주의 사회는 수령-당-인민으로 이루어진 통일체가 완성 된 사회가 된다.

당증 교환 사업

김일성 유일지도 체계가 완성되면서 당 하부조직에 대한 정비 작업 도 진행되었다. 그 방법은 당증 교환이었다. 1972년 말부터 당원들의 당증을 일제히 바꾸도록 했다. 1972년 10월 23~26일 당중앙위원회 제 5기 제5차 전원회의가 열렸는데, 김일성이 "사전에 열린 정치위원회에 서 당원증을 재발행하고 전당원을 심사하기로 결정되었다"고 밝혀 당 증 교환 사업이 시행되었음을 알렸다. 김일성이 밝힌 것처럼 이 사업의 핵심 부문은 '심사'였다. 새로운 당증을 받으려면 일정한 심사를 받아 야 했다. 당원들에 대한 사상성 심사를 통해 부적격자를 탈락시키고 새 로운 사람들을 당원으로 받아들였다.

1956~1957년에도 실시된 적이 있는 사업이다. 1956년 '8월 종파사 건' 이후 진행된 당 간부들에 대한 숙청을 당 전체로 확대하기 위한 것 이었다. 스탈린 시대 소련에서도 당증 교환 사업을 실시해 50만 명 정 도의 당원을 교체한 적이 있다. 그런 당증 교환 사업을 1972년 말 다시

전개해 1967년 갑산파 숙청 이후 전개된 당 간부들에 대한 숙청을 당의 하부조직에도 실시한 것이다. 기층당 조직에 남아 있는 반유일사상적 요소를 제거하는 것이 당증 교환 사업의 목적이었다. 김일성 유일사상 체계와 유일지도 체계에 부정적이거나 소극적인 사람들을 솎아내는 과정이었다.

구체적으로는 주체사상이 제대로 확립되어 있는 않은 당원, 수령의 교시를 철저히 관철해 투쟁하지 않는 당원, 관료주의 · 주관주의 · 보수주의 · 기관본위주의 등 부르주아적 사상에 오염된 당원, 기술혁신 운동에 소극적인 당원, 학습회의 등의 조직생활에 태만한 당원, 사상투쟁에 적극적으로 참가하지 않는 당원 등이 주로 축출 대상이었다. 문제 있는 당원들로 하여금 당 세포 내에서 자기비판을 하도록 하고, 유일사상이 정립된 것으로 확인될 때까지는 당원증을 재발급해주지 않는 방식으로 문제 당원들을 당에서 제거했다.

1972년 8월 29일자 『로동신문』이 조선노동당 당원이 약 200만 명이라고 밝혔고, 1978년 1월에 열린 당중앙위원회 제5기 제16차 전원회의에서도 당원이 약 200만 명이라고 언급했다. 이는 약 5년 반 동안 당원의 증가가 없음을 말하는 것인데, 당증 교환 사업을 통해 많은 탈락자들이 발생한 것도 당원수 정체의 한 원인이 된 것으로 볼 수 있다.[6]

당증 교환 사업은 김일성 유일사상 체계의 전사회화라는 목적 이외에도 김정일 후계체제를 위한 정지 작업의 성격도 갖고 있었다. 1967년 갑산파 숙청에서 주도적 역할을 하면서 당에서 부각되기 시작한 김정일은 당내에서 역할을 확대하면서 김일성의 후계자로 인정되어가고 있었다. 하지만 여기에 부정적인 인식을 가진 당원이 존재할 수 있었다. 그에 대한 숙청 작업이 당증 교환 사업을 통해 이루어진 것이다. 김정일 후계에 반대하거나 비협력적인 당원과 소극적인 태도를 지닌 당원들은 당원 심사에서 배제되었다.

3대 혁명소조운동

1973년 2월 북한에서 또 하나의 캠페인이 시작되었다. 3대 혁명소조운동이다. 김일성이 당정치위원회 확대회의에서 이 운동을 제시하면서 시작되었다. 3대 혁명은 사상, 기술, 문화 부문의 혁명을 말한다. 사상적으로는 김일성 유일사상으로 철저하게 무장하고, 기술적으로는 현대적 기술을 갖추며, 문화적으로는 사회주의 인민으로서 건전한 생활양식을 따라야 한다는 것이다.

북한은 김일성의 제안 이후 바로 젊은 청년들을 선발해 전국의 공장, 기업소, 협동농장에 파견했다. 당과 정부의 젊은 간부와 대학의 졸업반 등이 중심이었다. 주체사상과 현대적 과학기술에 대한 지식을 가진 이들이었다. 이들에게 붙여진 이름이 '3대 혁명소조'였다. 20~30명이 한 조가 되었다. 큰 기업소에 파견되는 소조는 50명이 한 조가 되기도 했다. 초기에는 공장과 농장 등 생산현장에 파견되다가 나중에는 교육 · 문화 등의 분야로 확대되었다.

이들이 하는 일은 파견된 기관의 간부들을 도우면서 그들이 보수주의 등 낡은 사상을 버리도록 하고, 당이 요구하는 대로 일을 잘하도록 해서 경제가 더욱 빨리 발전되도록 하는 것이었다. 하지만 이것은 3대 혁명소조의 공식적인 목표였고, 실제로는 그와 같은 목적 외에 북한 사회 전반에 걸쳐 세대교체를 촉진하고, 김정일 후계체제를 위한 분위기를 조성하는 작업도 진행했다. 실제로 이 작업이 더 중요했다. 3대 혁명소조들은 생산현장과 다양한 국가기관에 파견되어 관료주의와 투쟁하면서 새로운 기술을 투입하는 활동을 통해 곳곳에서 새로운 바람을 일으키고 새로운 시대에 대비하는 분위기를 조성해냈다.

1970년대가 되면서 북한에서 해방 이후 건국과 사회주의 혁명을 주도했던 혁명 1세대들은 60~70대의 고령이 되어가고 있었다. 새로운 시대를 이끌어갈 새로운 세대에 대한 요구도 많아지고 있었다. 3대 혁명소조는 핵심적인 기관과 주요 생산현장에서 활동하면서 낡은 세대를 2선으로 후퇴시키고 젊은 세대의 활력을 증폭시키는 역할을 했다. 실제로 1973년 가을 무렵부터는 국가 부주석을 맡고 있던 최용건과 정무원 총리를 맡고 있던 김일 등 혁명 원로들의 활동 폭은 크게 줄어들었다. 그 대신 혁명 2세대와 실무형 지도자들이 북한의 주요 부문에서 부각되기 시작했다.[7] 이러한 세대교체 현상은 젊은 김정일을 후계자로 만드는 데 유리한 환경이 되었다.

3대 혁명소조운동은 또한 생산 현장의 생산력 증대운동과도 연계되어 있었다. 3대 혁명소조운동과 아울러 생산 독려를 위한 경제선동대가 대대적으로 동원되어 생산현장들을 돌았다. 각 공장과 기업소에서는 혁명가극 〈피바다〉와 〈꽃파는 처녀〉의 주인공을 닮자는 취지로

'피바다 근위대'와 '꽃파는 처녀 근위대'가 조직되어 생산현장에서 3대 혁명의 전위 역할을 했다. 사상, 기술, 문화 측면의 캠페인이 생산성 증가로 연결되도록 한 것이다.

결국 3대 혁명소조운동은 낡은 사상을 퇴치하고 새로운 기술과 옳은 생활양식을 정착시키려는 운동이었는데, 실제로는 세대교체의 조류를 형성해 김정일 후계체제를 위한 기반을 조성하고 동시에 생산현장에서 생산력 증가까지 이루려는 다목적 캠페인이었다.

국가정치보위부 설치

3대 혁명소조운동이 시작된 뒤 3개월 뒤인 1973년 5월 북한의 정보기관인 국가정치보위부가 새롭게 설치되었다. 정무원 사회안전부 내에 있던 정치보위국을 하나의 주요 국가기관으로 독립시킨 것이다. 김정일의 지시에 의한 것이다.[8] 초대 국가정치보위부장은 김일성의 친척으로 알려진 김병하였다. 소속은 김정일이 장악하고 있는 당 비서국의 직속으로 했다.

이 시점에 국가정치보위부를 신설한 것은 김일성 유일사상 체계와 김정일 후계체제를 분명히 하기 위해서는 사회 각 부문에 걸쳐 주요 정보를 세밀히 파악하는 것이 중요하다고 보았기 때문이다. 실제로 국가정치보위부는 반당 · 반체제 성향을 지닌 주민들을 파악하는 사상 사찰기관의 역할을 했다. 김정일이 직접 관장하면서 당 조직도 국가정치보위부는 간섭하지 못하게 했다. 오히려 국가정치보위부로 하여금 당 간부들을 감시하도록 했다.

그러한 활동을 위해 국가정치보위부는 도, 시, 군, 특급·1급·2급 기업소 등에 보위부 조직을 설치하고, 리와 3급 기업소 이하의 기업소 등에는 주재원을 배치했다. 국가정치보위부의 조직들은 실제 군대처 럼 '제○○○부대' 식으로 표시되어 전국 각지에 있었다. 군대에는 인민 무력부 안전국을 정치보위국으로 개편한 뒤 대대까지는 보위부를 설치 하고 중대에는 보위지도원을 파견했다.

1973년 5월에 국가정치보위부로 독립적인 국가기관이 되지만, 실제 로는 그 이전부터 사상 사찰을 하는 기관은 지속적으로 존재해왔다. 1947년 2월 북조선인민위원회가 출범하면서 설립된 보안국이 그 기원 이다. 보안국은 경찰의 역할과 함께 정보기관의 역할도 수행했다. 1949년 9월 북한 정권이 수립되면서 내무성이 세워졌을 때에는 그 안 에 정치보위국이 설치되어 정보기관 역할을 했다.

1951년 6·25 전쟁 중 내무성에서 사회안전성이 분리되어 나왔을 때에는 사회안전성 내에 정치보위국이 있었다. 1952년 사회안전성이 내무성으로 다시 통합되었을 때에는 정치보위국은 다시 내무성 조직이 되었고, 1962년 다시 사회안정성이 분리되어 나왔을 때에는 정치보위 국은 사회안전성을 따라 나왔다. 이때부터는 김일성 개인숭배도 심화 되고 재일 교포들도 대거 입북해 사상 사찰이 강화되었다. 정치보위국 의 역할이 점점 강화된 것이다.

1972년 내각이 정무원으로 바뀌면서 사회안전성은 사회안전부로 명칭이 변화했지만, 정치보위국은 그대로 사회안전부 소속으로 남아 있었다. 그러다가 1973년 5월 국가정치보위부로 분리된 것이다. 1982년에는 국가정치보위부에서 국가보위부로 명칭이 변경되었다. 1993년에는 다시 국가안전보위부로 명칭이 바뀌었다. 국가안전보위부는 도, 시, 군은 물론 조선인민군에도 산하조직을 갖고 있으면서 체제 단속의 첨병 역할을 했다. 최고 책임자인 부장 아래 조직, 선전, 검열 등 분야별로 몇 명의 부부장을 두었다. 지금도 반당 · 반혁명 분자 색출, 방첩 활동, 주민 감시, 대내외 정보 수집, 국경 경비 등 광범위한 활동을 하면서 북한 체제와 정권 유지를 위한 핵심적인 기능을 수행한다.

김정일의 당 조직 장악

1968년 갑산파 사건 이후 조선노동당의 주요 인물로 부각된 김정일은 1969년 당 선전선동부 부부장이 되면서 당내의 실질적인 권력자가 되었다. 11월 제5차 당대회에서 직책이 높아지지는 않았지만, 그의 당내 세력 확장을 위한 중요한 조치가 이루어졌다. 그의 후계에 장애가 될 만한 인물들이 당중앙위원에서 탈락하면서 권력 전면에서 물러난 것이다. 당정치위원회 상무위원 김광협, 당정치위원회 위원 리영호 · 박정애, 자재공급위원회 위원 한상두, 국가검열상 김익선, 부수상 석산, 금속공업상 정일룡, 당 대남공작총국 부국장 정경희 등이 그들이다.[9]

이들이 물러난 자리에 젊은 세대가 새로운 당중앙위원으로 선출되는 데, 이들은 김정일이 당을 장악하는 데 우군이 된다. 오극렬, 강성산, 허담, 황장엽, 김영남, 연형묵 등이 그들이다. 그런 점에서 제5차 당대회는 김정일이 당 조직을 장악을 하는 데 상당히 중요한 변곡점이 되었다고 할 수 있다.

이후 김일성 지도부와 김정일은 김일성 유일사상 체계를 심화하는 작업을 계속하면서 당 조직을 장악하기 위한 작업을 계속해나갔다. 김정일은 1972년 10월에 당의 고위직에 오르기 위한 주요 관문인 당중앙위원직에 올랐다. 그러고는 1973년 7월에는 당 선전선동부장이 되었다.

당중앙위원 부장이라는 고위직에 오르면서 김정일의 당 전체에 대한 통제력은 급속히 확대되었다. 1973년 8월에는 김정일의 당 조직지도부 책임일꾼협의회에 대한 지시를 통해 새로운 총화제도를 도입했다. 2일 또는 일주일에 한 번씩 당 생활을 총괄하고 비판하는 제도였다. 그 내용은 얼마나 당의 지시와 정책에 충실히 생활했는가 하는 것이었다. 2일에 한 번 할지 일주일에 한 번 할지는 당의 기층조직에서 정하도록 했다. 유일사상 체계를 분명하게 실행하고 김일성에 대한 충성심을 고양하면서 김정일의 당에 대한 통제력을 강화하기 위한 조치였다.

이러한 당 생활 총화제도를 도입할 즈음 중국에서는 중국공산당 제10차 전국대표대회가 열렸다. 여기서 중국 상하이의 노동자 출신인 약관 38세의 왕홍원王洪文이 중국공산당 중앙위원 부주석과 정치국 상무위원에 오르면서 마오쩌둥의 후계자 지위에 올랐다. 중국에서 젊은 후계자가 등장한 것은 김정일의 당 조직 장악에 긍정적인 요소로 작용했다. 당시 31세에 불과한 김정일의 약점인 연소성年少性을 희석해주는 효

북한은 김일성 유일사상 체계를 분명히 하고 김일성에 대한 충성심을 고양하면서 김정일의 당에 대한 통제력을 강화했다. 1946년 만경대 근처에서 최용건(왼쪽), 김일성(오른쪽), 김정일(권총을 겨누고 있는 아이).

과를 발휘한 것이다.

중국공산당의 상황까지 유리하게 형성되고, 당에 대한 김정일의 통제력도 크게 확대된 뒤 1973년 9월 당중앙위원회 제5기 제7차 전원회의에서 김정일은 당 조직·선전 담당 비서에 선출되었다. 당의 핵심 포스트 2개를 동시에 차지함으로써 당을 완전히 장악한 것이다. 제7차 전원회의 전후 주요 포스트를 차지한 인물들이 있는데, 이들이 김정일의 당 장악을 직접 돕고 있던 인물들이라고 할 수 있다. 노농적위대 사령관 겸 당정치위원회 후보위원이 된 오백룡, 당 검열위원장에 선임된 서철, 사회안전부 정치국장에 임명된 강현수, 당정치위원회 후보위원에 오른 정준기 · 강성산 · 최재우 등이 그들이다.

　이렇게 김정일은 당의 젊은 세대들의 도움을 받아 당내 세력을 전면적으로 확대하고 당 생활 총화제도의 강화를 통해 당에 대한 통제를 심화했다. 당에 대한 완전한 지배권을 확보하고 1974년에는 당의 원로들의 전적인 지원으로 후계자 지위를 확정하게 되었다.

주체사상이 '김일성주의'로

　1970년대 초반까지 주체사상은 마르크스-레닌주의를 가장 정확히 실현하는 이론으로 주장되고 선전되었다. 그러던 것이 1973년부터는 마르크스-레닌주의를 넘어선 새로운 보편이론으로 주장된다.[10] 1973년부터 조총련과 통일혁명당 등 해외의 친북단체들이 나서서 종전에 '김일성 동지의 혁명사상'이라고 하던 것을 '김일성주의'로 부르기 시작했는데, 김일성주의가 주체사상을 진수로 하는 이론 체계라는 것이다. 결국 주체사상이 김일성주의가 된 것이다.

　1973년부터 나타난 김일성주의가 정식화되어 체계적인 모습으로 등장한 것은 1974년 10월 일본 도쿄에서 개최된 주체과학 토론 전국집회에서였다. 여기에서 "김일성 주석님의 사상, 이론 체계는 주체의 철학사상으로부터 대중 영도이론, 기타의 광범한 영역에 걸쳐 시종일관한 체계를 이루고 있으며 그것은 마땅히 김일성주의로 부를 수 있는 것"이라고 밝혔다. 집회에서 김일성주의는 주체사상을 진수로 하는 김일성의 사상·이론의 체계로 마르크스-레닌주의의 단순한 계승 발전이 아니라 내용과 구성 체계가 종래의 이론과는 다른 독창적인 것이라고 설명되었다.

당시 북한은 1972년 '사회주의 헌법'을 통해 김일성 유일지도 체계를 형성한 이후 1974년 2월 김정일을 당 정치위원으로 추대해 후계체제를 확립한 상태였다. 이러한 상황에서 주체사상을 다른 이론이나 사상과는 완전히 구분되는 새로운 것으로 선전함으로써 김일성 유일지도 체계의 기반을 분명히 하려고 했다.

이렇게 주체사상이 김일성주의로 정식화되지만, 북한 내에서 이를 공식적으로 발표하지는 않았다. 공산세계에서 프롤레타리아 국제주의가 추구되고 있고 마르크스-레닌주의의 기치 아래 사회주의의 국제적 확산이 추진되고 있는 상황에서 마르크스-레닌주의와 다른 독창적인 이념을 내세우기는 어려웠을 것이다. 대신 해외에서 김일성주의 정식화와 이의 확산을 북한 당국이 적극적으로 지원했다. 특히 조총련을 통한 김일성주의 확산을 1974년에 본격화했는데, 북한의 이러한 적극성이 일본 공산당과의 갈등을 유발하기도 했다. 일본 공산당이 김일성주의를 내세우고 확산하려는 조선노동당을 패권주의라고 비판하면서 갈등이 발생했다.

1980년대에 주체사상은 김일성주의와 같은 의미로 쓰이게 되었다. 김정일이 1982년 「주체사상에 대하여」라는 논문을 통해 주체사상을 체계화했는데, 철학적 원리, 사회역사 원리, 지도적 원칙, 혁명 이론, 영도 방법까지 갖추고 있는 것으로 설명했다. 이것이 김일성주의이기도 했다. 김일성주의가 되면서 주체사상은 합리성을 잃고 김일성 유일체제를 위한 정치적 이론이 되었다.

특히 '사회역사 원리'는 본래 인민대중이 역사의 주체라는 내용이었는데, 1960년대 말 혁명적 수령관이 가미되면서 모순되고 왜곡된 형태가 되었다. 무오류의 완전한 존재 수령의 영도가 있어야 혁명을 이룰 수 있다는 혁명적 수령관이 인민대중이 역사의 주인이라는 주체사상 본래의 주장과 결합되어 김일성주의식 사회역사 원리가 나온 것이다. 이러한 특성 때문에 주체사상은 이제 자주적 체제를 구축하려는 합리적 발전 전략으로서 그 성격을 상실했다고 평가받고 있다.

유치원장의

1973년

림순희는 평안남도 온천군의 온천읍협동농장에 있는 유치원 원장이었다.[11] 이 유치원은 농촌의 협동농장에 딸린 것이어서 크지는 않았다. 탁아소도 겸했다. 아침에 어머니들이 아이들을 맡기고 농사일이 끝나는 대로 데려갔다. 공간은 연령대별로 나누어 젖먹이들을 위한 젖먹이방, 젖떼기들을 위한 젖떼기방, 유치원에 들어갈 아이들을 위한 '유치원 전 어린이방', 유치원생들을 위한 유치원생방 등이 따로 있었다. 식당도 별도로 마련되어 있었다.

젖먹이방에는 2층 침대를 놓았고, 딸랑이를 곳곳에 달아 놓았다. 딸랑이는 소리가 쟁쟁하고 요란스러웠다. 좀 은은하게 소리나는 것이 좋겠지만, 아직은 북한이 거기까지 신경을 쓸 만한 여유는 없었다. 젖떼기방에는 몇 가지 장난감이 있었다. 하지만 다양하지는 못했다. 림순희는 걸음마를 이제 시작한 정도의 아이들에게 장난감이 큰 의미가 있을 것이라는 생각을 하지 못했다. 물론 유치원의 재정적 사정이 여유롭지 못한 것이 첫 번째 이유였을 것으로 보인다. 또, 유아나 어린이 교육에 대한 관심도 당시에는 높지 않았을 것으로 여겨진다.

이런 상황이었기 때문에 림순희도 장난감을 갖고 노는 과정에서 아이들이 사물에 대한 인식능력을 기르고, 사고와 언어능력 등도 향상시킬 수 있다는 것을 알지 못했다. 대부분 방에는 접이식 침대를 갖추어 놓고 잘 때에는 침대를 펴서 자게 하고 놀 때에는 침대를 접어서 한 쪽에 놓아두도록 했다. 공간을 좀

더 효율적으로 활용하기 위해서였다.

침대에는 담요와 이불도 갖추어져 있었는데, 좋은 품질의 것은 쓰지 못했다. 그래서 그다지 폭신하지는 않고 좀 뻣뻣한 편이었다. 식당도 위생 관리는 잘 되고 있었지만 벽에는 풍경화 하나 걸려 있지 않았다. 한마디로 유치원은 소박하고 담백했다. 화려하게 꾸미지는 못했지만 대신 이불과 담요를 깨끗하게 세탁하고, 방 안 온도도 적절하게 관리해주고, 환기도 잘 시키고, 조용한 환경을 만들어주는 일에 원장은 신경을 많이 썼다. 물자가 풍요롭지 못한 만큼 원장 스스로 노력해서 개선할 수 있는 일은 최대한 개선한다는 생각이었다.

유치원뿐만 아니라 대부분의 학교도 이런 모습이었을 것이다. 꼭 필요한 것들만 갖추어져 있는 단순한 모습, 그러면서도 위생이나 환경 관리 등 사람이 할 수 있는 것은 나름 잘 되어 있는 모습, 이것이 1970년대 초반 북한의 유치원이나 학교의 모습이었다.

1974~1975년

제8장

×××

후계체제 정비

김정일 후계자 확정

1960년대 말부터 당을 중심으로 자신의 영역을 확대해나가던 김정일은 1973년 9월 당중앙위원회 제5기 제7차 전원회의에서 당의 조직·선전 담당 비서가 되었다.[1] 이 결정을 담은 문건이 전국의 당 조직을 통해 배포되었다. 당 세포별로 이 문건에 대해 토의하고 김정일을 후계자로 추대할 것을 다짐하는 결의문과 맹세문을 작성해 평양에 보냈다. 1974년 2월 13일 제8차 전원회의가 열렸다. 지방에서 올라온 결의문과 맹세문을 쌓아놓고 김정일을 당중앙위원과 정치위원으로 선거하는 문제를 논의했다. 발언에 나선 사람은 김일이었다.

혁명의 중하를 한 몸에 지니고 계시는 수령님의 노고를 조금이라도 덜어드리기 위해서도 그렇고, 목전의 사회주의 대건설의 과업을 보거

나 대를 이어가며 완수해야 할 혁명 위업의 전망을 보아서도 수령을
보좌할 지도부를 더욱 강력하게 꾸려야 한다.

김정일을 정치위원으로 선출하는 것이 단순한 당 고위직 인선이 아
니라 김일성의 후계 문제였음을 말해준다. 김일이 말을 마치자 큰 박수
가 나왔다. 김일성은 내심 흐뭇했지만 표현하지는 않았다. 오히려 "동
무들의 뜻은 잘 알 수 있지만, 김정일 비서는 아직 너무 젊으니 정치위
원으로 선거하는 것은 보류하는 게 좋겠다"고 말했다. 그러자 김일이
다시 일어났다.

김정일 동지를 당중앙위원회 정치위원으로 추대하는 것은 혁명의 요
청이며 전체 인민의 열망입니다. 아직 너무 젊었다고 말씀하시지만
젊고 젊지 않은 것이 무슨 상관이겠습니까. 혁명의 운명 문제이며 그
장래에 대한 문제이니 수령님께서 고쳐 생각해주시기 바랍니다.

김일성의 항일빨치산 동지들은 이전에도 몇 차례 김정일을 후계자로
추대하려고 했지만 제대로 뜻을 이루지 못했다. 김일성이 '아직 어리
다'며 반대했기 때문이다. 하지만 제8차 전원회의에서는 김일을 비롯
한 항일빨치산 동지들이 강경하게 추대론을 밀어붙였다. 이렇게 되자
김일성은 하는 수 없다는 듯이 "모든 위원의 의견이 한결같다면 김정일
비서를 정치위원으로 선거하자"고 말했다. 장내에는 열렬한 박수가 계
속되었다. 이렇게 해서 김정일은 당중앙위원회 정치위원회 위원에 선

출되면서 후계자로 확정되었다. 이날 그는 공화국 영웅 칭호도 받았다. 다음 날 『로동신문』은 그를 '당 중앙'으로 불렀다.

당내의 핵심 인물들이 김정일을 정치위원으로 선출하면서 후계자로 확정했지만 대외에 공표하지는 않았다. 김일성처럼 독립운동을 한 것도 아니고, 북한 건설 과정에 큰 공헌을 한 것도 아닌 김정일이 김일성의 아들이라는 이유만으로 후계자가 될 수 있느냐는 인식이 인민들 속에 있을 수 있었기 때문이다. 그렇게 정치위원이 된 김정일은 후계자로서 입지를 착근시키기 위한 작업을 진행해나간다. 제8차 전원회의 전후에 주요직에 승격된 인물들이 있는데, 이들이 주로 이런 작업을 도왔다. 당 정치위원에 오른 양형섭, 당정치위원회 후보위원이 된 김영남·박수동 등이 그들이다.

1974년 7월 전국 당 조직활동가 강습회가 열려 당 조직의 핵심인 중앙당과 지방당의 조직부 지도원에 대한 대대적인 재교육이 실시되었다. 교육은 한 달 동안 계속되었고, 김일성은 강습회에 편지를 보내 "당 중앙의 유일적 지도를 떠나서는 당 안에서 사상의지적 통일을 보장할 수 없으며 전당이 한 사람같이 움직이는 전일적 조직체로 될 수 없다. 우리는 당 중앙의 유일적 지도 밑에 모든 당 조직들이 하나와 같이 움직이며 당 중앙이 내세우는 모든 방침들을 무조건 접수하고 철저히 관철하는 강철같은 규율이 전당을 지배하도록 하여야 하겠다"고 강조했다.[2] 당 중앙은 물론 김정일을 가리키는 것으로, 당의 모든 조직이 김정일의 지도와 지시를 철저히 따를 것을 요구했다.

당 조직을 개편·강화하는 작업도 단행했다. 조직지도부를 중앙기관지도과, 지방지도과, 간부과 등의 체계를 갖추도록 했다. 중앙기관지도과는 평양의 국가기관 내 당 그룹에 대한 지도와 통제를 강화하는 일을 담당했다. 지방지도과는 각급 당위원회에 대한 지도를 강화하는 역할을 했다. 간부과는 당 간부들에 대한 교육을 강화하면서 이들이 관료주의에 빠지지 않도록 하는 기능을 담당했다.

이렇게 당을 중심으로 김정일 후계체제를 분명히 하면서 이에 걸림돌이 될 만한 것들을 정리하는 작업도 진행되었다. 김정일은 계모 김성애와 그의 친척들을 요직에서 물러나게 했다. 그의 삼촌 김영주도 당의 주요 직책을 내놓고 부총리직만 맡도록 했다.

항일빨치산 세력과 후계 결정

김정일 후계 결정 과정에서 가장 중요한 역할을 한 사람은 김일성이다. 모든 권한을 한꺼번에 쥐고 있던 김일성이 마음먹지 않으면 할 수 없는 일이었다. 다른 세력들이 모두 찬성했다고 해도 김일성이 반대했다면 역시 할 수 없는 일이었다. 김일성의 역할은 그렇게 자명했지만, 그에 못지않게 중요한 역할을 한 세력이 있다. 바로 김일성과 함께 만주에서 항일투쟁을 하던 빨치산 세력이다.

후계를 확정하는 당중앙위원회 전원회의에서 적극적으로 발언한 사람은 김일이지만, 김정일 후계 결정 과정에서 대부분의 항일빨치산 세력은 김정일의 승계를 지지했다. 항일빨치산 원로들은 물론, 소장 빨치산 세력, 빨치산 2세 등이 모두 김정일을 지지한 것이다. 항일빨치산 원로들이 후계 문제를 주요 문제로 생각하기 시작한 것은 1956년 '8월 종파사건' 직후부터다.[3] 반김일성 세력의 존재 확인이 후계 문제를 심각하게 고민하도록 한 것이다. 이후 1967년 갑산파 사건은 원로들의 후계 문제에 대한 고민을 더 깊게 했고, 1970년대 초 김성애의 득세도 항일빨치산 원로들을 자극했다.

1970년 11월에 열린 제7차 당대회를 준비하는 과정에서 항일빨치산 원로들 사이에서 '김정일 후계자 옹립' 이야기가 나오기 시작했다. 김일, 최용건, 최현 등이 나서서 우선 김정일을 당중앙위원이나 후보위원으로 선출하자는 구체적인 이야기까지 했다. 하지만 김일성이 '김정일이 아직 너무 어리다'라면서 만류했다. 1971년 4월 당정치위원회 회의에서도 후계자 문제가 거론되었다. 역시 김일성은 '두고보자'면서 보류했다. 1971년 11월 당중앙위원회 제5기 제3차 전원회의, 1972년 6월 당정치위원회 회의에서도 후계 문제가 거론되었다. 한때는 소장 빨치산 세력인 전문섭과 백학림, 빨치산 2세인 오극렬과 김두남 등이 후계자 후보로 거론되기도 했다. 하지만 이는 짧은 기간에 불과했고, '김정일과 견줄 사람은 없다'는 평가가 내려졌다.

1972년 12월에 열린 당정치위원회 상무위원회에서 김일, 최용건, 최현 등이 다시 후계자 추대 문제를 거론했지만 관철되지 못하고, 우선 당의 조직과 선전 부문을 맡기기로 결정되었다. 이후에 당의 부장과 비서, 정치위원이 되는 과정을 밟게 되었다. 이렇게 김정일을 후계자로 확정하는 데에는 항일빨치산 원로들의 공헌이 컸다. 김일성도 자서전에서 "항일혁명 투사들이 그(김정일)를 수령의 후계자로 추대했다는 것은 곧 군대가 그를 민족의 영수로 내세웠다는 것을 의미합니다. 김일, 최현, 오진우와 함께 림춘추는 김정일 동무를 우리 당과 국가의 수위에 추대하는 데서 선구자의 역할을 한 사람입니다"라고 직접적으로 혁명 원로들의 기여를 칭송했다.[4]

원로들뿐만 아니라 소장 빨치산 세력도 김정일 후계체계를 세우는 데 중요한 역할을 했다. 호위사령관 전문섭과 사회안전부 부부장 백학림이 적극적이었다. 부총참모장 리을설, 제1군 사령관 리두익, 집단군 사령관 주도일, 공군 사령관 조명록 등도 김정일을 도왔다. 이들은 대부분 김일성의 전령 출신들로 김정일과는 일찍부터 친숙한 관계를 형성하고 있었고, 그런 연유로 김정일을 후계자로 추대하는 데 주저함이 없었던 것으로 보인다.

항일빨치산 원로의 2세들도 자신의 부모들과 마찬가지로 김정일의 지원 세력이 되었다. 김혁의 아들 김환, 강건의 아들 강창주, 최현의 아들 최룡해, 오중흡의 아들 오극렬, 김책의 아들 김국태 등이 그들이다. 이들은 군, 정부, 사회단체 등에서 주로 활동하면서 김정일 후계체제 확립에 기여했다.

항일빨치산의 자식과 친척을 교육하던 만경대혁명학원 출신들도 넓은 의미의 항일빨치산 세력이라고 할 수 있는데, 이들도 후계 확정 과정에서 김정일의 우군 역할을 톡톡히 했다. 만경대혁명학원을 세우고 만주에 흩어져 있던 항일빨치산의 자식과 친척들을 데려와 교육시키는 일은 김정숙이 주도했다. 여기서 교육받은 인물들이 1970년대에는 당·정·군의 중간층을 형성하고 있었다. 이들이 김정숙의 아들 김정일이 후계자가 되는 과정에서 그의 주요 지지 세력이 된 것이다. 김달현, 홍시학, 연형묵 등이 여기에 속한다.

이들 항일빨치산 세력은 1970년대 북한에서 정치적 입지를 굳건히 하고 있었다. 김일성과는 항일투쟁의 경력을 공유하고 있었다. 북한은 막스 베버Max Weber가 말하는 가산제국가patrimonial state 유형에 속한다고 할 수 있다. 가산제국가란 통치자가 국가를 조상에게서 물려받은 재산으로 취급해 국가를 완전히 소유하면서 통치하는 형태의 국가를 이른다. 김일성은 항일빨치산 세력을 하부 엘리트로 권부에 참여시켜 권력과 부의 일부를 분여分與했다. 김정일이 후계자가 되면 이런 항일빨치산 세력의 권력 참여는 다시 보장될 수 있었다. 자신의 2세들에게도 비슷한 권력과 부를 보장할 수 있는 길이었다. 이들이 김정일 후계체제를 적극적으로 지지한 것은 이 때문이다. 그런 점에서 김정일 후계체제는 김일성과 김정일이 주도한 것이지만 항일빨치산 세력이 지지해서 형성된, 이들 사이의 하나의 '공동 프로젝트'와 같은 것이었다.

혁명전통계승론과 후계자론

북한은 김정일을 후계자로 세우기 위해 다양한 논리를 준비했다. 대표적인 것이 후계자론이다. 후계자론이 공개적으로 거론된 것은 1980년대 중반부터이지만, 후계자론의 기반이 되는 수정 과도기론과 계속혁명론과 혁명전통계승론은 1960년대 후반부터 나오기 시작했다. 이 이론을 하나하나 내세운 다음 후계자론을 주장하고 그런 과정을 통해 김정일을 '가장 적합한 후계자', '누구도 대체할 수 없는 후계자'로 만들려고 한 것이다.

먼저 수정 과도기론을 보자. 마르크스가 주장한 과도기는 프롤레타리아혁명이 성공한 뒤 사회주의로 넘어가는 과정을 말한다. 비교적 짧은 기간으로 끝나야 하는 것이다. 하지만 김일성은 이를 자기식으로 수정했다. 북한은 자본주의 발전 단계를 거치지 않았기 때문에 사회주의 제도가 수립되어도 과도기가 끝나는 것이 아니라는 주장이다.[5] 과도기는 노동자와 농민 사이 계급적 차이가 없어질 때 끝난다는 것이다. 프롤레타리아 독재도 과도기 이후 공산주의의 높은 단계의 실현까지 계속되어야 한다는 주장이다.

과도기도 짧게 끝나는 것이 아니고 프롤레타리아 독재도 오랫동안 계속되어야 한다는 김일성의 수정 과도기론은 계속혁명론으로 연결된다. 계속혁명론도 역시 김일성이 주창한 것으로, 사회주의와 공산주의는 오랜 기간의 계급투쟁과 경제 건설 투쟁을 통해 이루어질 수 있는데, 이를 위해서는 낡은 사회의 유물을 없애기 위한 목적의식적 투쟁도 함께 계속되어야 한다는 주장이다. 또한 프롤레타리아혁명은 세계에서 자본주의와 제국주의가 존재하는 한 계속되어야 한다는 주장도 함께했다. 더욱이 북한이 주장하는 혁명은 '남조선혁명'도 포함하는 것이었기 때문에 남한에 사회주의와 공산주의를 실현하기 위한 혁명 활동도 계속해야 한다는 것이 김일성의 생각이었다. 결국 혁명은 일정한 기약 없

북한의 혁명전통계승론은 부모인 김형직과 강반석에서 김일성으로 이어지는 혁명의 정신과 활동이 지속적으로 계승되어야 한다는 뜻이다. 김형직과 강반석.

이 계속되어야 하는 것이다.

혁명전통계승론은 김일성 수령의 사상 체계, 혁명 정신, 투쟁 경험, 사업 방법 등이 그대로 이어져야 한다는 주장이다. 한마디로 말하면, 김일성의 항일빨치산 전통과 정신을 그대로 이어가면서 혁명 활동이 전개되어야 한다는 것이 북한의 논리다. 좀더 구체적으로는 김일성의 부모인 김형직과 강반석에서 김일성으로 이어지는 혁명의 정신과 활동이 이후에도 지속적으로 계승되어야 한다는 주장이다. 김일성과 그의 부모에 대한 숭배는 이러한 혁명전통계승론에 근거한 것이다. 1956년 이후 흐루쇼프의 스탈린 비판, 1971년 린뱌오의 마오쩌둥 암살 시도 등 사회주의 국가에서 발생한 후계 문제가 김일성으로 하여금 혁명전통계승론을 강조하게 했을 것으로 여겨진다.

이러한 몇 가지 이론을 전개한 후 북한은 1980년대 중반 본격적으로 후계자론을 내놓았다. 후계자의 속성, 자격, 역할 등에 관한 상세한 논리들을 전개한 것이다. 우선 후계자의 필요성에 대해서는 공산주의 혁명의 장기성과 복잡성 때문에 혁명은 계속될 수밖에 없고, 이를 위해서는 후계자가 필요하다고 주장한다. 후계자의 자격에 대해서는 "수령을 받들고 추대하는 경우에는 상당 기간 수령을 몸 가까이에서 모시고 보좌하고 수령의 의사를 받아들여 당과 국가의 전반 사업과 혁명·건설의 모든 분야에서 수령의 영도를 확고히 실현하는 유일한 지도자"이어야 한다고 말한다.

구체적으로 후계자가 갖추어야 할 조건으로 4가지가 제시되었다. 첫째, 수령에 대한 충실성, 둘째, 비범한 사상이론적 예지와 뛰어난 영도력 및 고매한 공산주의 덕성, 셋째, 혁명과 건설에서 이룩한 업적과 공헌으로 인해 인민들 속에서 향유하는 절대적인 권위와 위신, 넷째, 수령과는 다른 세대에 속하는 것 등이었다.

충분한 자격을 갖춘 인물을 후계자로 세운 뒤에는 '후계자의 유일적 영도 체계'를 확립해야 한다는 것도 북한의 논리다. 당내에서 후계자의 의도와 방침은 무조건 수용되고 관철되어야 하고, 그의 지도하에 규율과 질서가 마련되어야 한다는 것이다. 수령의 위업을 대를 이어 달성하기 위해서는 후계자의 영도 체계도 수령의 영도 체계와 다를 바 없이 유일적이고 절대적인 것이 되어야 한다. 이 '후계자의 유일적 영도 체계'를 확립하기 위한 구체적인 실천 방안으로는 5가지가 제시되었다.

첫째, 당의 정치사상적 통일과 단결, 둘째, 당 사업에 대한 후계자의 유일관리제의 철저한 실현, 셋째, 후계자의 유일적 영도하에 전당이 하나와 같이 움직이는 강철 같은 규율 확립, 넷째, 후계자의 의도와 방침을 절대성의 정신에서 접수하고 무조건성의 원칙에서 철저히 관철하는 것, 다섯째, 후계자의 유일적 영도 체계와 어긋나는 온갖 현상과 비타협적인 투쟁을 벌이는 것 등이었다.

후계자가 해야 할 역할에 대해서는 3가지를 제시했다. 첫째, 수령의 혁명사상을 고수하고 관철하며 이를 발전시키고 풍부화하는 것, 둘째, 혁명전통을 철저히 옹호하고 고수하며 이를 부단히 발전시키고 풍부화하는 것, 셋째, 변혁의 주체, 즉 수령, 당, 인민의 통일체를 부단히 강화하는 것 등이다. 즉, 김일성의 사상과 혁명전통을 계승·발전시키고, 수령과 당과 인민이 유기체를 이루어 혁명을 지속적으로 추진하는 것이 후계자의 역할이다.

이러한 나름의 주장과 논리를 세워 김정일이 김일성의 후계자가 되는 것이 가장 적절한 방안이고 그 외의 대안은 있을 수 없음을 강조해 나갔다. 이 정교한 프로젝트는 물론 김일성이 주도한 것이었고, 김정일도 여기에 적극 부응했으며, 김일성의 항일빨치산 동지들이 김일성의 생각을 실현하는 데 중요한 역할을 했기 때문에 가능했다.

<u>김영주의 수난</u>

김일성의 동생 김영주는 1957년 당의 핵심 요직인 조직지도부장을 맡으면서 줄곧 실세 역할을 했다. 당 조직을 중심으로 반종파투쟁을 벌이면서 반김일성 세력에 대한 숙청 작업을 하는 데 핵심 역할을 했다. 1960년대에는 김영주가 당에서 중요한 역할을 하고 김정일이 나이가 어렸기 때문에 김영주가 김일성의 후계자가 되는 것 아니냐는 분석이 북한 외부에서 나오기도 했다. 내부적으로도 '김일성-김영주-다음 세대'라는 잠정적인 후계 구도가 형성되었다는 증언도 있다.[6] 김일성의 내심은 명확히 알 수는 없지만, 자신의 친동생이기 때문에 아들 김정일로 넘어가기 전 과도기를 맡아줄 인물로 김영주를 생각했을 가능성은 있다.

하지만 김정일이 1960년대 후반부터 당에서 부각되고 주요 역할도 하게 되면서 김일성의 본심은 김정일로 굳어간 것으로 보인다. 그러다가 1974년 2월 당중앙위원회 전원회의에서 후계자로 확정되자 김일성은 동생 김영주를 비판했다.[7] 전원회의에서 사업 의욕이 없고 자신을 잘 도와주지 않는다고 비판한 것이다. 김영주는 이 회의에서 당직을 잃었다. 대신 정무원 부총리직을 얻었다.

김영주는 인텔리이면서 성실한 인간형이었다. 소련 유학을 오래 해서 서양 세계에 대한 이해의 폭도 넓었다. 하지만 권력투쟁에는 약했다. 권력의지가 강하고 후계자가 되기 위해 당내에서 자신의 역할과 세력을 확장해가던 김정일과는 퍼스낼리티가 다른 인물이었다. 소련 유학파인 당의 선전 비서로 있던 김도만과 국제 비서를 맡았던 박용국이 김영주의 측근이었다. 김영주는 이들을 자신의 생명처럼 믿는다고 이야기하기도 했다. 이들은 1967년 갑산파 숙청 당시 함께 숙청되었다.

김일성 개인숭배에 소극적이었기 때문이다. 이러한 사정을 알고 있던 김일성은 이때부터 김영주를 완전히 믿지는 않았던 것으로 보인다. 자신의 측근을 철저한 충성파로 만들지 못한 동생을 김일성이 신뢰하지 못한 것이다.

김정일은 김영주가 부총리 자리에 있는 것도 달갑지 않게 생각했다. 그래서 1975년 자강도의 산골로 보냈다. 김영주는 거기서 18년을 보냈다. 그러다가 1993년 평양으로 와서 부주석을 맡았다. 이미 김정일 후계체제가 갖춰진 시기였다. 김영주는 부주석이었지만 실권은 없었다. 평양에 돌아온 김영주는 "형은 지지해도 정일이는 지지할 수 없다. 정일이를 망친 것은 황장엽이다"라고 말했다고 한다. 황장엽이 주체사상을 김일성주의로 변질시키는 데 논리를 제공하고, 이를 바탕으로 김정일이 김일성의 신임을 받게 된 것을 이르는 말이었다.

김영주가 1974년 이후 권력에서 배제된 이유를 정리해보면 3가지다. 첫째, 김일성의 신뢰 상실이다. 김일성의 김영주에 대한 평가는 '영주는 독하지 못한 것이 결함이고, 정일이는 삼촌보다 독한 것이 장점이다'라는 것이다. 둘째, 김정일의 견제다. 김정일은 서생 스타일의 삼촌이 평양에 있는 것조차 용인하지 않았다. 김영주 자체보다는 그를 중심으로 일정한 세력이 형성될 수 있는 권력정치의 속성에 대한 경계였는지도 모른다. 셋째, 김영주의 건강 문제다. 그는 식물신경불화증(자율신경 실조증)이라는 난치병을 앓고 있었다. 그 치료를 위해 소련과 루마니아의 휴양소로 가는 경우가 많았다. 실제로 1972년 5월 북한을 방문한 중앙정보부장 이후락이 김영주의 건강 상태가 어느 정도인지 궁금

김영주가 권력에서 배제된 결정적인 이유는 김일성의 신뢰 상실이다. 2015년 7월 지방인민회의 대의원 선거를 하는 김영주.

해 만찬석상에서 술을 먹였는데, 다음 날 김영주는 의식불명 상태에 빠졌다. 김영주는 이 일로 김일성에게 심한 질책을 받았다.[8] 그가 권력의지가 강했더라도 거기에 진력할 수 있을 만큼 건강이 좋지는 않았던 것이다.

김영주는 1922년생인데, 2015년 7월에는 지방인민회의 대의원 선거를 하는 모습이 조선중앙TV에 공개되기도 했다. 김영주는 김일성의 직계를 말하는 이른바 백두혈통의 직계는 아니지만 김일성의 친척, '만경대 가문'에는 속하는 인물이다. 만경대 가문의 인물 김영주의 활동을 공개한 것은 김일성에 대한 공대恭待를 간접적으로 표현하기 위한 김정은 정권의 의도가 담긴 것으로 보인다. 김영주는 2016년에도 최고인민회의 대의원 겸 명예부위원장을 맡았다. 여하튼 오랜 기간 수난과 권력의 부침을 겪었던 김영주는 김일성과 김정일 세대를 넘어 자신의 손자 세대가 통치하는 북한의 모습까지 지켜보게 되었다.

군에 대한 통제력 확보

김정일은 당 조직에서 성장했기 때문에 특별한 군 경력이 없었다. 그래서 후계자 확정 이후 군 조직을 장악하는 것이 그에게는 주요 과제였다. 이를 위한 첫 번째 작업이 조선인민군에 대한 대대적인 검열이었다. 1974년 하반기에 실시되었다. 방법은 군의 당 조직을 이용한 것이었다. 물론 김정일이 주도했다. 김정일이 직접 통할하는 당 조직지도부 검열반이 조선인민군 당위원회와 총정치국, 각 군종·병종 사령부 당위원회, 군단·사단·연대·대대 당위원회, 중대 세포까지 파견되어 검열했다. 검열 내용은 유일사상 체계와 유일지도 체계의 정립 상황, 김정일의 방침 시행 상황 등을 확인하는 것이었다.[9]

김정일은 이와 함께 1968년 말 군 수뇌부 숙청 이후 신설된 정치위원에 대한 장악력을 강화했다. 연대 이상의 부대에 설치했던 정치위원에 대한 임명권을 장악한 것이다. 이들이 군에 대한 당의 통제기구 역할을 했고, 이들에 대한 인사권을 쥠으로써 군 장교들에 대한 통제권을 훨씬 강화하게 된 것이다.

1974년에는 3대 혁명소조운동의 영향으로 장교들도 세대교체가 이루어졌다. 중대장은 30~40세에서 32세 미만으로, 대대장은 40~50세에서 32~35세 정도로, 연대장은 50~60세에서 35~40세로 젊어졌다. 그러면서 나이가 든 연대장과 사단장급 지휘관들이 군에서 물러났고, 김정일의 지지 세력인 오극렬, 김두남, 김강환, 최상욱 등 만경대혁명학원 출신들이 요직을 차지했다.

1975년에는 조선인민군에 대한 몇 가지 중요한 조치가 시행되었다. 첫째, 군 조직을 일부 개편해 2개의 집단군을 폐지했다. 명령 계통에서 한 단계를 없애고 간결화한 것이다. 이는 군단 이하의 통제를 쉽게 하기 위한 것이었다. 둘째, 조선인민군 병영과 사무실에 김정일 초상화를 걸게 했다. 김일성 초상화와 똑같은 크기로 바로 옆에 걸도록 한 것이다. 군에 대한 통제와 장악력 확보가 사회 어느 부문보다 중요하다는 판단 때문이었을 것이다. 셋째, 군이 김일성에게 올리는 보고서가 반드시 김정일을 통해서 올라가도록 했다. 이로써 군에 대한 김정일의 통제력은 상당 부분 확보되었다고 할 수 있다.

이후 북한은 군 간부들에 대한 강습, 회의 강화, '3대 혁명 붉은기쟁취운동' 등을 통해 조선인민군 내에서 유일지도 체계를 분명하게 확립하려는 노력을 지속적으로 전개했다. 이것이 1970년대 말에는 오중흡과 김혁 등 항일혁명 당시 김일성에게 충성을 다했던 인물들을 따라 배우는 것으로 이어졌다.

1975년 중반부터 군과 함께 정부에 대한 통제력 확보에도 김정일은 적극적이었다. 정무원 당위원회를 신설하는 것이었다. 정무원 산하 각 부처와 위원회의 당위원회는 그대로 두고, 그 위에 정무원 전체를 관장하는 당위원회를 새롭게 설치했다. 책임비서는 정무원 총리가 겸임하도록 하고, 제2비서는 따로 두었다. 이렇게 함으로써 정무원에 대한 당의 지도를 훨씬 강화할 수 있었다.

정무원 사무국과 참사실도 개편했다. 사무국은 12개 과가 각 부처·위원회를 2개씩 담당하던 체제를 제1·2·3사무국으로 정비하고, 그 기능도 종전의 업무지도에서 행정 조정을 주로 하도록 했다. 참사실은 정책 입안 기능을 강화하도록 했다. 이렇게 개편함으로써 당의 노선이 효과적으로 정무원에 실현되도록 한 것이다.

이와 함께 당중앙위원회의 전문부서가 정무원의 부처에 대한 정책 검열도 분명하게 하도록 했다. 예를 들어 당중앙위원회 농업부가 정무원 농업위원회에 대해 당의 정책을 잘 실현하고 있는지 지도·검열을 철저하게 하도록 한 것이다. 농업에 대한 당중앙위원회나 김일성·김정일의 지시 사항이 온전히 집행되고 있는지를 예의 살피도록 한 것이다. 그 결과에 따라 당중앙위원회 농업부는 정무원 농업위원회에 대한 인사를 단행할 수 있는 권한이 있었다. 당의 노선이 제대로 농업위원회에서 구현되지 않고 있을 때에는 책임자를 인사 조치한 것이다. 이렇게 김정일은 당에 이어 군과 정부에 대한 통제권을 확대해나갔다.

김일성주의화와 유일사상 체계 10대 원칙

후계자로 확정된 뒤 김정일은 당 조직에 대한 장악력을 공고화하면서 사상적으로 북한 사회를 일색화—色化하는 데에도 큰 관심을 기울였다. 1974년 2월 19일 전국 당 선전활동가 강습회에서 '온 사회를 김일성주의화하기 위한 당 사상 사업의 당면한 몇 가지 과제에 대하여'라는 제목으로 연설하면서 북한 사회 전체를 김일성주의화할 것을 제의했다. 김일성주의를 북한 사회를 운영하는 유일한 지침으로 삼아 공산주의 사회를 건설해나가자는 제안이었다.

김일성주의는 주체사상을 이르는 것으로 이 시기의 주체사상은 인간이 역사의 주인이라는 주장에서 변질되어 수령의 영도 없이는 인간이 역사와 혁명의 주체가 될 수 없다는 논리를 갖게 되었다. 김일성의 영도하에 인민들이 혁명의 길에 들어설 때 의미가 있고 혁명도 성공할 수 있다는 것이다. 김일성주의는 김일성의 북한 사회 지배를 위한 도구로 만들어낸 이데올로기였다.

온 사회의 김일성주의화 작업이 시작된 것인데, 이는 김일성주의를 북한 사회 전반에 확산시켜 김일성에 대한 절대적 충성과 무조건적 복종을 일반화하고 생활화하기 위한 것이었다. 1974년 4월 14일에는 김일성의 62세 생일을 기념해 '유일사상 체계 10대 원칙'을 김정일이 당 간부들 앞에서 직접 발표했다. 김일성주의에 의한 사회 일색화를 위한 것으로 10개항으로 되어 있었다.

① 위대한 수령 김일성 동지의 혁명사상으로 온 사회를 일색화하기
위하여 몸바쳐 투쟁하여야 한다.

② 위대한 수령 김일성 동지를 충성으로 높이 우러러 모셔야 한다.

③ 위대한 수령 김일성 동지의 권위를 절대화하는 것은 우리 혁명의
지상의 요구이며 우리 당과 인민의 혁명적 의지이다.

④ 위대한 수령 김일성 동지의 혁명사상을 신념으로 삼고 수령님의
교시를 신조화하여야 한다.

⑤ 위대한 수령 김일성 동지의 교시 집행에서 무조건성의 원칙을 철
저히 지켜야 한다.

⑥ 위대한 수령 김일성 동지를 중심으로 하는 전당의 사상의지적 통
일과 혁명적 단결을 강화하여야 한다.

⑦ 위대한 수령 김일성 동지를 따라 배워 공산주의 풍모와 혁명적 사
업 방법, 인민적 사업 작풍을 소유하여야 한다.

⑧ 위대한 수령 김일성 동지께서 안겨주신 정치적 생명을 귀중히 간
직하며 수령님의 크나큰 정치적 신임과 배려에 높은 정치적 자각
과 기술로써 충성으로 보답하여야 한다.

⑨ 위대한 수령 김일성 동지의 유일적 영도 밑에 전당, 전국, 전군이
한결같이 움직이는 강한 조직 규율을 세워야 한다.

⑩ 위대한 수령 김일성 동지께서 개척하신 혁명 위업을 대를 이어 끝
까지 계승하며 완성하여나가야 한다.[10]

김정일이 김일성에 대한 절대 충성을 제시한 것은 이를 통해 자신의

김정일은 '유일사상 체계 10대 원칙'을 발표하고, 김일성주의로 온 사회를 일색화하는 작업을 진행시켰다. 일치단결을 강조하는 북한의 선전물.

지도 체계도 강화하려는 것이었다. 이 '유일사상 체계 10대 원칙'의 각 조항에는 부수적인 내용이 붙어 있었는데, 제10항에는 "전당과 온 사회에 유일사상 체계를 철저히 세우며 수령님께서 개척하신 혁명적 위업을 대를 이어 빛나게 완수하기 위하여 수령님의 영도 밑에 당 중앙의 유일적 지도 체제를 확고히 세워야 한다"는 부칙이 딸려 있었다. 김일성주의로 온 사회를 일색화하는 작업을 하되 어디까지나 이 작업을 주도하는 것은 김정일이어야 한다는 것이다.

이렇게 해서 김정일에게는 유일사상 체계의 관리권과 사상에 대한 해석권이 주어졌고, 김정일 이외에는 누구도 김일성주의로 북한 사회의 일색화 작업에 대한 주도권을 행사할 수 없게 되었다. 10대 원칙 선포 이후 김정일은 실제로 전체 당 조직을 동원해 10대 원칙 토의 사업을 진행하도록 하고 김일성주의를 확산시켰다. 김정일은 이를 '사상대전思想大戰'이라고 부를 정도로 중요하게 여겼다.

이 사업은 주로 당 선전선동부를 통해 이루어졌다. 당시 선전선동부는 중앙기관지도과, 지방지도과, 강연과, 교양과, 보도과, 영화과로 구성되어 있었다. 중앙기관지도과는 평양에 있는 국가기관에 대한 지도를 담당했다. 지방지도과는 도·시·군 당위원회에 대한 지도를 맡고 있었다. 강연과는 당원, 주민, 군인 등에 대한 강연 활동을 관장하고, 교양과는 당원과 주민들에 대한 사상교육을 위한 교재개발 등의 기능을 담당했다. 보도과는 조선중앙통신을 관할하고, 영화과는 영화 제작을 통한 선전 업무를 담당했다.

이렇게 조직화된 선전선동부를 통해 온 사회에 김일성주의화 사업이 시행되었는데, 화요 학습, 수요 강연, 금요 노동, 토요 학습 등이 실시되어 모든 주민이 하루 2시간씩 사상학습을 하도록 했다. 각 도에 건설된 김일성동지혁명사적관, 주요 기관과 기업소에 설치된 김일성동지혁명사상연구실 등에 대한 현장 방문 학습도 대대적으로 진행했다. 그런 교육과 현장 답사를 통해 김일성주의와 함께 김정일의 지도 체계를 북한 사회 전반에 착근시키려고 한 것이다.

세금 제도 전면 폐지

생산수단이 모두 사회화된 사회주의가 달성되면 세금은 있을 수 없다. 세금은 기본적으로 개인 재산이나 재산상의 소득에 대해 부과할 수 있기 때문이다. 마르크스는 세금 제도와 관련해서 "세금 개혁만으로 사회주의가 올 수는 없다"고 주장했다. 세금 제도가 중요한 것이긴 하지만 그것을 개혁하는 것만으로는 사회주의가 달성될 수 없고, 결국은 사회주의 사회가 도래해야 세금이 없어질 수 있다고 이야기한 것이다.

북한은 1974년 4월에 세금 제도를 폐지했다. 3월에 열린 최고인민회의 제5기 제3차 회의에서 세금 제도를 없애는 법령을 채택하고 4월 1일부터 실시한 것이다. 사회주의 제도의 실현과 자립적 민족경제의 취지에 따라 세금 제도를 완전히 폐지한다는 것이 북한의 공식 선포 내용이었다.

북한은 정부 수립 이후 경제 건설 과정에서는 세금 제도를 유지했다. 특히 농업현물세는 국가 자원의 중요한 부분으로 역할을 했다. 하지만 세금 제도를 '낡은 사회의 유물'로 보고 세금 제도 폐지를 지향했다. 1966년 4월에는 농업현물세를 폐지했다. 이후 노동자와 사무원들의 소득세와 지방자치세가 남아 있었는데, 이마저 없앤 것이다. 실제 소득세와 지방자치세 수입이 국가 예산에서 차지하는 비중은 1.9퍼센트에 불과했다. 하지만 이를 폐지해 세금을 완전히 없애고 여기에 상징적인 의미를 부여해왔다. 북한의 설명을 직접 보자.

혁명과 건설에 요구되는 자금을 사회주의 경리로부터의 수입으로 보장할 수 있을 뿐 아니라 방대한 국가자금을 돌려 인민들의 생활을 책임적으로 보장하여주는 우리나라 사회주의 제도하에서는 국가적 및 사회적 자금 수요를 충당하는 보충적 수단으로서 주민들로부터 세금을 받을 필요가 없게 되었다. 또한 착취계급이 이미 오래전에 없어지고 근로자들의 생활수준상 차이도 크게 없으며 모든 사람들이 다 고르게 잘살고 있는 우리나라 사회주의 제도하에서는 주민들의 수입을 더 고르게 하기 위한 수단으로서의 세금 제도를 더는 남겨둘 필요가 없게 되었다.[11]

국가 재원은 충분하며 인민들의 생활수준도 평등한 사회주의가 시행되고 있기 때문에 세금을 더는 걷을 필요가 없다는 이야기다. 그러면서 북한은 인류역사상 처음으로 세금 없는 나라를 이루었다고 자랑해왔다. 하지만 이렇게 공식적인 세금은 없애 놓고, 다른 이름으로 여러 가지 준조세準租稅를 걷어왔다. 부가가치세에 해당하는 거래수입금, 법인세와 같은 국가 기업 이익금, 소득세와 비슷한 사회협동단체 이익금 등을 걷어온 것이다. 결국 농민, 노동자, 사무원 들이 직접 내던 직접세는 없어지고, 원천징수 형식의 간접세가 생겨난 것이다.

북한은 그 밖에도 주요 국책 사업을 실시할 때 모자라는 재원을 보충하기 위해 주민들에게 자갈, 모래, 잔디, 손장갑 등을 내도록 했다. 이러한 현물을 못 내면 돈으로 내게 한다. 세금이 없다고 해서 주민들의 부담이 없는 것은 아니었다.

박정희 암살 시도

1974년 8월 15일 오전 서울 장충동의 국립극장에서 광복 29주년 기념식이 열리고 있었다. 10시 30분쯤, 갑자기 총성이 울렸다. 저격범이 단상을 향해 발사한 것이다. 5발을 발사했는데 그중 1발이 대통령 부인 육영수의 머리에 맞았다. 단상에서 연설하고 있던 대통령 박정희를 향한 것이었지만, 빗나가고 옆에 앉아 있던 육영수를 맞춘 것이다. 육영수는 그날 오후 서울대학교병원에서 숨을 거뒀다. 범인은 현장에서 붙잡혔는데, 23세의 재일 한국인 문세광이었다. 문세광은 조총련계 인물이었다. 당국의 조사 결과에 따르면 북한의 지령에 따른 박정희 암살 시도였다. 문세광은 내란목적 살인죄 등의 죄목으로 1974년 12월 사형이 선고되고 곧 집행되었다.

사건 이후 박정희 정부는 북한에 대한 공분을 불러일으키면서 반공 체제를 더욱 강화했다. 북한은 문세광의 암살 시도가 정치적 돌파구를 마련하기 위한 박정희 정권의 자작극이라고 주장했다. 북한에 대한 경계심을 강화해 안보의식을 강화하고 정권을 안정시키려고 했다는 것이다. 1973년 대화가 중단된 상태였던 남북 관계는 악화될 수밖에 없었다.

사건 이후 한일 관계도 극도로 악화되었다. 한국 정부의 사과 요구에 일본이 응하지 않았기 때문이다. 결국 밀사들이 오가는 교섭 끝에 일본이 도의적 책임을 인정하고 테러 활동에 대한 단속을 강화하겠다는 뜻을 밝혀 한일 관계는 회복될 수 있었다.

1974년 8월 15일 10시 30분쯤에 갑자기 총성이 울렸다. 조총련계 문세광이 박정희 대통령을 향해 발사했지만, 총탄은 옆에 앉아 있던 육영수 여사의 머리에 맞았다. 1974년 10월 14일 법정에 선 문세광.

    1975년에는 중앙정보부가 제안해 '조총련계 모국방문단 사업'이 실시되었다. 한국의 발전상을 조총련계 사람들에게 알려 북한과의 연계를 끊어보겠다는 시도였다. 중앙정보부 판단기획국장 김영광에게서 처음 관련 제안을 들었을 때 박정희는 조총련이란 말에 손끝을 부르르 떨며 눈빛이 달라졌고 역겨운 기색을 감추지 못했다고 한다. 하지만 나중에 "근혜도 반대했어. 하지만 내가 대통령이기에 결심한 거야. 조직적이고 계획적으로 해서 좋은 성과를 얻어야 해"라며 사업 추진을 지시했다고 한다.[12] 이후 1975년 9월 조총련계 방문단 700명이 서울에 들어왔다.

박정희는 조총련이 밉지만 이들이 북한과의 관계를 끊는 것이 더 중대한 일이라고 생각했다. 하지만 박근혜는 조총련계 모국방문단 사업을 계속 반대했음을 박정희의 말을 통해 알 수 있다. 박근혜는 자서전에서도 "범인은 일본 여권을 가진 간첩 문세광으로 밝혀졌다. 배후 세력에는 조총련이 도사리고 있으며 북한의 지령에 의한 범행이었다"라면서 '간첩', '북한의 지령'을 강조했다.[13] 박근혜의 의식 속에 북한에 대한 매우 부정적인 인식이 자리 잡고 있음을 알 수 있게 하는 대목이다. 그러한 부정적인 인식은 그가 대통령을 하는 동안 북한에 대해 강경한 정책을 지속하도록 하는 요인이 되었을 것이다. 1970년대의 사건이 40년이 넘게 지난 시점의 남북 관계까지 규정한 것이다.

3대 혁명 붉은기쟁취운동

3대 혁명소조운동에 이어 북한은 1975년 11월 3대 혁명 붉은기쟁취운동을 시작했다. 3대 혁명소조운동이 간부들의 의식개혁에 초점을 두었다면, 3대 혁명 붉은기쟁취운동은 대중 속의 운동이었다. 11월 19~21일 당중앙위원회 제5기 제11차 전원회의가 열렸는데, 여기서 3대 혁명 붉은기쟁취운동의 개시가 결정되었다. 김정일이 발기했다. 이 결정이 내려진 뒤 얼마 안 돼 12월 1일 함경남도 단천군 검덕광산에서 노동자들이 궐기모임을 갖고 이 운동의 기치 아래 생산력 배가운동을 결의했다. 이것이 3대 혁명 붉은기쟁취운동의 시발점이 되었다. 이후 북한 전역의 공장, 기업소, 협동농장은 물론 교육·문화·보건기관 등으로 확산되었다.

성격은 사상개조운동, 기술혁신운동, 문화개조운동을 동시에 전개하는 군중운동이었다. 이러한 운동을 모범적으로 실행한 기관에 '3대 혁명 붉은기'를 수여함으로써 지속적인 운동을 독려했다. 사회주의의 완전한 승리와 온 사회의 주체사상화를 위한 기본 과업으로 제시된 사상·기술·문화의 3대 혁명을 대중 속에서 강력히 추진하기 위해 제창되었다. 천리마작업반운동을 통해 근로자들의 정신과 태도가 많이 변화되었지만, 북한은 이를 심화·발전시키는 것이 필요하다고 보았고, 그 심화·발전을 위한 운동이 3대 혁명 붉은기쟁취운동이었다. 김정일이 이 운동의 성격과 중심 과업을 직접 밝힌 적이 있다.

> 3대 혁명 붉은기쟁취운동은 속도전, 사상전의 원칙을 구현하여 사람들의 사상 개조 사업과 경제, 문화, 국방 건설에서의 집단적 혁신운동을 유기적으로 결합시켜 힘 있게 밀고 나감으로써 혁명적 대사변을 맞이하기 위한 준비를 튼튼히 갖추고 사회주의, 공산주의 건설을 최대한으로 다그치는 새로운 대중적 운동입니다. 3대 혁명 붉은기쟁취운동의 중심 과업은 사상혁명, 기술혁명, 문화혁명을 전면적으로 더욱 다그치는 데 있습니다.[14]

북한 사회 전반에 걸쳐 전개되는 사상개조운동이면서 생산배가운동이라는 이야기다. 운동의 구호는 '사상도 기술도 문화도 주체의 요구

3대 혁명 붉은기쟁취운동은 사상개조운동, 기술혁신운동, 문화개조운동을 동시에 전개하는 군중운동이었다. 3대 혁명 붉은기쟁취 전투장.

대로!' 였다. 북한은 이 운동을 당 조직을 중심으로 전개하면서 3대 혁명 소조와 근로단체들도 이 운동에 결합시켜 운동을 활성화해나갔다. 김정일은 단계별 목표를 정해 성과에 대해 총결하고 평가하도록 했다. 김정일은 '3대 혁명 붉은기쟁취운동 지도서'라는 것을 작성해 당 조직에 내려보냈다. 군중토의를 통해 사업의 진행을 스스로 검토하도록 하고, 『로동신문』 등 주요 언론들은 운동의 경험과 교훈을 널리 소개하도록 했다.

이 운동의 효과적인 실행을 위해 북한은 지속적으로 관리 시스템을 만들어나갔다. 1976년에는 '충성의 등록장제登錄帳制'를 실시했다. 각급 학교별로 학생들의 운동 추진 실적을 기록하도록 하는 것이다. 1977년에는 중앙과 도·시·군에 '붉은기 수여 판정위원회'를 설치했다. 운동 실적에 대한 공정한 평가를 통해 운동을 안정적으로 정착시키기 위한 것이다. 그리고 '3대 혁명 명예휘장' 제도도 실시해 모범기관에는 붉은기뿐만 아니라 휘장도 수여했다. 1980년대 중반에는 '3대 혁명 붉은기쟁취운동' 상훈제도를 실시해 모범기관에는 '국기훈장 2급' 바로 다음 등급의 훈장을 주었다.

3대 혁명 붉은기는 김일성이나 김정일의 생일, 당 창건일 등 특별한 날을 기념해서 수여되었다. 북한은 지금도 이 운동을 지속하고 있는데, 2015년 11월에는 1986년, 1995년, 2006년에 이어 제4차 '3대 혁명 붉은기쟁취운동 선구자대회'를 열어 운동의 활성화를 촉구하기도 했다.

김일성종합대학 교직원

김덕홍이 본

1974년

김덕홍은 1997년 황장엽과 함께 망명했다. 김일성종합대학에서 오랫동안 교직원으로 근무하다가 당중앙위원회 주체사상연구소장 서기를 거쳐 당중앙위원회 자료연구실 부실장을 하고 있을 때 망명했다. 김덕홍은 1974년에는 김일성종합대학 교직원으로 일하고 있었는데, 당시 북한 최고 대학의 상황을 자신의 책에서 잘 묘사하고 있다.[15]

1974년은 김정일이 김일성의 후계자로 확정되는 해로 북한 현대사의 큰 변곡점을 이루는 해다. 김일성종합대학도 1974년을 기점으로 큰 변화가 생겼다. 1973년까지는 밝고 역동적인 모습이었다. 강의실과 교정에서 학생들이 삼삼오오 모여 이야기하고 토론하고 논쟁하는 모습이 많았다. 운동장도 학생들로 붐볐다. 군대식 규율이 있기는 했다. 등교할 때나 식당에 갈 때는 군대식으로 줄을 서서 갔다. 기숙사는 밤 10시 취침 구령에 따라 불을 껐다.

북한 권부의 여러 뒷이야기도 학교에 돌아다녔다. 김일성종합대학의 학생들은 대부분 최고위층의 자녀들이었다. 이들은 부모들이 집에서 하는 이야기를 동료들에게 전했다. 이렇게 전해지는 이야기들을 여기저기 퍼뜨리는 학생들이 있었다. 이들을 '비공개 타스통신'이라고 불렀다. 이들은 '김일성이 어제 정치국에서 누구를 혼냈다'는 등의 북한 정치의 비하인드스토리를 학교 곳곳에 전해주었다. 그래서 김일성종합대학은 늘 정치 이야기로 가득했다.

김일성종합대학의 22층 건물은 밤 10시가 넘도록 켜져 있는 경우가 많았다. 야간 강의도 있었고, 공부하는 학생들도 있었다. 방학 때는 지방에서 통신강의를 듣고 있던 학생들이 직접 강의를 듣기 위해 찾아왔다. 1년 내내 활력이 있었고, 원래의 설립 취지인 민족간부 양성의 기능을 하고 있었다.

하지만 이는 1973년까지의 상황이다. 1974년부터는 상황이 완전히 달라졌다. 활기는 사라지고 긴장과 초조와 불안이 학교를 지배했다. 학교 전체에 대한 당의 통제가 강화되었기 때문이다. 우선 교재가 주체사상 중심으로 전면 교체되었다. 사회과학은 물론, 자연과학 교재도 주체사상을 중핵으로 개편한 교재를 쓰게 되었다.

'일일 충성의 선서모임'이 생겨 매일 일정한 장소에 모여 당과 김일성에 대한 충성을 선서해야 했다. 학생은 물론 교직원도 마찬가지였다. 특별한 사유 없이 3번 지각을 하면 학교에서 퇴출되었다. 이틀에 한 번은 '당 및 근로단체 조직사상 생활총화'에 참석해야 했다. 움쭉달싹하기가 어렵게 되었다. '비공개 타스통신'도 사라졌다. 학교 구석구석에서 벌어지던 토론과 논쟁의 광경도 보기 어려워졌다. 야간 강의도 없어져 밤이 되면 적막하기 이를 데 없었다.

김일성의 경호를 맡고 있던 호위국이 학교 일부를 위수 지역으로 정하면서 삭막한 분위기는 더해졌다. 주변 야산에는 고사포 진지도 설치되었다. 1975년에는 학교 건물의 20~22층이 위수 지역으로 설정되어 누구도 접근하지 못하게 되었다. 높은 데서 보면 김일성의 저택이 보인다는 것이 이유였다. 이 모든 것은 김정일의 지시에 의한 것이었다는 게 김덕홍의 증언이다. 후계자가 되면서 김일성에 대한 충성을 과하게 표현하려 하다 보니 이러한 무리한 조치들을 시행하게 된 것이다.

김덕홍은 김일성종합대학에서 근무하면서 1973년에 경제학부 정치경제학과에 입학해 다니던 김평일도 관찰할 수 있었다. 김일성과 김성애 사이에서 태어난 첫째 아들이다. 김일성을 닮은 그는 벤츠 승용차를 직접 몰고 등교했다. 자동차가 귀했던 시절이어서 모두들 멈춰 서서 지나가는 벤츠를 구경했다. 당시까지만 해도 김성애의 위세가 대단했기 때문에 가능한 일이기도 했다. 김성애는 1971년 조선민주여성동맹 위원장이 되면서 상당한 권력을 행사하고 있었다.

1974년 1월 1일에는 이런 일도 있었다. 김일성이 당중앙위원회 간부들과 신년 기념사진을 찍기로 했다. 김정일이 미리 도착해 준비 상황을 살폈다. 가운데 금색의자가 2개 있었다. 하나는 김일성, 하나는 김성애의 것이었다. 김정일이 버럭 고함을 질렀다. "김성애가 당 간부야? 이 의자 당장 치워!" 하지만 김정일은 곧 이성을 찾았다. 얼마 후 도착한 김일성과 김성애에게 공손하게 인사를 했다.

김정일은 한 달 뒤 당중앙위원회 정치위원이 되면서 후계자가 되었다. 이때부터는 이른바 '곁가지 치기'에 나서 김성애의 남동생 김성갑과 김성호의 비행을 조사하고 1974년 6월 이들을 연금했다. 이때부터 김성애는 공식석상에 나타나지 않았고 주변 인물들도 모두 숙청되었다. 이런 큰 정치적 회오리 속에서 1974년 북한의 최고 명문학교인 김일성종합대학도 공부하는 내용에서부터 학교 주변의 분위기까지 한꺼번에 바뀌는 큰 변화를 겪었다.

1976~1977년

제9장

×××

김일성 군림, 김정일 통치

김일성은 국가, 김정일은 당

김일성은 1972년 개헌으로 국가주석이 된 이후 국가 부문에 주력하고, 조선노동당은 김정일이 주로 관장했다. 1970년대 후반이 되면서 이러한 현상은 분명해졌다. 김일성이 국가 부문에 주력하면서 최고인민회의가 빈번하게 열리고 이전보다 권한도 강해졌다. 통일 정책 제안이나 정부조직 문제 등 주요 문제도 최고인민회의에서 토의·결정되는 경우가 있었다. 그에 반해 당중앙위원회 전원회의는 열리는 빈도가 줄었다. 통상 한 해에 3~4번 열렸는데, 1976년에는 한 차례만 열렸다. 당중앙위원회 제5기 제11차 전원회의가 1975년 11월에 개최된 이후 제12차 전원회의가 열린 것은 1976년 10월이었다. 거의 1년 만에 열린 것이다.

김일성이 국가의 중심으로 옮겨가면서 국가 부문의 비밀주의도 강화되는 모습이 나타났다. 1977년 11월에 최고인민회의 제6기 대의원 선거가 있었는데, 종전과는 달리 대의원 명단은 비밀에 부쳐졌다. 579개 선거구에서 투표가 실시되어 100퍼센트 투표율을 보였고, 579명의 대의원이 선출되었다고만 발표되었을 뿐이다. 1977년 12월에 최고인민회의 제6기 제1차 회의가 열려 인민경제발전 제2차 7개년 계획(1978~1984)을 통과시켰는데, 이 또한 특이한 일이었다.

이전까지 장기 경제계획은 당대회에서 결정했다. 최고인민회의에서 결정한 것은 처음이었다. 제1차 인민경제발전 7개년 계획(1961~1967)이 3년 연장되었을 때에는 다음 경제계획을 결정하기 위한 당대회도 동시에 연기되어 1970년에 제5차 당대회를 열었다. 이렇게 열리게 된 제5차 당대회에서 그다음 경제발전계획인 인민경제발전 6개년 계획(1971~1976)도 결정되었다.

1977년 12월 최고인민회의에서 제2차 7개년 계획을 결정하기 직전에 당중앙위원회 제5기 제15차 전원회의가 열리기는 했다. 하지만 여기서는 정부 관료의 설명만을 듣고 말았다. 브리핑에 나선 사람은 홍성룡이었다. 당시 홍성룡은 내각의 각료도, 당중앙위원도 아니었다. 12월 15일 최고인민회의에서 내각이 구성될 때 비로소 국가계획위원장이되었다. 반면에 제2차 7개년 계획을 결정한 12월 최고인민회의에서는 정무원 총리 리종옥이 직접 설명했다. 그리고 실행을 결의한 것이다. 1970년대 중반 이후 김일성은 당의 주요 행사에 참석하지 않는 경우도 많아졌다.[1]

중앙인민위원회의 기능이 강화되면서 당정치위원회는 결원이 생겨도 충원하지 않았다. 정준택, 최용건, 한익수가 각각 1973년, 1976년, 1978년에 사망하고, 김동규와 김중린이 탈락했지만 그 자리를 한동안 비워두었다.

이렇게 김일성이 국가 부문에 관심을 집중하는 사이 김정일은 당에서 자신의 위치를 굳건히 하는 작업을 계속했다. 1974년 2월 당정치위원회 위원이 된 뒤 당정치위원회를 주도하면서 당 조직·선전 부문의 간부들도 종종 소집해 당의 활동 강화 방침을 시달했다. 1980년 제7차 당대회에서 후계자로 대내외에 공개될 때까지 이런 작업을 계속했다.

김일성과 김정일이 이렇게 역할을 나누어 한 것은 북한에 대한 효율적인 통치와 후계체제의 안정적인 정착을 위한 것으로 여겨진다. 김일성은 남한과의 관계, 비동맹국가들과의 외교 등을 위해 국가주석의 역할에 비중을 두어야 했다. 반면에 김정일은 북한 사회에 대한 통치력 확보를 위해 당내 정치 활동을 강화해야 했다. 북한은 당시나 지금이나 여전히 당-국가 체제이기 때문에 당에서 세력을 확장하지 않으면 국가 부문이나 군에서 세력을 확장하기 어려웠다. 김정일로서는 당내 세력 강화가 무엇보다 중대한 과제였다. 이러한 연유로 1970년대 후반에 김일성은 국가, 김정일은 당을 관장하는 양상이 나타났다.

김정일의 강력한 통치력 확보

당에 대한 통제력을 확보하면서 김정일은 1976년 중반부터 각 부문에서 실질적인 통치력을 확보하게 되었다. 조선노동당 중앙위원회 부부장을 지낸 박병엽의 증언에 따르면, 이 무렵 "김일성에게 제출된 보고서가 김정일을 경유하고, 김일성은 김정일이 선별한 보고서만 읽는 식으로 바뀌었다"고 한다.[2] 당시 김정일이 이러한 통치력을 확보한 것은 각 부문의 핵심 세력들을 장악했기 때문에 가능했다. 북한은 그때나 지금이나 최상층에서 하부에 이르기까지 지시 체계가 분명하게 정리되어 있는데, 영도 핵심-지도 핵심-집행 단위 핵심-기초 단위 핵심이 그 체계의 중핵을 이루고 있다. 김정일은 이 중핵 부분을 장악함으로써 통치력을 확보한 것이다.

1977년에는 당, 국가, 군의 최고위직에 대한 인사권도 김정일로 넘어갔다. 김정일이 후계자로 공식화된 것은 1980년 10월 제6차 당 대회에서이지만, 실제로 북한의 내정을 장악하고 김일성과 함께 북한의 지도자 역할을 한 것은 1977년부터라고 할 수 있다.

그 무렵 김정일은 식량배급제에 일부 변화를 주었다. 15일에 한 번씩 지급하던 배급표를 5~7일에 한 번씩 지급하는 것으로 바꾸었다. '노동 규율을 세운다'는 명목이었다. 실은 주민들에 대한 통제를 좀더 강화하기 위한 것이었다. 주민들의 반발이 컸다. 결국은 원상복귀할 수밖에 없었다. 김정일의 북한 사회에 대한 지배력을 강화하기 위한 조치였지만, 불만의 목소리가 커지자 물러선 것이다. 후계체제에 대한 불만으로 확산될 가능성을 염려했기 때문일 것이다. 강력한 통치력 확보에 우선적인 관심을 보였던 김정일이지만, 필요할 때는 후퇴할 줄도 아는 유연성도 갖고 있었음을 알 수 있는 대목이다.

김정일의 불리한 일화들을 이야기했다가 화를 당하거나 좌천을 당하는 사람도 많았다. 고급중학교 시절의 김정일(뒷줄 오른쪽).

역시 그 무렵 시작한 주민 재등록 사업은 주민들의 일부 반발이 있었지만, 강행했다. 부농 출신, 적기관敵機關 가담자, 만행자蠻行者 가족, 일제 복무자들을 다시 색출해내기 위한 사업이었다. 실은 김정일에 대한 불만 세력을 가려내기 위한 것이었다. 김정일 비방 낙서를 했거나 비방 발언을 한 적이 있는 사람들을 가려내려고 한 것이다. 문제가 된 사람들은 유언비어 유포 혐의를 씌워 집단수용소로 보냈다.

김정일의 어린 시절을 잘 아는 인물들도 좌천되었다. 김정일에게 불리한 일화들이 알려질 가능성이 있기 때문이었다. 김정일의 김일성종합대학 동창생들도 마찬가지 처지가 되었다. 실제로 김정일의 학생시

절에 대해 이야기했다가 화를 당하는 경우도 있었다. 특히 김정일 후계체제 정비로 물러난 당 간부들의 자제 가운데 김정일의 동창생이 많았는데, 이들 가운데 김정일에게 불리한 과거 이야기를 했다가 좌천을 당하는 경우도 많았다.

1977년 말에는 군에 대한 통제력 강화를 위한 움직임이 활발했다. 11월 30일 군의 선전 활동가 6,000여 명을 모아놓고 군 내부를 단속했다. 김일성은 그 자리에서 군사 규정의 준수와 군사 명령의 실행과 함께 당 중앙의 결정과 지시에 대한 엄격한 집행을 강조했다. 김정일의 지시에 따라야 함을 역설한 것이다. 군이 통치를 위한 무력을 지배하고 있는 만큼 군에 대한 지배력 강화 작업은 지속적으로 전개해야 했다. 1979년 2월에는 전군의 주체사상화를 관철하기 위한 방침을 제시하고, 5월에는 군대에서 3대 혁명 붉은기쟁취운동을 심화할 것을 지시했다. 12월에는 모든 군인에게 항일빨치산투쟁 당시 김일성에게 무조건 충성했던 오중흡과 김혁을 따라 배우도록 하는 운동을 시작했다. 이렇게 주요 부분에 대한 통치력을 다지는 과정을 거쳐 1980년 10월 후계자로 공식화된 것이다.

김동규의 김정일 후계체제 비판

김정일이 당에서 후계자로 확정되고 지도 체제를 확대해나가자 이에 반대하는 분위기도 생겨났다.[3] 당 생활에 대한 통제가 강화되고 모든 것이 김정일 중심이 되어야 한다는 데 대한 반발이었다. 당의 주요 간부들 사이에 그러한 분위기가 있었고, 지역적으로는 함경도 지역에서 심했다.

이러한 반발과 불만이 직접 표출된 것은 1976년 6월 초 열린 정치위원회 회의에서였다. 국가 부주석 김동규가 김정일 정책에 대해 비판했다. 그는 김일성의 항일빨치산 동지로 당시 김일성과 김일 다음 권력서열 3위였다. 김일은 건강에 문제가 있어 업무에 관심을 쏟지 못했기 때문에 실질적으로는 2인자였다. 그런 김동규가 김정일의 당내 정책에 대해 비판을 가한 것이다. 김동규는 김정일이 주도해 시행하던 간부 정책과 계급정책, 후계체제 정립 과정에 대해 조목조목 비판했다. 간부 정책과 관련해서는 "혁명열사 가족만 지나치게 내세우지 마라. 노동계급 가족의 불만이 크다"며 김일성의 항일빨치산 동지 가족에 치우친 간부 정책을 비판했다. 김정일이 당의 간부들을 젊은 세대로 교체하는 것에 대해서도 지적했다.

계급정책과 관련해서 김동규는 김정일이 월남자 가족이나 남한 출신들을 소외시키는 정책을 추진한 것에 비판을 가했다. 그러한 정책은 북한 사회의 내분을 조장할 뿐 결속에 도움이 되지 않는다는 이야기였다. 김동규의 결정적인 비판은 후계체제와 관련된 것이었다. 김정일을 후계자로 부각시키는 문제를 너무 서두른다고 지적했다. 김동규도 김정일 후계자 자체를 반대하는 것은 아니었다. 하지만 지나치게 서두르는 것은 문제가 있다고 지적했다.

김동규의 지적에 몇몇이 동조했다. 사회안전 담당 비서 류장식이 김동규의 의견을 옹호했다. 조선인민군 총정치국장 리용무도 그랬고, 당 검열위원장 지경수, 인민무력부 부부장 지병학 등은 분명한 입장을 밝히지 않아 동조 세력으로 간주되었다. 며칠 후 다시 정치위원회가 열려 김동규의 비판에 대해 논의했다. 여기서 김동규는 자기 비판을 하라는 요구를 거부했다. 회의가 끝나고 김일·최현·박성철 등 항일빨치산 동료들이 설득했지만, 김동규는 태도를 바꾸지 않았다.

이렇게 되자 류장식, 리용무, 지경수, 지병학 등도 국가정치보위부에 연행되어 사상검토를 받았다. 인민무력부 부부장 장정환도 사석에서 김동규에 동조했다는 이유로 함께 조사를 받았다. 장정환은 김정일의 매제 장성택의 삼촌이다. 이 과정에서 지경수와 지병학은 얼마 있지 않아 고혈압 등으로 사망했다. 김동규와 류장식은 함경북도 부전군의 산간지대에 있는 특수교양소에 수감되었다. 리용무와 장정환은 자강도 산골로 쫓겨났다. 군과 사회안전 부문에 있던 이들의 측근 간부들도 지방의 농장과 광산으로 좌천되었다.

김동규는 1974년 김정일을 후계자로 정하는 데 적극 찬성했던 인물이다. 그 바람에 권력 서열 3위를 유지할 수 있었다. 하지만 후계 확정이후 김정일의 지나친 당 정책 전횡을 비판했다. 리용무는 김창봉 숙청당시 숙청의 단서를 김일성에게 제공할 만큼 김일성과 가까운 인물이었다. 그런데도 김동규의 지적에 동조했다. 이러한 권력 핵심부의 비판은 김일성 지도부와 김정일을 크게 놀라게 했을 것이다. 그런 점에서 이 사건은 이후 북한이 김정일 후계체제를 정밀하게 구축하게 하는 중요한 계기가 되었다.

김일성이 이전의 숙청을 지시했다면, 김동규 등에 대한 숙청은 김정일이 지시했다. 1976년 이후 북한의 주요 부문을 장악하고 실질적인 통치를 수행하고 있던 김정일로서는 중대 이슈를 모두 다루고 있었고, 특히 그의 후계체제와 관련된 문제는 다른 어떤 것보다 중차대한 사안이었기 때문에 그가 주도하지 않을 수 없었다.

8·18 판문점 사건

판문점 공동경비구역에는 유엔군과 조선인민군이 모두 들어가 각각의 초소를 설치해놓고 있었다. 유엔군의 3초소와 5초소 사이에 미루나무가 한 그루 있었는데, 여름이면 잎이 무성해 양 초소 사이의 시야를 가렸다. 1976년 8월 18일 오전 유엔군은 이 나무의 가지치기 작업을 시작했다. 미군 대위 아서 보니파스Arthur Bonifas가 인솔 책임자였고, 미군 중위 마크 배럿Mark Barrett을 비롯한 장교 2명, 사병 7명, 노무자 5명 등 14명이 함께 작업을 했다. 작업을 시작한 지 몇 분 후 조선인민군 장교 2명과 사병 9명이 현장에 와서 작업을 중지하라고 했다. 그러나 작업은 계속되었다. 오전 11시쯤 북한 경비대원 10여 명이 도착했다.

북한 병력의 인솔자는 중위 박철이었는데, 작업을 중지하지 않으면 죽여버리겠다고 협박했다. 한국인 노무자들은 작업을 중단했다. 아서 보니파스는 '계속'하라고 명령했다. 박철이 "죽여"라고 소리치며 보니파스에게 달려들었다. 조선인민군이 합세했다. 조선인민군은 30여 명이었다. 보니파스는 도끼로 머리를 맞았다. 마크 배럿도 공격을 당했다. 둘 다 후송 중 사망했다. 남한군 장교 등 9명도 부상을 당했다.

사건의 경위에 대해 북한은 도발의 의도는 없었고, 유엔군 측의 잘못된 행동을 지적하다가 일이 확대되었다고 발표했다. 합의 없이 일방적 행위를 할 수 없는 판문점 공동경비구역에서 유엔군이 제멋대로 나무를 베려고 해서 이를 말렸고, 그런 조선인민군에 유엔군 측이 흉기를 휘둘러 사고가 발생했다는 것이다.[4]

8월 19일 미국은 북한의 행위를 비난하고 이로 인한 어떠한 사태도 북한이 책임져야 한다고 경고했다. 일본 오키나와에 있는 미군 전투기와 미 본토의 전폭기를 남한으로 이동시켰다. 남한군과 주한미군에는 방어준비태세 데프콘 2DEFCON 2가 발령되었다. 북한에서도 전군과 노농적위대, 붉은청년근위대 등 예비군에 전투태세 돌입 명령이 떨어졌다. 제대장교는 50대까지 현역으로 복귀했다. 전방 지역 주민들에 대한 소개疏開 작업도 전개했다.

유엔군은 일단 문제의 미루나무를 제거하는 작전을 8월 21일에 실시했다. 조선인민군이 대응해오면 개성과 연백평야에서 국지전까지 전개한다는 계획을 세워놓고 있었다. 주한미군 2사단과 남한군 제1공수특전단이 동원되었다. 조선인민군의 방해는 없었고, 미루나무는 제거되었다. 유엔군과 남한군의 단호한 태도에 북한은 유감을 표명했다. 미루나무 제거 작전을 벌이던 8월 21일에 군사정전위원회에서 북측 수석대표가 조선인민군 최고사령관이 유엔군 사령관에게 보내는 구두 메시지를 전달했다. "판문점 공동경비구역 내에서 사건이 발생한 데 대해

1976년 8월 18일 오전 유엔군이 3초소와 5초소 사이의 미루나무 가지치기 작업을 시작한 지 얼마 되지 않아 조선인민군 30여 명이 무차별 공격을 했다. 미루나무 제거 작업은 8월 21일에 다시 실시되었다.

유감스럽게 생각한다. 이러한 사건들이 또다시 재발하지 않도록 쌍방이 노력을 경주해야 할 것이다." 이것으로 사건은 일단락되었다.

하지만, 북한에서는 갑작스런 소개 작업으로 인한 커다란 부작용이 발생했다. 소개 작업은 김정일의 지시로 국가정치보위부가 실행했다. 김정일의 매제 장성택도 당 조직지도부 중앙지도과 평양시 담당 책임지도원으로 있으면서 이 작업에 깊이 관여했다. 8월부터 11월까지 평양의 20만 명 정도 주민이 다른 지역으로 이동했다. 황해도와 강원도의 전방 지역 주민 가운데 성분 불량자와 신체 허약자가 있는 8,000세대도 이주시켰다. 보위부원들이 소개장을 제시하면 곧바로 집을 비우도록 하는 식으로 진행했다.

김일성은 모르고 있었다. 현지 지도를 나갔다 와서 회의를 하다가 김일성종합대학의 통계경제학 전공 교수를 찾았다. 하지만 그는 월북자여서 이미 지방으로 소개되어 있었다. 김일성이 깜짝 놀라며 화를 냈다. 이후 6~7만 명 정도는 집으로 돌아갔다. 급하게 하다가 엉뚱한 사람을 소개시킨 경우도 많았다. 주민들 사이에 불만이 높아지고 자살하는 사람도 있었다. 결국은 국가정치보위부 4국장이 해임되고 국가정치보위부장 김병하가 문책을 당했다.[5]

북한은 고의적인 도발이 아니라고 하지만, 도끼로 미군 장교의 머리를 쳐서 사망에 이르게 했다는 점에서 우발적인 충돌로만 보기 어려운 측면이 있다. 그렇다면 북한은 그 시점에 왜 그토록 무모한 행위를 했을까? 첫째, 주한미군 철수를 위한 분위기 조성을 의도했을 것이다. 미군과의 충돌은 주한미군의 위험성을 부각시킬 수 있었다. 이는 그들이 주장하는 주한미군 철수를 위한 세계 여론 조성에 기여할 수 있었다.

둘째, 국내 정치적 이유다. 사건 발생 두 달 전 국가 부주석 김동규가 김정일의 당내 정책을 비판했다. 김정일 후계체제에 대한 반대의 성격이었다. 김일성 지도부와 김정일로서는 이는 다른 어떤 이슈보다 중요했다. 판문점에서 일어난 충돌은 북한 내부에 위기의식을 고조시켜 내부 결속을 강화할 수 있는 소재였다.

셋째, 주민들의 관심 전환도 필요했다. 북한은 1960년대까지는 어느 정도 경제성장을 이루었지만, 1970년대에 성장이 둔화되고 있었다. 남한과의 경제력 비교에서도 뒤지기 시작했다. 북한은 1인당 국민총생산 규모에서 계속 앞서다가 1974년에 처음으로 역전되어 남한의 535달러보다 적은 461달러 수준이 되었다. 내부적으로 경제적인 어려움에 따른 불만을 염려하지 않을 수 없었다. 그래서 북한은 주민들의 관심을 안보 문제로 돌릴 필요가 있었다.

이와 같은 이유로 8·18 판문점 사건을 일으킨 북한은 둘째와 셋째의 목적은 어느 정도 이루었을 것으로 보인다. 내부적으로 경계 태세를 강화해 체제 결속과 주민들의 관심 전환은 얻을 수 있었다. 하지만 주한미군 철수 여론 형성이라는 목적은 이루지 못했다. 박정희 정권과 미국은 북한에 대한 경계와 한미 공조의 강화를 더욱 높이 외쳤고, 그런 상황에서 남한이나 국제사회에서 주한미군 철수의 여론이 형성되기는 어려웠다.

1977년은 '완충의 해'

북한은 1971년부터 1976년까지 인민경제발전 6개년 계획을 시행했다. 이전에 이룩한 공업화의 성과를 공고화해서 근로자들을 힘든 노동에서 모두 해방시킨다는 것이 6년 간의 목표였다. 구체적인 생산증가

목표 수치도 제시했다. '100일 전투'라는 속도전도 실시했다. 하지만 이런 것들이 일시적인 효과는 있었지만, 지속적으로 생산력을 늘려주지는 못했다.

1974년 2월 당중앙위원회 제5기 제8차 전원회의에서 6개년 계획 조기 완수를 위한 것이라면서 김일성이 이른바 '사회주의 대건설 방침'을 발표했다. 그 회의는 김정일이 후계자로 확정된 회의였다. 여기서 경제 발전을 위한 특별지시를 함께 내렸다. 그 내용은 '사회주의 경제 건설의 10대 전망 목표'와 '5개 전선'이었다. '사회주의 경제 건설의 10대 전망 목표'는 1,200톤의 강철 고지, 100만 톤의 유색금속 고지, 1억 톤의 석탄 고지, 500억 킬로와트시의 전력 고지, 2,000만 톤의 시멘트 고지, 500만 톤의 기계가공품 고지, 500만 톤의 수산물 고지, 500만 톤의 화학비료 고지, 10만 정보의 간석지 개간 고지, 1,000만 톤의 곡물 고지를 점령해야 한다는 것이다. '5개 전선'은 기본건설전선, 공업전선, 농업전선, 수송전선, 수산전선 등 5개 전선을 말하며 여기서 빛나는 승리를 거둬야 한다는 것이다.

김일성은 남한의 반공유신 체제와 국제적인 데탕트의 조류 등 변화하는 주변 상황에 제대로 대응하기 위해서는 경제력과 군사력을 강화하면서 사회주의 건설 사업에 총력을 기울여야 한다면서 이와 같은 구체적인 목표를 제시했다. 이후 김책제철소 확장, 동력·화학·건재·경공업 기지 확대, 철광산 확장·개발, 대규모 야금기지 건설 등 큰 사업이 여럿 추진되었다. 경제 분야에 대한 당과 정부의 지도를 한층 강화하면서 '100일 전투'에 이어 '70일 전투'를 시행하는 등 속도전도 계속했다. 그 덕분에 6개년 계획을 예정보다 1년 4개월이나 앞당겨 1975년 8월 말에 완수할 수 있었다. 하지만 북한의 공식 발표와는 달리 성과는 미흡했다.

> 6개년 계획의 높은 고지高地들을 점령하기 위한 돌격전을 벌리는 과정에 일부 경제 부문들에 일시적으로 긴장성이 조성된 사정과 관련되었다. 다시 말하여 생산의 빠른 장성에 수송이 미처 따라가지 못하고 있었으며 채취 공업이 비상히 커진 가공 공업을 확고히 앞서 나가지 못하고 있었다. 이로 말미암아 일부 가공공업 부문들에서 생산을 더 빨리 높일 수 있는 것을 높이지 못하고 있었으며 기본 건설에서도 일정한 지장을 받고 있었다.[6]

'긴장' 또는 '긴장성'이 조성되었다는 것은 '어렵다'는 의미의 북한식 표현이다. 어려운 부문까지 조목조목 말해주고 있다. 운송 부문이 일단 어렵고, 석탄 채취도 잘 안 되고 있으며, 그에 따라 연료를 많이 사용하는 제조업도 상황이 좋지 않고, 건설 부문도 목표대로 되지 않았다는 이야기다. 그래서 북한은 새로운 경제계획을 세우기 전에 일부 경제 부문들에 조성된 '긴장성'을 풀어내는 작업을 1977년에 진행했다. 우선 김일성이 신년사에서 1977년을 '완충의 해'로 공식 선언했다.

> 우리는 올해에 수송의 긴장성을 풀며 채취 공업을 가공 공업에 확고히 앞세우는 데 큰 힘을 넣으면서 인민경제 모든 부문에서 새 전망계

획의 높은 고지들을 점령하기 위한 준비 사업을 빈틈없이 하여야 하겠
습니다. 이것이 완충의 해에 우리가 수행하여야 할 중심 과업입니다.[7]

　김일성은 '완충의 해'라고 했지만, 실제로는 부족한 부분을 메우는
'보완의 해'였다. 먼저, 가장 어려운 운송 부문의 문제를 해결하는 데
주력했다. 1월 초에 당중앙위원회 정치위원회와 중앙인민위원회, 정무
원의 연합회의를 열고 운송 부문의 발전 방안을 논의했다. 결론은 철도
전기화를 적극 추진한다는 것이었다. 이에 따라 함경북도 청진-무산
구간, 함경남도 단천-검덕 구간에 대한 전기화 작업이 시작되었다. 전
기기관차와 화차의 생산도 늘리기로 했다. 5월부터는 '수송혁명 200일
전투'라는 또 하나의 군중동원운동이 시작되었다. 6개년 계획의 고지
를 제대로 점령하지 못한 것은 혁명정신의 부족 때문이라고 보고 이를
다시 불러일으키기 위한 캠페인을 펼친 것이다.
　석탄산업에서도 생산성을 높이기 위한 작업이 진행되었다. 탄광에
장거리컨베이어도 설치하고, 케이블카도 놓아 석탄과 장비와 인력의
수송을 신속하게 할 수 있도록 했다. 기계공업 부문에서는 대형 화물
차, 대형 굴삭기, 대형 불도저 등을 생산해 석탄산업 발전을 뒷받침하도
록 했다.
　전력생산에도 박차를 가해 위원발전소, 희천2호 발전소, 대동강발전
소, 청천강화력발전소 등의 건설에 나섰고, 북창화력발전소 등에 대해
서는 설비를 보강해 발전 능력을 증대시켰다. 이렇게 해서 6개년 계획
기간에 미진했던 부분을 어느 정도 보완할 수 있었다. 그렇게 한 해를

조정 기간으로 거친 뒤 1978년부터 다시 7개년 계획(1978~1984)에 착수했다.

사회주의 교육헌장 공표

1977년 9월 5일 북한은 '사회주의 교육에 관한 테제'를 발표했다. 북한 나름의 교육헌장이라고 할 수 있다. 당중앙위원회 제5기 제14차 전원회의를 열어 교육 테제를 채택하고 공표했다. 그래서 9월 5일을 지금도 교육절로 기념한다. 1972년 '11년제 의무교육제'로 교육제도를 정비한 이후 교육에 관한 북한 나름의 철학을 정리해 대내외에 밝힌 것이다.

교육 테제는 제5장으로 되어 있다. 사회주의 교육의 원리와 내용, 방법, 제도, 교육기관의 임무와 역할, 교육 사업에 대한 지도 등이다. 교육 테제가 밝히는 북한의 교육 목표는 '모든 인민을 혁명화하고 노동계급화하며 공산주의화해서 공산주의적 새 인간을 만드는 것'이다. 이를 위해 교육 부문에서 지켜야 할 원칙은 주체를 확립하고, 당성과 노동계급성을 구현하며, 교육과 혁명 실천을 결합하고, 구체적인 교육 사업을 효과적으로 조직·진행하는 것이다.

북한은 몇 차례 교육제도를 바꾸고 혁명성, 지식, 기술을 모두 교육하는 방향으로 교육을 진행해왔는데, 교육 정책을 총체적으로 아우르는 헌장과 같은 것을 마련하지는 못했다. 북한 사회 전반에 주체사상 교양을 강화해온 마당에 교육 부문도 주체사상에 기반을 둔 이론과 방침을 규정할 필요가 있었다. 이러한 필요에 따라 마련된 것이 교육 테제다.

북한에서 '주체의 교육사상·이론·방법을 전면적으로 집대성한 불멸의 교육총서'로 불리는 이 교육 테제의 내용을 핵심 부분만 보자. 우선 이 테제는 교육을 '공산주의적 인간을 양성하는 사상·문화 교양의 무기'라고 규정한다. 공산주의 건설에 필요하고 공산주의 사회에 맞는 새로운 인간형을 만들어내는 수단이라는 것이다. 특히 사상 개조의 핵심적인 방법이 교육이라는 것인데, 이를 통해 낡은 사상을 뿌리뽑고 인간 개조 사업을 효율적으로 진행할 수 있다는 것이다. 1970년대 이후 북한에서 지속적으로 전개하고 있는 사상, 기술, 문화의 3대 혁명 가운데 사상혁명이 특별히 강조되는 것도 북한의 이러한 인식 때문이다. 교원은 '후대들을 혁명의 계승자·공산주의자로 키우는 직업혁명가'로 교육 테제는 명기하고 있다. 오랜 기간에 걸쳐서 진행되는 완전한 공산주의 사회 건설을 위한 전사들을 길러내는 사명을 지닌 집단이 교원이라는 것이다.

이러한 개념 정의에서 잘 알 수 있듯이 북한은 정치사상 교육을 사회주의와 공산주의 완성을 위해 가장 중요한 요소로 보았다. 따라서 사회주의 교육학은 '후대들을 혁명화·노동계급화·공산주의화하여 수령에게 무한히 충직한 혁명투사를 양성하는 과학적 원리와 방법'으로 정의되었다. 이와 같은 사회주의 교육학 개념은 1968년 3월 김일성이 교육 부문 간부들 앞에서 한 연설에 그 연원을 두고 있다.

당시 김일성은 개인주의, 이기주의, 부르주아 자본주의 사상을 공산

북한의 '사회주의 교육에 관한 테제'의 목표는 모든 인민을 혁명화하고 노동계급화하며 공산주의화해서 공산주의적 새 인간을 만드는 것이다. 평양 제1중학교의 학생들.

주의에 적대되는 낡은 사상으로 규정하고 이를 타파하는 것이 사회주의 교육의 기본 목표라고 강조했다. 이러한 김일성의 주장을 바탕으로 1976년 4월 탁아소·유치원 교육에 관한 '어린이보육교양법'을 마련하고, 1977년 9월에 이르러 그 주장을 체계화해 '사회주의 교육에 관한 테제'로 제정한 것이다.

북한은 교육 테제 발표 이후 교육행정의 채널을 활용해 테제가 실제 현장에 제대로 전파되도록 하는 데 진력했다. 교육정책을 수립하고 총괄적으로 지도하는 역할은 당중앙위원회 '과학·학교교육부'에 있었다. 과학·학교교육부의 지도를 받아 교육정책을 집행하는 기능은 정무원의 교육위원회가 맡아서 했다. 도와 직할시의 인민위원회에는 교육처가 있어 각급 학교를 관장했다. 북한은 이 공식 채널을 통한 교육 테제 실현에 적극 나섰고, 1977년 10월에는 도·직할시 당위원회 전원 회의가 교육 부문·행정기관의 간부들이 참가한 가운데 차례로 열려 테제의 내용을 어김없이 실행할 것을 결의했다. 각급 학교의 교과서를 테제에 맞게 개편하는 작업도 진행해나갔다.

평안남도 강동군
협동농장경영위원장의
1977년

한봉녀는 평안남도 강동군의 협동농장경영위원회 위원장이었다. 군 협동농장경영위원회는 1961년 공업 부문에서 대안의 사업 체계를 시작하면서 농업 부문에서도 협동농장을 효율적으로 관리·경영하기 위해 설립한 국가 행정기관이다. 원래는 군 인민위원회가 농업지도도 함께했는데, 이를 분리해 전문적인 농업지도기관으로 독립시킨 것이다. 군 협동농장경영위원회는 군내의 협동농장에 대한 지도·관리와 함께 농기계작업소, 농기계공장, 관개관리소, 자재공급소, 가축방역소 등도 운영했다.

도 농촌경리위원회(내각 농업성 산하)의 지도를 받게 되어 있고, 군의 규모에 따라 11~17명의 위원으로 구성되며 집단적 합의제로 운영된다. 위원으로는 경영위원장, 기사장, 행정부위원장, 업무부위원장, 군당부위원장, 군 인민위원장, 농기계작업소 지배인, 경영위원회 계획부장, 군급 근로단체 책임자, 리 당위원장, 협동조합관리위원장, 농업과학기술자 등이 참여한다.

군 협동농장경영위원회를 총괄 책임지는 직책은 위원장이고, 그 아래 기사장, 행정부위원장, 업무부위원장이 있다. 기사장 아래에는 계획부, 생산지도부, 기술부, 농기계부가 있고, 행정부위원장 밑에는 노동부, 부기지도부, 가축방역부, 건설부가 있다. 업무부위원장 밑에는 농업협동조합자재부, 국영기업소자재부, 운수부가 있다.

군 협동농장경영위원장은 군 인민위원장과 서열이 비슷한데, 1977년 당시 한봉녀는 평양 바로 동쪽에 있는 평안남도 강동군의 협동농장경영위원장을 맡고 있었다. 군 협동농장경영위원장으로 한봉녀가 1977년 1월부터 중점 추진한 사업은 '닭치기 운동'이었다.[8] 닭을 제대로 길러 고기와 달걀을 많이 확보해서 주민들에게 충분한 영양을 공급하자는 것이다.

이를 위해 한봉녀는 우선 농장원들이 닭을 많이 기르도록 했다. 협동농장의 정미소에서 200마리, 탈곡장에서 100마리, 각 농가에서는 5마리를 기르게 했다. 그리고 양계장을 통해 병아리를 공급하고, 벽돌과 돌기와 등을 제공해 닭우리를 만들 수 있게 했다. 동물성 먹이를 만들 수 있는 시설도 만들고 닭의 먹이가 될 수 있는 작물도 기르게 했다.

특히 한봉녀는 닭을 과학적으로 기르도록 지도하는 일에 주력했다. 먼저 군 당위원회와 3대 혁명소조의 도움을 받아 책임감 있는 농장원들을 닭 관리공으로 선발했다. 이들에게 닭을 효율적으로 기를 수 있는 기술을 교육시켰다. 그러고는 이들을 협동농장에 파견해 기술지도를 하게 했다. 교재도 만들어 농장원들에게 배부했다.

지술지도의 초점은 닭을 튼튼하게 길러 달걀을 많이 낳게 하는 것이었다. 이를 위해 먹이를 규칙적으로 주고 동물성 사료도 하루 3번씩 주도록 했다. 이렇게 해서 닭들이 질병에 걸리지 않고 빨리 자라면서 달걀도 많이 낳을 수 있게 했다. 그 결과 강동군 전체의 달걀 생산량이 연 500만 개에 이르게 되었다. 북한은 부족한 식량을 보충하기 위해 종종 '물고기 기르기 운동', '토끼 기르기 운동' 등을 벌여왔는데, 1977년에는 '닭치기 운동'이었고, 강동군 협동농장경영위원장 한봉녀는 그 운동의 일선 지휘자 역할을 누구보다도 충실히 하고 있었다.

1978~1979년

제10장

× × ×

이중의 난관

제2차 7개년 계획

1977년 완충기를 거쳐 1978년부터는 인민경제발전 제2차 7개년 계획이 시작되었다. 제2차 7개년 계획의 기본 과업은 인민경제의 주체화, 현대화, 과학화를 이루어 사회주의 경제의 토대를 더욱 강화하고 인민생활의 수준을 한 단계 더 높이는 것이었다.

인민경제의 주체화라는 것은 스스로 연료, 동력기지, 원료기지를 확대해 자체의 생산능력을 높이는 것이다. 이를 위해 공업 부문에서는 전력 공업과 채취 공업을 발전시키는 데 주력한다는 계획이다. 스스로 동력과 연료를 충분히 생산하는 것은 외부의 도움 없이도 공업 부문을 운영할 수 있는 기본 조건이었다. 그런 조건을 만들어내는 데 진력한다는 것이 인민경제의 주체화 과제였다.

인민경제의 현대화·과학화는 생산공정의 기계화와 자동화를 전면적으로 실현하고 공업발전을 과학적 토대 위에 올려놓는 것을 말한다. 이를 위해 전자 공업과 자동화 공업을 발전시키고 기계 공업 부문에서 기술혁신운동을 적극 추진하기로 했다. 농업 부문에서도 기술혁명을 일으켜 농업생산을 집약화하고 기계화할 계획이었다. 교통운수 부문에서도 철도전기화를 확대하고 전기기관차와 내연기관차 등을 많이 생산하기로 했다. 체신 부문에서는 전신·전화시설을 현대화하고 방송 출력을 높여 전국에서 텔레비전을 시청할 수 있게 한다는 계획이었다.

인민경제의 주체화, 현대화, 과학화를 위해 사회 전 분야가 공조 체제를 구축하는 방안도 마련했다. 교육 분야는 11년제 의무교육을 효율적으로 실시해 예비 근로자들에게 일정 수준의 지식과 기술을 가질 수 있도록 하는 데 진력해야 했다. 과학연구 분야에서는 높은 수준의 신기술을 개발하는 데 주력하도록 했다. 문화예술 분야는 혁명적이며 전투적인 문화예술작품을 통해 사회주의 대건설에 박차를 가하는 사명이 주어졌다.

이와 같은 계획에 따라 사회단체들도 인민경제 건설을 위한 대열에 적극 나섰다. 농업근로자동맹 중앙위원회는 1월 말 전원회의를 열고 주체농법과 자연 개조 등을 통해 1,000만 톤 곡물을 생산해낼 것을 결의했다. 조선직업총동맹 중앙위원회도 2월 말에 전원회의를 열고 조선직업동맹원들이 기술혁신운동의 선봉에 설 것을 결의했다. 사회주의노동청년동맹 중앙위원회도 비슷한 시기에 전원회의를 개최하고, 제2차 7개년 계획의 수행을 위해 청년들이 힘든 일에 앞장서서 진격의 돌파구를 열겠다는 결의를 다졌다.

재정 부문에서 규율을 강화하는 작업도 함께했다. 1978년 12월에 전국재정은행일꾼대회가 열려 재정 관련 규율을 전반적으로 강화해 당의 재정 정책이 철저하게 집행될 수 있도록 하기로 했다. 또 지방 예산제와 부문별 독립채산제를 효율적으로 실행해 예산 낭비를 막기로 했다.

이러한 전반적인 분야의 계획 실행을 점검하기 위한 총화평가제도도 강화했다. 계획을 어김없이 수행할 수 있도록 월별, 분기별, 지표별로 평가해서 문제가 발생하는 부분에 대해서는 보완해나가면서 제2차 7개년 계획을 실행하려고 한 것이다.

최은희 · 신상옥 납북

1950~1960년대 남한의 은막을 장식하던 여배우는 최은희였다. 〈자유결혼〉, 〈사랑방 손님과 어머니〉, 〈빨간 마후라〉, 〈여자의 일생〉 등 많은 작품에 출연하며 사람들의 사랑을 받았다. 최은희는 1970년대에는 안양영화예술학교 교장으로 영화인을 양성하는 일에 힘을 쏟고 있었다. 1978년 1월 학교 자매결연 문제로 홍콩에 갔다가 14일 북한의 공작원들에게 납치되었다. 홍콩의 리펄스베이Repulse Bay에서 모터보트에 태워져 북한의 선박으로 옮겨졌고, 그 길로 북한 남포항으로 갔다. 남포항에는 김정일이 기다리고 있었다. 김정일이 모든 것을 지시하고 지휘한 것이다.

최은희의 전 남편이면서 영화감독인 신상옥도 6개월 후인 7월 19일 비슷한 장소에서 역시 북한 공작원들에 의해 납치되었다. 그 또한 남포항에 내려 평양으로 갔다. 영화에 특별한 애착을 갖고 있던 김정일이 북한 영화를 발전시키겠다는 의도로 두 사람을 납치한 것이다. 신상옥은 평양에서 신필름영화제작소를 세우고 영화를 제작하는 일을 했다. 그런 와중에도 세 차례나 탈출을 시도했지만 실패했다. 1983년에는 최은희를 만나 함께 영화을 제작했다. 체코슬로바키아 카를로비바리영화제 감독상을 받은 〈돌아오지 않은 밀사〉, 모스크바국제영화제 여우연기상을 수상한 〈소금〉과 〈탈출기〉·〈불가사리〉 등의 영화를 제작했다.

신상옥의 북한 데뷔작 〈돌아오지 않은 밀사〉는 구한말 고종의 밀사 이준의 삶을 다룬 영화다. 신상옥 감독은 영화 끝부분에 헤이그 만국평화회의에서 이준 열사가 뜻을 이루지 못한 것은 미국의 반대 때문인 것으로 묘사했다. 그래서 김정일도 이 영화에 만족감을 표시했다. 특히 이 영화는 기존의 북한 영화와는 달리 생동감이 넘쳐 북한 사람들의 인기를 끌었다. 이후 신상옥 감독의 영화가 나오기만 하면 평양 시내 극장인 '개선영화관'이나 '전승영화관' 등이 인산인해를 이루었다고 한다.

〈불가사리〉는 고려시대 민담을 바탕으로 만든 영화다. 폭정으로 옥사를 당한 대장장이가 죽기 전에 감옥에서 먹던 밥덩이로 작은 괴수를 빚어 놓았다. 그런데 그 괴수에 대장장이의 넋이 들어가 철을 먹는 괴물 '불가사리'가 된다. 이 불가사리는 왕과 탐관오리를 무찌르고 자신의 할 일을 다한 뒤 스스로 부서진다. 이영화는 2000년 7월에 북한 영화로는 처음으로 남한에서 상영되기도 했다.

〈불가사리〉는 왕과 탐관오리를 무찌르고 자신의 할 일을 다한 뒤 스스로 부서진다는 내용을 담고 있는데, 북한 영화로는 처음으로 남한에서 상영되었다.

그렇게 북한에서 활동하던 최은희와 신상옥은 1986년 3월 오스트리아 빈에서 미국 대사관으로 망명했다. 호텔에서 감시원의 눈을 피해 나온 이들은 미국 대사관으로 향했다. 뒤늦게 따라온 감시원들과 추격전을 펴기도 했다. 신상옥이 오래전부터 알고 지내던 『교도통신共同通信』 섭외부장 에노키 아키라榎彰의 도움을 받아 따라오던 감시원들을 따돌리고 미국 대사관에 망명을 신청해 미국으로 갈 수 있게 되었다. 자유를 찾아 탈출했다는 것이 그들의 말이었다. 최은희와 신상옥은 미국에서도 영화 제작일을 하다가 2000년 한국으로 돌아와 정착했고, 신상옥은 2006년에 사망했다.

창군기념일 변경

조선인민군이 정식으로 창설된 것은 1948년 2월 8일이다. 그날 북한은 평양역 광장에서 대규모 출범식까지 거행하며 정규군의 성립을 선포했다. 출범식에는 북조선인민위원장 김일성, 최고인민회의 상임위원장 김두봉, 조선인민군 초대 총사령관 최용건, 총참모장 강건 등 북한의 핵심 인물들이 모두 참석했고, 소련군 측에서도 게오르게 코롯코프George P. Korotkov 북한 주둔 소련군 사령관, 게오르게 샤닌George I. Shanin 참모장 등이 참석했다.[1] 평양 시내는 명절처럼 단장되어 있었고, 수십만 명의 군중이 평양역 광장에 모였다.[2]

그런데 북한은 1978년 창군기념일을 갑작스럽게 4월 25일로 바꾸었다. 김일성이 1932년 만주 안투安圖에서 반일유격대 '조선인민혁명군'을 창설한 날이 바로 4월 25일이라는 것이다. 당시 조선인민군 총정치국장 서철이 조선인민군 창건 기념 중앙보고대회에서 다음과 같이 밝힘으로써 창군기념일 변경을 공식화했다.

지금으로부터 46년 전 위대한 수령 김일성 동지께서 조선인민혁명군을 창건하심으로써 자기의 세기적 숙망이 빛나게 실현되었으며 바로 이때로부터 우리의 참다운 혁명무력의 영광스러운 역사가 시작되었 습니다.……1932년 4월 25일 일제를 반대하는 선진적인 노동자, 농 민, 애국청년들로서 항일무장 대오를 결성하시고 조선인민혁명군 창 건을 온 세상에 선포하시었습니다. 조선인민혁명군의 창건은 우리나 라 반일민족해방투쟁과 공산주의 운동 발전에서 새로운 혁명적 전환 을 가져오게 한 위대한 사변이었으며 자체의 상비적 무력에 의거하여 벌려나가는 식민지 민족해방혁명의 새 시대를 알리는 역사의 장엄한 선언이었습니다. (『로동신문』, 1978년 4월 26일)

창군기념일이 변경됨에 따라 그동안 2·8예술영화촬영소와 2·8문 화회관으로 불리던 곳도 4·25영화촬영소와 4·25문화회관으로 바뀌 었다. 1996년부터는 4월 25일을 국가적 명절로 제정하고 매년 대대적 인 창군 기념행사를 펼쳐오고 있다. 물론 이렇게 기념일을 변경한 것은 김일성 유일사상 체계를 더욱 강화하기 위한 것이다. 김일성의 항일빨 치산투쟁에서 조선인민군의 역사가 시작되는 것으로 정리함으로써 북 한 사회에서 김일성의 위상을 높이고 그의 항일혁명전통의 위대성을 강화하려고 한 것이다.

하지만 북한은 조선인민혁명군을 사실史實로 설명하지만, 사료적 근 거가 없는 조직이다. 북한도 객관성 있는 관련 자료를 명확하게 제시하 지 못하고 있다. 게다가 조선인민혁명군을 조직했다는 1932년에 김일 성은 동만주지방의 중국공산당 유격대에 속해 있었다. 1933년에는 중국공산당 동북인민혁명군이 구성되어 거기에 소속되었다.

조선인민혁명군에 대한 북한의 기록들도 체계적인 모습을 갖추지 못했다. 『역사사전』(1971)은 '항일유격대'라고 명기하고 있고, 『조선노동당역사』(1979)는 '반일인민유격대'로 쓰고 있다. 이는 1932년 김일성이 항일빨치산 활동을 할 무렵 '조선인민혁명군'이라는 분명한 명칭을 가진 체계적인 형태의 부대가 없었다는 것을 말해준다. 그럼에도 북한은 이를 과장해 '조선인민혁명군'이라는 이름을 붙이고 그 규모와 체계성을 부풀려 말하고 있다. 이러한 것들도 모두 창군기념일 변경과 같이 항일빨치산 혁명전통을 사회주의 국가 북한의 바탕으로 삼으면서 김일성 유일체제를 강화하려는 의도에서 이루어진 것이다.

제3차 화폐개혁

북한은 1947년에 일제강점기 화폐를 폐지하는 제1차 화폐개혁을 단행한 이후, 1959년에 제2차 화폐개혁을 했다. 6·25 전쟁 이후 진행된 인플레이션의 진행을 막고 경제계획 실시에 따른 투자재원 확보를 위해서였다. 제3차 화폐개혁은 1979년 4월에 실시되었다. 4월 6일 중앙인민위원회가 '새 돈을 발행할 데 대하여'라는 정령을 발표하고 다음 날부터 구화폐를 신화폐로 바꾸도록 했다.

제3차 화폐개혁도 제2차 화폐개혁과 비슷한 목적을 갖고 있었다. 개인이나 기관, 단체가 갖고 있는 화폐를 회수해 급격한 물가상승을 방지하는 것이 첫 번째 목적이었다. 두 번째는 제2차 7개년 계획 실행에 따른 투자재원을 마련하기 위해서였다. 당시 대부분의 자원이 부족한 상태였기 때문에 공장과 기업소들은 원료를 확보하기 위해 현금을 보유하고 있었다. 이 때문에 정부 재원은 부족했다. 화폐개혁으로 공장과 기업소의 돈이 은행으로 입금되어 정부 재원으로 활용되게 할 필요가 있었다. 세 번째는 좀더 질 높은 화폐를 유통시키기 위해서였다. '사상 예술적 내용이 풍부하며 인쇄기술면에서도 훌륭한 새로운 화폐'를 가지려고 한 것이다.

100원, 50원, 10원, 5원, 1원 등 5종의 지폐를 기본으로 하고, 여기에 계산 편의를 위해 50전짜리 동전을 새로이 발행했다. 10전, 5전, 1전짜리 동전은 기존 것을 그대로 썼다. 발행 주체는 종전 조선중앙은행에서 '조선민주주의인민공화국 중앙은행'으로 변경했다. 교환 비율은 일대일이었고, 교환 한도는 없었다. 구화폐를 은행에 입금시키고 신화폐를 받도록 했다.

화폐에 새겨지는 그림은 그 시대의 주요 이슈를 반영하는 것이기도 한데, 1959년 제2차 화폐개혁 당시 북한은 새 화폐에 제철소와 김일성종합대학 등을 새겨넣어 활기찬 발전상을 보여주려고 했다. 제3차 개혁으로 새로 발행된 화폐는 김일성 우상화의 도구로 활용되었다. 100원권에는 김일성의 초상이 그려졌고, 김일성의 생가 등도 화폐 도안으로 사용되었다. 물가 상승이나 투자재원 확보 못지않은 중요한 목적이 바로 김일성 우상화였다. 1970년대 북한의 역점 사업이 김일성 유일체제 확보였는데, 그런 시대상이 화폐개혁에도 그대로 반영되었다.

북한의 제3차 화폐개혁은 김일성 우상화의 도구로 활용되었다. 이전에는 제철소와 김일성
종합대학을 도안에 사용했지만, 이때는 김일성의 초상과 김일성 생가를 그려넣었다.

　그렇게 김일성 중심의 화폐를 발행한 뒤 북한은 이를 '주체화폐'라고
선전했다. 제3차 화폐개혁은 김정일이 화폐 내용에서 인쇄에 이르기까
지 모든 것을 관장했기 때문에 김일성 우상화에 화폐개혁을 적극 이용
하려는 것도 그의 생각이었다.

　일반화폐와 별도로 돈표라고 불리는 특수화폐도 제3차 화폐개혁 당
시부터 발행되기 시작했다. 50원, 10원, 5원, 1원짜리 지폐에 특별한 표
시를 한 것이다. 외화를 북한에서 사용할 때 그대로 사용하는 것이 아
니라 이 특수화폐로 바꾸어 사용하도록 했다. 내국인용과 외국인용도

구분되어 있었다. 내국인의 외화 사용을 통제하기 위해서였을 것이다. 이 같은 특수화폐의 사용은 외화의 불법 유통을 막으면서 북한에 들어온 외화의 유출을 막기 위한 것이었다. 특수화폐는 1988년부터 무역은행으로 발행권이 넘어갔다. 이때부터는 문양이 일반화폐와는 다르게 발행되었다.

'숨은 영웅 따라 배우기' 운동

북한은 시기에 따라 다양한 캠페인을 통해 주민들을 동원하는 전략을 활용해왔는데, 주로 당에서 목표나 슬로건을 제시하고 이를 전당이나 전인민이 따르도록 하는 방법이었다. 그런데 1979년 10월에 시작된 '숨은 영웅 따라 배우기' 운동은 기존의 캠페인과는 좀 달랐다. 물론 당이 주도하긴 했지만, 당이 직접 목표나 슬로건을 정하고 이를 성취하도록 하는 것이 아니라 인민들 속에서 모범이 되는 사람을 골라내 그를 전면에 내세워 닮도록 하는 운동이었다. 또한 종전의 운동들이 집단적 노력 경쟁을 독려하는 것인데 반해 '숨은 영웅 따라 배우기' 운동은 개인적 모범을 창출해내려는 의도를 갖고 있었다는 데 특징이 있다. 역시 김정일이 발기하고 주도한 운동이다.

1979년 10월 김일성과 김정일이 백설희라는 여성과학자의 노력과 성과를 칭찬하면서부터 시작되었다. 백설희는 지방의 한 농업연구소에서 피나는 노력으로 북한의 기후와 풍토에 맞고 생산성이 높은 벼 종자를 개발하는 데 성공했다. 김일성과 김정일은 그를 당 간부회의에 불러 직접 칭찬하고, '숨은 영웅'이라는 칭호를 주었다. 그의 연구를 도와준 당 초급간부에게도 역시 '숨은 영웅' 칭호를 수여했다.

이때부터 '숨은 영웅 따라 배우기' 운동이 시작되었다. 그들을 '공산주의적 인간의 전형', '참다운 주체형의 공산주의 혁명가'로 내세우면서 모든 당원과 인민이 그들을 따라 참다운 공산주의자가 될 것을 주문했다. 이는 '3대 혁명소조운동'이나 '3대 혁명 붉은기쟁취운동'과 연결되어 사상, 기술, 문화 측면에서 혁명적 발전을 이루기 위한 방안이었다.

10월 말에는 자강도에 있는 희천공작기계공장에 파견되어 새로운 주물 소재 생산 방법을 개발한 3대 혁명소조원에게 '숨은 영웅' 칭호를 수여하고 선물도 주었다. 이렇게 북한은 열과 성을 다해 훌륭한 성과를 내면서도 어떤 명예나 평가도 바라지 않고 당과 수령을 위해 헌신하는 사람들을 찾아내 '숨은 영웅'으로 치켜세우는 작업을 지속적으로 전개했다.

당시 북한은 '숨은 영웅'의 조건으로 5가지를 제시했다. 첫째는 당과 수령에 대한 끝없는 충성심과 조국과 인민에 대한 헌신적 복무정신이었다. 둘째는 혁명 임무에 대한 높은 책임성과 주인다운 태도였다. 셋째는 모든 문제를 우리식대로 풀어나가는 확고한 주체적 입장이었다. 넷째는 자력갱생과 간고분투의 혁명정신, 불굴의 투쟁정신이었다. 다섯째는 혁명적 사업 방법과 인민적 사업 태도였다.[3] 이러한 요소를 갖춘 사람만이 '숨은 영웅'이 될 수 있고, 이러한 사람을 골라내 그들의 속성을 철저히 배워야 한다고 강조했다.

숨은 영웅들의 이야기는 『로동신문』에 자세히 실렸고, 인민들은 그 내용을 자기생활과 결부시켜 학습해야 했다. 숨은 영웅들의 모범을 어떻게 하면 잘 따라 배울 수 있을지에 대한 지상토론도 『로동신문』을 통해 지속적으로 벌어졌다. 지상토론에는 당 간부뿐만 아니라 행정·경제 부문 간부, 과학자, 기술자, 노동자, 농민, 3대 혁명소조원 등 다양한 사람이 참여했다. 결론은 당과 수령을 위해 숨은 영웅들의 삶을 철저하게 본받겠다는 것이다. 이런 토론을 통해 운동 효과를 더욱 증폭시키려고 한 것이다.

이 운동은 군으로 확산되어 1979년 12월부터는 군에서도 '오중흡·김혁 따라 배우기' 운동이 시작되었다. 항일빨치산투쟁 당시 온갖 어려움 가운데에서도 김일성을 배신하지 않고 충성심을 견지한 두 투사를 본받아야 한다는 운동이 조선인민군 전체에 전개된 것이다. 결국은 '숨은 영웅 따라 배우기' 운동도 당원과 인민들이 혁명적 열의와 창조적 적극성을 최대한 발휘하도록 해서 공산주의 건설이라는 혁명 과업을 달성할 수 있게 하려는 데 그 목적이 있었다. 이와 함께 운동의 전개에 따라 당 간부 사이에서 관료주의와 형식주의 등 낡은 태도가 사라지고 김일성과 김정일의 의도가 대중 속에 깊이 침투되게 하려는 것도 이 운동의 부차적인 목적이었다.

식량 증산을 위한 고육책

1970년대 북한 경제는 더딘 성장을 보였다. 계획경제, 공동소유, 자립경제의 틀을 기반으로 한 북한 경제는 활력을 잃어갔다. 경제성장률이 1970년 이후 지속적으로 하락했다. 1975년 경제성장률이 5.4퍼센트였는데, 계속 낮아져 1980년에는 3.8퍼센트에 불과했다.[4] 공동노동에 의한 협동농장 시스템도 생산성이 점점 떨어졌다. 쌀생산량 추이를 보면, 1965년에는 190만 톤이던 것이 1970년에는 233만 톤, 1975년에는 281만 톤으로 증가했다. 하지만 이후에는 생산량이 줄어 1980년에는 265만 톤이 되었다.[5]

이렇게 쌀생산량이 줄어가는 상황에서 식량생산을 늘리기 위한 방안이 강구되지 않을 수 없었다. 그래서 1979년 10월에 시작된 운동이 '새땅찾기운동'이다. 그동안 쓰지 못하는 것으로 내버려둔 땅을 쓸 수 있는 땅으로 바꾸는 운동이었다. 북한 전역에서 이듬해 씨뿌리기 전까지 대대적으로 벌어졌다.

새땅을 찾는 사업은 굴착기와 불도저 등 장비를 동원해 버려진 땅을 개간하는 방식으로 진행되었다. 황해북도 봉안군에서 먼저 시작했다. 청년들이 돌격대를 조직해 재령강 유역의 간석지를 개간했다. 이후 황해남도와 평안남도에서도 새땅찾기운동이 벌어졌다. 간석지, 진펄, 산기슭, 강 하천 부지, 풀밭, 잡관목 지대 등을 정리해 농사를 지을 수 있는 땅으로 만들어나갔다. 이렇게 새땅찾기운동을 벌인 결과 황해남도에서 600여 정보, 함경북도에서 1,000여 정보 등 1979년 12월 상순까지 전국적으로 1만여 정보의 땅을 확보할 수 있게 되었다.

비슷한 시기 새땅찾기운동과 함께 전개된 것이 다락밭 건설 사업이다. 산이 많아 경작지가 부족한 상황에서 비탈진 산을 깎아 계단식밭을 만드는 사업을 펼친 것이다. 역시 부족한 식량을 보충하기 위해 추진한 사업이었다. 특히 황해북도 평산군이 다른 지역보다 이 사업에 적극적이었는데, 2개월 동안 200여 리 구간에 9만 7,000여 세제곱미터의 장석을 쌓아 115정보의 다락밭을 건설했다.

그 밖에도 황해북도 신평군과 장풍군, 함경북도 길주군, 함경남도 덕성군, 평안남도 평성시와 신양군, 북창군, 맹산군, 대동군, 중화군 등에서 다락밭 건설 사업이 대대적으로 진행되었다. 지방뿐만 아니라 평양에서도 다락밭 건설 사업이 펼쳐져 승호 구역, 순안 구역, 상원군, 강남군 등에 많은 다락밭이 새롭게 만들어졌다. 기계공장들도 이 사업에 적극 참여해 다락밭 건설에 필요한 굴착기, 불도저, 기계부품 등을 생산하기 위해 나섰다.

북한의 경지 면적 통계를 보면, 1965년 논의 면적이 55만 헥타르, 밭의 면적이 144만 헥타르였던 것이 1985년에는 각각 64만 헥타르, 150만 헥타르로 증가했다. 이는 1979년에 진행된 새땅찾기운동과 다락밭 건설 사업이 중요한 영향을 미친 것으로 보인다. 논의 면적은 1990년 64만 5,000헥타르로 늘었다가 이후 1995년 58만 5,000헥타르, 2000년 57만 6,000헥타르로 계속 줄었다. 밭의 면적은 1990년 149만 6,000헥타르, 1995년 140만 7,000헥타르로 줄다가 2000년 141만 6,000헥타르로 약간 늘어난 뒤 2009년에는 130만 1,000헥타르로 다시 줄어들었다.[6] 새땅찾기운동과 다락밭 건설 사업으로 늘어난 경작지가 이후에 지속적으로 적절하게 관리되지 않았거나 농경지가 다른 목적으로 전환된 때문으로 보인다.

대화 없는 남북 관계

1973년 대화 중단 이후 남북한 사이 의미 있는 회담은 열리지 못하고 있었다. 1970년대 후반에 들어서도 남북한은 각자의 필요에 따라 대화를 제의할 뿐 그것이 당국 간의 주요 회담으로 연결되지는 못했다. 북한은 남북조절위원회를 '대민족회의'로 전환해야 한다면서 남북의 정당과 사회단체 등 각계각층의 인민대표들이 참가하는 형태로 개편하자고 주장했다. 남북한 유엔 동시 가입을 제의한 남한의 1973년 '6·23 선언'을 '2개의 조선 정책'으로 비난하면서 이 선언의 철회, 반공법·국가보안법 철폐, 주한미군 철수, 연방제 통일 방안 수용 등을 지속적으로 주장했다.

이에 대해 남한 측은 1977년 1월 대북식량원조 제의, 1978년 6월 '남북한 경제협력추진 협의기구' 구성 제의 등 기능적인 부문의 협력을 추진하려는 모습을 보였다. 이는 경제력 규모에서 북한에 앞서게 된 남한의 심리적 측면도 갖고 있었다. 1950~1960년대 북한이 경제적 우위 상황에서는 경제교류에 관한 제의를 많이 했지만, 1970년대는 상황이 역전되었고, 남한은 이를 남북 관계 주도권 확보에 활용하려고 했다.

북한과 남한은 1973년 대화 중단 이후 이렇다 할 성과가 있는 대화를 하지 못하고 남북 관계가 더는 나아지지 않았다. 1973년 6월 23일 평화통일과 외교정책 7개항의 특별성명을 발표하는 박정희.

이산가족상봉을 논의하기 위한 남북적십자 본회담을 위한 남북적십자 실무 회담도 간헐적으로 진행되었지만, 1978년 3월 북한이 한미합동 군사훈련을 이유로 실무 회담을 연기한 이후 접촉이 끊겼다.

1979년 1월에는 남한이 무조건 대화를 제의했다. 때와 장소에 구애 없이 남북 당국이 무조건 만나서 제반 사항을 논의해보자는 것이다. 정 상회담도 포함된 제안이었다. 이에 대해 북한은 '조국통일민주주의전 선' 명의로 전민족대회 개최를 주장했다. 이를 준비하기 위해 '민족통일 준비위원회'를 구성하자는 제안도 했다. 2월에 남측의 남북조절위원회 대표와 북측의 조국통일민주주의전선 대표가 접촉을 하기도 했다.

북측은 통일 문제를 실질적으로 해결하기 위해서는 '민족통일준비위원회'를 만들어야 한다고 주장하고, 우선 적대적 군사행동을 무조건 중지하라고 요구했다. 반면에 남측은 '조국통일민주주의전선'의 정체성을 문제 삼으며 의제에 대한 합의가 먼저 이루어져야 한다고 주장했다. 이렇게 양측의 입장 차이가 커서 접촉은 세 차례로 끝나고 말았다.

정치적 이해관계가 덜 개입된 체육 부문에서는 일부 논의가 진전되기도 했다. 북한의 체육지도위원회 위원장 김유순과 북한 탁구협회 회장 김득준이 1979년 2월 20일 남북단일팀 구성을 제의했다. 4월 25일부터 평양에서 열리는 제35회 세계탁구선수권대회에 남북단일팀을 구성해 출전하자고 제안한 것이다. 2월 27일 남북이 만나 협의를 진행했다. 남한은 남한의 대회 참여 권한을 보장하라고 요구했다. 북한은 남북단일팀 구성에 합의한 때에만 참여권을 갖는 것으로 하자고 주장했다. 3월 12일까지 네 차례 회담을 했다. 하지만 합의는 없었다. 남한은 시기를 놓치고 대회에 참여하지 못했다.

남한에 10·26 사건이 발생하자 북한은 11월 남과 북이 단결해 통일의 출로出路를 열어가야 한다는 내용의 성명을 내기도 했다. 12월에는 북한 올림픽위원회와 체육지도위원회가 1980년 모스크바올림픽에 단일팀을 구성·출전시키는 방안을 논의해보자는 제안을 했다. 하지만 남측은 시일이 촉박하다는 이유로 제안을 거부했다. 1970년 말의 남북 관계는 극심한 상호불신 속에 서로 진정성 있는 대화를 하지 못하고, 상대의 의도나 상황을 파악하기 위해 낮은 수준의 대화만을 간헐적으로 이어갔다.

최은희는 1978년 1월 납북된 뒤 한동안 김정일의 별장인 초대소에 머물면서 북한 사회에 대한 교육을 받았다.[7] 주로 김일성 개인숭배와 주체사상 등에 대한 교육을 받았다. 1978년 2월 중순 최은희는 『은혜로운 태양』을 읽게 되었다. 김일성의 부모에서부터 김일성 대에 이르기까지의 항일투쟁 과정을 이야기식으로 풀어놓은 책이다. 모두 3권으로 되어 있었다.

1975년 김일성 개인숭배를 위해 만든 이 책은 그 취지에 어울리게 김일성 가계를 철저히 영웅화했다. 김일성의 아버지 김형직과 어머니 강반석의 집안은 빈농이다. 하지만 애국사상이 투철하고 교육열도 강하다. 김일성을 낳아 기를 때 어머니 강반석이 불러준 자장가는 모정이 듬뿍 담겨 있으면서도 큰 인물이 되라는 내용들이다. 아버지 김형직은 만주에서 항일투쟁을 한다. 김일성은 12세 때 아버지를 찾아 한겨울에 걸어서 만주를 다녀오기도 한다. 김일성은 14세가 되던 해 조국을 해방시키겠다며 만주로 떠난다. 얼마 후 김형직은 일제에 붙잡혀 감옥에서 병사하고, 강반석은 아들 김일성의 항일빨치산 활동을 뒷바라지하다가 병사한다. 이러한 과정에서 김일성의 투쟁의지는 더욱 굳어져 가열차게 독립투쟁을 전개하고 결국 조국을 독립시킬 수 있게 된다.

최은희는 이러한 내용의 『은혜로운 태양』을 오전 10시부터 12시까지 2시간 동안 소리내서 읽어야 했다. 그동안 그를 담당하는 당 간부가 곁에서 지켜보고 있었다. 1970년대 김일성과 김일성 가계에 대한 숭배를 주요 사업으로 적극 추진하던 북한의 상황을 잘 보여준다.

최은희는 북한 체제에 대한 교육을 받으면서 "여기는 계급이 없어 모든 인민들이 고르고 평등하게 잘산다고 하는데 제가 보기에는 더 엄격한 계급이 있고 파벌이 심한 것 같은데 어떻게 된 일입니까?" 등의 질문을 던져보기도 했다. 당 간부의 답은 "지금은 사회주의 단곕니다. 공산주의 이상사회에 도달할 때까지는 자기 능력에 따라 잘사는 사람과 못사는 사람이 있을 수 있는 겁니다"라는 것이었다.

최은희는 체제 교육을 받으면서 김정일이 주최하는 금요파티에 불려나갔다. 김정일은 금요일에는 통상 가까운 사람들을 불러 파티를 했다. 외교부장 허담, 외교부 부부장 김용순, 김일성 기록영화 담당 부부장 김명제, 당 연락부 부부장 정경희 등이 파티 멤버들이었다. 중앙당의 연회실에서 주로 했는데, 대연회실, 중연회실, 소연회실을 번갈아 이용했다. 때로는 초대소에서 열리는 경우도 있었다.

술을 마시며 밴드의 음악에 맞춰 춤을 추고 노래를 부르다가 블랙잭이나 마작 등을 하는 파티였다. 술은 주로 코냑을 마셨다. 파티장 입구에 코냑과 와인잔을 준비해두었다가 도착하면 바로 와인잔으로 코냑을 한 잔씩 마시고 들어오게 하는 그들만의 입장식도 있었다. 노래는 남한의 노래를 많이 불렀다. 공식적인 자리에서는 혁명을 다짐하거나 김일성을 찬양하는 노래를 부르지만, 파티에서는 〈동백아가씨〉, 〈찔레꽃〉, 〈이별〉, 〈하숙생〉 같은 남한의 대중가요를 더 즐겨 불렀다. 김정일은 직접 노래를 부르거나 춤을 추진 않고 보고 듣기만 했다.

최은희는 중앙당 대연회실에서 열린 파티에 참석했다가 김정일의 여동생 김경희와 그의 남편 장성택을 만나기도 했다. 파티 도중 김정일이 갑자기 "최 선생, 우리 동생 한 번 만나보지 않겠습니까?" 하더니 새벽 1시인데도 동생 부부를 불러냈다. 30분 후 김경희와 남편 장성택이 도착했다. 김경희는 160센티미터 정도의 키에 통통한 편이었다. 화장기 없는 얼굴에 눈은 크고 시원스러웠다. 머리는 퍼머를 했고 감색 투피스를 입고 있었다. 장성택은 키가 후리후리한 미

남형이었다.

　그날 파티가 끝나고 새벽 3시에 최은희는 김정일과 함께 김경희의 집에 갔다. 차를 한 잔 마시자는 김정일의 제안에 따른 것이었다. 그다지 크지 않은 단층 양옥집이었다. 응접실은 7~8평 정도였다. 그들이 내놓은 차는 인삼차였다. 최은희는 1983년까지는 그렇게 체제 교육과 견학 등을 주로 했다. 그 후 신상옥 감독과 만나게 되면서 그때부터 영화 일을 함께하다가 1986년에 북한에서 탈출했다.

제1장 김일성 세력의 승리 선언

1 사회과학원, 『조선전사 29』(과학백과사전출판사, 1981), 386~388쪽.

2 사회과학원, 앞의 책, 391쪽.

3 사회과학원, 앞의 책, 392쪽.

4 사회과학원, 앞의 책, 249쪽.

5 和田春樹, 『歷史としての社會主義』(岩波書店, 1992), pp.152~153.

6 이종석, 『조선로동당연구: 지도사상과 구조 변화를 중심으로』(역사비평사, 1995), 292쪽 재인용.

7 이종석, 『북한의 역사 2』(역사비평사, 2011), 30쪽.

8 김일성, 「모든 힘을 여섯 개 고지의 점령을 위하여: 조선로동당 중앙위원회 제4기 제2차 확대전원회의에서 한 결론(1961. 12. 1.)」, 『김일성 저작집 15』(조선로동당출판사, 1981), 424~426쪽.

9 김일성, 「당 조직 사업과 사상 사업을 개선 강화할 데 대하여: 조선로동당 중앙위원회 제4기 제3차 확대회의에서 한 결론(1962. 3. 8.)」, 『김일성 저작 선집 3』(조선로동당출판사, 1968), 329쪽.

10 이 내용은 성혜랑, 『등나무집』(지식나라, 2000), 276~284쪽에 자세히 나온다.

제2장 주체사상의 출현

1 서동만, 『북조선사회주의 체제성립사: 1945~1961』(선인, 2005), 798쪽.

2 이 국경 관련 내용은 이종석, 『북한─중국관계: 1945~2000』(중심, 2000), 231~236쪽을 참조했다.

3 사회과학원, 『조선전사 30』(과학백과사전출판사, 1982), 74쪽.

4 사회과학원, 앞의 책, 74쪽.

5 사회과학원, 앞의 책, 78쪽.

6 김일성, 「우리나라 사회주의 농촌 문제에 관한 테제(1964. 2. 25.)」, 『김일성 저작 선집 4』(조선로동당출판사, 1968), 33~34쪽.

7 이 내용은 이종석, 『새로 쓴 현대 북한의 이해』(역사비평사, 2000), 128~143쪽을 참조했다.

8 이 내용은 『로동신문』 1962년 1월 4일자에 실려 있다.

제3장 김정일의 등장

1 김정일의 출생부터 당 사업 시작까지의 내용은 이종석, 『새로 쓴 현대 북한의 이해』(역사비평사, 2000), 491~500쪽; 이찬행, 『김정일』(백산서당, 2001), 226~234쪽을 참조했다.

2 김정일의 출생과 관련해서는 이종석, 앞의 책, 491~493쪽; 이찬행, 앞의 책, 80~99쪽; 황장엽, 『황장엽 회고록: 나는 역사의 진리를 보았다』(시대정신, 1999), 245쪽을 참조했다.

3 『영도 체계』(사회과학출판사, 1985, 도서출판 지평 재발행, 1989), 174쪽.

4 김일성, 「근로단체 사업을 개선 강화할 데 대하여(1964. 6. 26.)」, 『김일성 저작 선집 4』(조선로동당출판사, 1968), 133쪽.

5 북한연구소, 『북한총람』(북한연구소, 1983), 692쪽.

6 사회과학원, 『조선전사 30』(과학백과사전출판사, 1982), 178쪽.

7 이 부분은 이종석, 『조선로동당연구: 지도사상과 구조 변화를 중심으로』(역사비평사, 1995), 294~296쪽; 백학순, 『북한 권력의 역사: 사상·정체성·구조』(한울아카데미, 2010), 587~590쪽을 참조했다.

8 조일렬에 대한 기사는 『로동신문』 1965년 1월 31일자 2면에 실려 있다.

제4장 유일사상 체계 확립

1 사회과학원, 『조선전사 30』(과학백과사전출판사, 1982), 167쪽.

2 김영윤, 『북한 협동농장 개편 방향에 관한 연구: 사회주의 국가의 협동농장 개편 경험이 북한에 주는 시사점』(통일연구원, 2002), 27쪽.

3 북소·북중 관계의 진행 상황에 대해서는 박종철, 「문화대혁명 초기 북중 관계와 연변 조선족」, 『민족연구』 63권 0호(한국민족연구원, 2015), 110~114쪽; 이종석, 『조선로동당연구: 지도사상과 구조 변화를 중심으로』(역사비평사, 1995), 299~300쪽; 이종석, 『북한-중국관계: 1945~2000』(중심, 2000), 249~250쪽을 참조했다.

4 박종철, 앞의 글, 102~135쪽.

5 베트남전 참전 관련은 이승관, 「46년 만에 공개된 北 베트남전 파병 막전막후」, 『연합뉴스』, 2011년 12월 5일; 조정훈, 「혈맹으로 맺은 북한과 베트남」, 『통일뉴스』, 2015년 11월 29일을 참조했다.

6 이종석, 『조선로동당연구: 지도사상과 구조 변화를 중심으로』(역사비평사, 1995), 299쪽.

7 서대숙, 서주석 옮김, 『북한의 지도자 김일성』(청계연구소, 1989), 192쪽.

8 사회과학원, 『조선전사 31』(과학백과사전출판사, 1982), 25쪽.

9 조선로동당 중앙위원회 당력사연구소, 『조선로동당략사』(조선로동당출판사, 1979), 599쪽.

10 탁진 외, 『김정일 지도자 1』(동방사, 1984), 143~144쪽.

11 조선로동당 중앙위원회 당력사연구소, 앞의 책, 599~600쪽.

12 오경숙, 「5·25 교시와 유일사상 체계 확립: 구술 자료를 중심으로」, 『한국동북아논총』, 통권32호(한국동
   북아학회, 2004), 326~330쪽.
13 김일성, 「국가 활동의 모든 분야에서 자주, 자립, 자위의 혁명정신을 더욱 철저히 구현하자(1967. 12.
   16.)」, 『김일성 저작 선집 4』(조선로동당출판사, 1968), 527~586쪽.
14 김신조의 특수부대 훈련 내용은 김신조, 『나의 슬픈 역사를 말한다』(동아출판사, 1994), 118~164쪽을 참
   조했다.

제5장 '친애하는 지도자 동지' 김정일

1 서대숙, 서주석 옮김, 『북한의 지도자 김일성』(청계연구소, 1989), 203쪽.
2 서대숙, 서주석 옮김, 앞의 책, 203쪽.
3 주체사상과 관련된 부분은 이종석, 『새로 쓴 현대 북한의 이해』(역사비평사, 2000), 162~167쪽을 참조
   했다.
4 황장엽, 『황장엽 회고록: 나는 역사의 진리를 보았다』(시대정신, 2006), 201쪽.
5 김일성, 「당 사업을 강화하기 위한 몇 가지 과업에 대하여(1969. 3. 3.)」, 『김일성 저작집 23』(조선로동당
   출판사, 1983), 472쪽.
6 「김정일 세습 반대자 북한 1천90명 숙청」, 『동아일보』, 1984년 10월 24일.
7 북중 관계 회복과 관련된 부분은 이종석, 『북한–중국 관계: 1945~2000』(중심, 2000), 249~253쪽을
   참조했다.
8 탁진 외, 『김정일 지도자 2』(동방사, 1984), 244~246쪽.
9 이 내용은 『로동신문』 1969년 4월 3일자에 실려 있다.

제6장 유일사상 체계 가속화

1 김일성, 「간부들 속에서 당의 유일사상 체계를 세우며 혁명화하기 위한 사업을 강화할 데 대하여(1970.
   7. 6.)」, 『김일성 저작집 25』(조선로동당출판사, 1983), 151~152쪽.
2 인민경제발전 7개년 계획의 성과에 대해서는 사회과학원, 『조선전사 31』(과학백과사전출판사, 1982),
   194~203쪽을 참조했다.
3 사회과학원, 『조선전사 32』(과학백과사전출판사, 1982), 52쪽.
4 김정일, 「혁명가극 '피바다'는 우리식의 새로운 가극·혁명가극 '피바다' 창조 성원들 앞에서 한 연설
   (1971. 7. 17.)」, 『김정일 선집 2』(조선로동당출판사, 1993), 291쪽.
5 정창현, 『곁에서 본 김정일』(토지, 1999), 119쪽.
6 정창현, 앞의 책, 120쪽.
7 이종석, 『북한–중국 관계: 1945~2000』(중심, 2000), 254쪽.
8 제임스 E. 도거티·로버트 L. 팔츠그라프, 이수형 옮김, 『미국외교 정책사: 루스벨트에서 레이건까지』(한
   울아카데미, 1997), 366쪽.
9 이 내용은 김태희, 「통일 대화의 첫 돌파구가 열리던 나날에」, 『인민들 속에서 80』(조선로동당출판사,
   2009), 214~227쪽을 참조했다.

제7장 수령제 완성

1 사회과학원, 『조선전사 32』(과학백과사전출판사, 1982), 300쪽.
2 『조선말대사전 2』(사회과학출판사, 1992), 1831쪽.
3 스즈키 마사유키, 유영구 옮김, 『김정일과 수령제 사회주의』(중앙일보사, 1994), 77쪽, 79쪽, 149쪽.
4 스즈키 마사유키, 유영구 옮김, 앞의 책, 79쪽.
5 북한의 수령 관련 담론은 백학순, 『북한 권력의 역사: 사상·정체성·구조』(한울아카데미, 2010), 646~649쪽; 스즈키 마사유키, 유영구 옮김, 앞의 책, 148~167쪽을 참조했다.
6 스즈키 마사유키, 유영구 옮김, 앞의 책, 110쪽.
7 이종석, 『조선로동당연구: 지도사상과 구조 변화를 중심으로』(역사비평사, 1995), 331쪽.
8 스즈키 마사유키, 유영구 옮김, 앞의 책, 132쪽.
9 김정일의 당 조직 장악에 대한 내용은 스즈키 마사유키, 유영구 옮김, 앞의 책, 107~119쪽을 참조했다.
10 김일성주의와 관련된 부분은 이종석, 『새로 쓴 현대 북한의 이해』(역사비평사, 2000), 167~170쪽을 참조했다.
11 이 내용은 림순희, 「작업반 탁아소에 찾아오신 수령님」, 『인민들 속에서 82』(조선로동당출판사, 2009), 190~199쪽을 참조했다.

제8장 후계체제 정비

1 김정일의 후계자 확정 부분은 이찬행, 『김정일』(백산서당, 2001), 358~363쪽; 탁진 외, 『김정일 지도자 2』(동방사, 1984), 6~8쪽; 이종석, 『새로 쓴 현대 북한의 이해』(역사비평사, 2000), 501~503쪽을 참조했다.
2 김일성, 「당 사업을 더욱 강화할 데 대하여(1974. 7. 31.)」, 『김일성 저작 선집 7』(조선로동당출판사, 1978), 82쪽.
3 항일빨치산 세력과 후계 문제에 대한 부분은 정창현, 『곁에서 본 김정일』(김영사, 2000), 108~120쪽을 참조했다.
4 김일성, 『세기와 더불어 8』(조선로동당출판사, 1998), 310쪽.
5 후계자론과 관련된 내용에 대해서는 백학순, 『북한 권력의 역사: 사상·정체성·구조』(한울아카데미, 2010), 649~658쪽; 스즈키 마사유키, 유영구 옮김, 『김정일과 수령제 사회주의』(중앙일보사, 1994), 93~98쪽; 金裕民, 『後繼者論』(新文化社, 1984), 55~62쪽을 참조했다.
6 정창현, 앞의 책, 112쪽.
7 김영주에 대한 내용은 황장엽, 『황장엽 회고록: 나는 역사의 진실을 보았다』(시대정신, 2006), 206~208쪽을 참조했다.
8 정창현, 앞의 책, 115쪽.
9 정창현, 앞의 책, 160~175쪽.
10 김정일, 「전당과 온 사회에 유일사상 체계를 더욱 튼튼히 세우자(1974. 4. 14.)」, 『주체혁명 위업의 완성을 위하여 3』(조선로동당출판사, 1987), 107~117쪽.
11 사회과학원, 『조선전사 32』(과학백과사전출판사, 1982), 391쪽.
12 김충식, 『남산의 부장들』(폴리티쿠스, 2012), 618~619쪽.
13 박근혜, 『박근혜 자서전: 절망은 나를 단련시키고 희망은 나를 움직인다』(위즈덤하우스, 2007), 85쪽.

14 김정일, 「올해 당 사업에서 틀어쥐고 나가야 할 몇 가지 중심적 과업에 대하여(1976. 1. 1.)」, 『김정일 선집 5』(조선로동당출판사, 2010), 235~236쪽.

15 김덕홍, 『나는 자유주의자이다』(집사재, 2015), 68~71쪽, 80~81쪽.

제9장 김일성 군림, 김정일 통치

1 서대숙, 서주석 옮김, 『북한의 지도자 김일성』(청계연구소, 1989), 238쪽.

2 중앙일보 특별취재반, 『한반도 절반의 상속인 김정일』(중앙일보사, 1994), 108~125쪽.

3 이 내용은 중앙일보 특별취재반, 앞의 책, 112~120쪽에 기술되어 있다.

4 사회과학원, 『조선전사 32』(과학백과사전출판사, 1982), 376쪽.

5 정창현, 『곁에서 본 김정일』(김영사, 2000), 203~204쪽.

6 사회과학원, 앞의 책, 288쪽.

7 사회과학원, 앞의 책, 289쪽.

8 이 내용은 북한의 대중교양잡지 『천리마』, 1977년 11월호, 20~21쪽(「닭치기 운동과 우리 군」)에 실려 있다.

제10장 이중의 난관

1 「Joint Weekly Analyses」, 『Department of the Army, Staff Message Center, Incoming Classified Message』, 14 February 1948, pp.7~8.

2 사회과학원, 『조선전사 24』(과학백과사전출판사, 1981), 134쪽.

3 사회과학원, 『조선전사 33』(과학백과사전출판사. 1982), 126쪽.

4 양운철 외, 『통계로 보는 남북한 변화상 연구: 북한연구자료집』(세종연구소, 2011), 40쪽.

5 양운철 외, 앞의 책, 117쪽.

6 김영훈, 「북한 농업과 식량 관련 통계」, 『통계를 이용한 북한 경제 이해』(한국은행, 2014), 100쪽.

7 최은희·신상옥, 『내레 김정일입네다 (상)』(행림출판, 1994), 78~87쪽.

연표

1960년

2월	5~18일	김일성, 평안남도 강서군 청산리 현지 지도(청산리방법 제시)
8월	14일	김일성, 남북연방제 제의
8월	25일	김일성, 붉은기중대운동 제의
8월	29일	북한–쿠바 수교
9월	1일	국제관계대학 개교
10월	12일	함남 함흥시·함북 청진시 직할시 승격

1961년

5월	13일	조국평화통일위원회 결성(위원장–홍명희)
6월	29일~ 7월 10일	김일성 소련 방문(북·소 우호협조 및 호상원조 조약 체결)
7월	10~15일	김일성 중국 방문(북·중 우호협조 및 호상원조 조약 체결)
9월	11~18일	조선노동당 제4차 당대회(김일성 세력 승리 선언)
12월	6~16일	김일성, 남포시 대안전기공장 현지 지도(대안의 사업 체계 제시)
12월	18일	군농업협동조합경영위원회 창설

1962년

10월	8일	제3기 최고인민회의 대의원 선거
10월	12일	김일성–저우언라이, 북한–중국 국경 조약 체결
12월	10~14일	조선노동당 중앙위원회 제4기 제5차 전원회의(4대 군사노선, 경제·국방 병진 정책 채택)
12월	19일	『로동신문』에 '주체사상' 처음 등장

1963년

8월	24일	북한–이집트 수교
9월	30일	평양학생소년궁전 개관
9월	5~31일	최고인민회의 대표단(단장–최용건), 중국 방문
9월	15~27일	중국 국가주석 류샤오치 평양 방문

1964년

2월	25일	조선노동당 중앙위원회 제4기 제8차 전원회의(3대 혁명역량 강화론 채택)
4월	16일	북한–인도네시아 수교
5월	16일	민주청년동맹을 사회주의노동청년동맹으로 개칭
6월	19일	김정일, 당중앙위원회에서 당 사업 시작

1965년

3월	26일	베트남에 지원군 파견 용의 표명
4월	9~21일	김일성, 인도네시아 방문(김정일 동행, 14일 연설에서 주체사상 첫 정식화)
4월	28일	북한군, 미군 정찰기 RB–47기 격추

1966년

1월	7일	베트남과 무상원조 제공 협정 체결
4월	29일	농업현물세 폐지
7월	19일	북한 축구대표팀 잉글랜드월드컵 8강 진출
9월	15일	『로동신문』 사설, 중국 문화대혁명 '좌파 기회주의'로 비판
10월	5~12일	조선노동당 제2차 당대표자회(중앙위원회 위원장제 폐지, 총비서제 도입)

1967년

4월	1일	전반적 9년제 기술의무교육 실시(인민학교 4년, 중학교 5년 의무교육)
5월	4~8일	조선노동당 중앙위원회 제4기 제15차 전원회의(박금철, 리효순 등 갑산파 숙청)
6월	28일	조선노동당 중앙위원회 제4기 제16차 전원회의(유일사상체계 10대 원칙 채택)
11월	25일	제4기 최고인민회의 대의원 선거
12월	14~16일	제4기 최고인민회의 제1차 회의('주체사상을 정부 최고지도지침으로' 등 공화국 정부 10대 정강 발표)

1968년

1월	21일	김신조 등 북한 특수부대 요원 청와대 습격 시도
1월	23일	북한군, 미국 정보함 푸에블로호 나포
3월	5일	최고인민회의 상임위원회 부위원장 홍명희 사망
12월	23일	푸에블로호 승무원 석방

1969년

1월	6일	조선노동당 중앙위원회 제4기 제4차 확대전원회의(민족보위상 김창봉, 대

남사업총국장 허봉학 등 군 수뇌부 숙청)

4월	15일	북한군, 미국 정찰기 EC-121 격추
6월	12일	북한-베트남 수교
9월	30일	최고인민회의 상임위원장 최용건 중국 방문(북중 관계 회복)

1970년

4월	5~7일	중국 총리 저우언라이 방북
6월	29일~	조선노동당 중앙위원회 제4기 제21차 전원회의(준후보위원제 채택)
7월	6일	
9월	12일	붉은청년근위대 창설
10월	8~10일	김일성, 중국 방문
11월	2~13일	조선노동당 제5차 당대회(인민경제발전 6개년 계획 보고)

1971년

4월	12~14일	제4기 최고인민회의 제5차 회의('남북 10만 이하로 감군' 등 8개항 통일 방안 제시)
8월	6일	김일성, 남한 정당·대중단체 인사와 접촉 용의 피력(캄보디아 국왕 시아누크 환영 연설)
9월	20일	남북적십자 제1차 예비회담
9월	22일	판문점 공동경비구역에 첫 남북 직통전화 개설
11월	1~3일	김일성, 중국 방문

1972년

3월	7~9일	중국 총리 저우언라이 방북(중-미 회담 결과 설명)
4월	15일	김일성 생일 '4월 15일'을 '민족적 대명절'로 지정

5월	2~5일	중앙정보부장 이후락 방북(김일성 면담)
5월	29일~	북한 부수상 박성철 서울 방문(박정희 면담)
6월	1일	
7월	4일	7 · 4 남북공동성명 발표
8월	22~25일	김일성, 중국 방문(남북 대화 설명)
8월	30일~	제1차 남북적십자 본회담(1973년 7월까지 7차례 진행)
9월	2일	
9월	1일	전반적 11년 의무교육제 시행(유치원 1년, 인민학교 4년, 중학교 6년)
11월	30일	남북조절위원회 제1차 본회의
12월	12일	제5기 최고인민회의 대의원 선거
12월	25~28일	제5기 최고인민회의 제1차 회의('사회주의 헌법' 제정, 김일성 국가주석 추대)

1973년

2월	10일	3대 혁명소조운동 시작
5월	17일	세계보건기구 가입
6월	23일	김일성, '조국통일 5대 방침' 발표
8월	28일	남북조절위원회 북한 공동위원장 김영주, 남북 대화 중단 발표
9월	4~17일	조선노동당 중앙위원회 제5기 제7차 전원회의(김정일, 조직 · 선전 비서 선출)

1974년

2월	11~13일	조선노동당 중앙위원회 제5기 제8차 전원회의(김정일, 당중앙위원회 정치위원 선출[후계자 확정])
2월	15일	김영주 정무원 부총리 임명(좌천)
2월	19일	김정일, '온 사회의 김일성주의화' 공표
3월	20~25일	최고인민회의 제5기 제3차 회의(미국에 평화협정체결 제의)
4월	1일	세금제도 폐지
4월	14일	김정일, '유일사상체계확립의 10대 원칙' 발표
8월	15일	문세광, 박정희 저격 시도(육영수 사망)

| 9월 | 16일 | 국제원자력기구 가입 |

1975년

2월	15일	김정일 '공화국 영웅' 칭호 수여
4월	18~26일	김일성 중국 방문(후계자 신분으로 중국 지도부와 상견례)
5월	22일~	김일성, 루마니아 · 알제리 · 모리타니 · 불가리아 · 유고슬라비아 방문
6월	10일	
11월	19~21일	조선노동당 중앙위원회 제5기 제11차 전원회의(3대 혁명 붉은기쟁취운동 개시 결정, 12월 1일 시작)

1976년

5월	6일	남북 축구국가대표팀 첫 대결(방콕아시안게임, 0:0 무승부)
5월	10일	77그룹 회원 가입
5월	14일	인민무력부장 오진우 임명
8월	18일	8 · 18 판문점 사건
9월	19일	부주석 최용건 사망

1977년

4월	15일	금수산 의사당(주석궁) 준공
9월	5~7일	조선노동당 중앙위원회 제5기 제14차 전원회의('사회주의 교육에 관한 테제' 발표)
11월	11일	제6기 최고인민회의 대의원 선거
11월	14일	유엔 식량농업기구 가입

1978년

1월	14일	최은희 납북(홍콩)
4월	25일	조선인민군 창건 기념식(창군기념일 2월 8일에서 4월 25일로 변경)
5월	5일	중국 주석 화궈펑 방북
9월	2일	평양–원산 고속도로 개통
9월	4일	중국 부총리 덩샤오핑 방북

1979년

4월	7일	화폐개혁(신구 화폐 1:1 교환)
4월	25일~	
	5월 6일	제35회 세계탁구선수대회 개최(미국 참가)
5월	2일	유엔 사무총장 쿠르트 발트하임 방북
6월	8일	유엔개발계획 가입

찾아보기

북한 현대사 산책 3

ⓒ 안문석, 2016

초판 1쇄 2016년 12월 26일 찍음
초판 1쇄 2016년 12월 30일 펴냄

지은이 | 안문석
펴낸이 | 강준우
기획 · 편집 | 박상문, 박효주, 김예진, 김환표
디자인 | 최진영, 최원영
마케팅 | 이태준, 박상철
인쇄 · 제본 | 대정인쇄공사

펴낸곳 | 인물과사상사
출판등록 | 제17-204호 1998년 3월 11일

주소 | (121-839) 서울시 마포구 서교동 392-4 삼양E&R빌딩 2층
전화 | 02-325-6364
팩스 | 02-474-1413
www.inmul.co.kr | insa@inmul.co.kr

ISBN 978-89-5906-425-0 04900
         978-89-5906-422-9 (세트)
값 15,000원

이 도서의 국립중앙도서관 출판시도서목록(CIP)은 서지정보유통지원시스템 홈페이지(http://seoji.nl.go.kr)와
국가자료공동목록시스템(http://www.nl.go.kr/kolisnet)에서 이용하실 수 있습니다.
(CIP제어번호 : CIP2016031735)